[英] 罗迪·穆林 （Roddy Mullin） 著　　唐晓菲 李亚星 译

PROMOTIONAL MARKETING

促销

北京联合出版公司
Beijing United Publishing Co.,Ltd.

目录

1

第二部分
推广品牌、产品以及企业的最佳手段

第三部分
如何运作实现最好的促销效果

促销可以是任何产品的营销计划，其目的是通过提供明显的但不一定是有形的益处，创造一种主观性的行动需求，而这种行动需求对目标受众的行为具有直接且积极的作用。

——英国促销学院（IPM）所作定义

促销当前的背景是什么？

作为应对购物环境变革的策略之一，促销主要针对交流方式与手段方面所出现的变化。然而，消费者的生活还存在着许多其他变化，因此对于营销人员而言，机会是巨大的。无论是将新产品或服务推向市场，还是就现有产品报价所做更改进行沟通，零售商、供应商、品牌经理都必须及时了解消费者的偏好（主要针对移动消费群体），掌握并采用专业的沟通技巧去刺激消费者进行消费。在这一过程中，营销人员需遵循相关研究所得出的消费行为规律，即从构建消费者的潜意识消费欲望开始，直至消费"引爆点"（消费者做出购买决定时）。本书对相关研究进行了阐释，读者可探究一二。

对于营销人员而言，促销策略能助其快速应对突发情况。对于在代理机构或营销部门内忙碌且急需帮助的营销人员来说，当客户或老板打电话来要求您与消费者就旗下业务的新方向、产品或服务进行沟通时——譬如"明天要完成这项任务"——本书中所含的大量商业简报（其中有 99 篇简报）和案例研究能满足他们对创意和创新的需求——只需对其稍加修改，就能解决您所面对的实际问题。采用本书中的内容，通过促销提供快速的营销理念和实际应对措施，同时说服消费者做出积极的购买决定——只有这样，消费者才会从您或您的客户而非竞争对手那儿购买商品。利用本书提出的观点，您可以向客户充分解释做出相应促销选择的理由。

> **简报 0.1 英国营销分析公司神经调研（Neuro-Insight）的报告**
> 指出，"记忆编码"是确保一个人随后采取行动的关键，它只会在潜意识里存储有趣或有用的东西。

消费者在使用媒体方面的主要变化是更多利用移动社交网络。本书内容反映移动技术革命是当前相当紧迫的新趋势。消费者使用移动社交网络的方式正在发生变化——人们不再接受语音信箱留言这种行为，因为许多人不愿费心去回复，取而代之的是使用短信或微信、推特（Twitter）、照片墙（Instagram）一类社交媒体。而网站和主页的设计进一步得到技术完善，使其更为兼容移动设备的屏幕大小与配置，移动设备因而能具备与应用程序同样的功能——这一技术变革预示着应用程序也将消失。

社交媒体信息究竟多有效？答案是非常有效！英国工党在 2017 年大选中广泛使用移动社交网络来宣传他们的政治提案。在推特和脸书（Facebook）[1]上，工党发布的 925 条信息获得了 280 万次转发，点赞次数与往年相比增加了 80%；而保守党发布的 159 条消息仅获得 13 万次转发，点赞次数与往年相比也增加了 10%。这种利用海量信息的营销，逐步建立起了民众的投票需求，并吸引年轻选民投票支持代表工党的左翼青年组织"动力"（Momentum）！他

---

1 2021 年 10 月 28 日，脸书宣布更名为"Meta"。——译者注

们的确做得很棒。

因此，对于营销人员而言，想要复制这种成功，就要吸取以下经验：

1. 查找并匹配消费者的首选媒体。（首选肯定是移动社交网络，但还有哪些其他媒体呢？）

2. 利用和鼓励社交媒体上的"聊天"。

3. 消费行为的相关研究也表明，消费者会逐步建立起一个思维档案——正如工党那样——这意味着，在此过程中要使用其他媒体（如公关、本地广告、支持工党的直接营销和现场营销），并且在这种情况下，也要考虑利用这些媒体达到"引爆点"，也就是投票给工党。

请阅读本书中有关利用移动社交网络的商业简报和案例研究，其中值得注意的是，谷歌公司（Google）已更改其在线网络搜索引擎的操作（请参阅第6章和第7章中的简报）。

"可点击内容"（clickable content）**代表了时下最新的移动式互动：**作为对行动需求的响应，它使得广告客户能够衡量品牌与顾客（消费者）间的互动程度，如转发量是多少（参照关于工党的案例）？转发给谁？如何转发的？何时转发的？在哪儿转发的？他们转发的内容必然是表情符号、视频或者动图（.gif等格式），因此给出这样的数据就行。有关其他成功案例，请参见本书中的案例研究。

简报0.2　关于应用程序的一些真实数据。视频广告占移动广告总支出的63%。与人们花在移动网站上的时间（19%）相比，88%的时间花在了应用程序上，但随着应用程序变得越来越多余（谷歌显然是这么说的，请参见下文），这种情况会发生改变。交互式视频广告可以

在应用程序内在线播放。在营销技术公司（MarketingTech）的一项调查中，有75%的受访者表示，积极的移动式体验能提高其对品牌的忠诚度（有关忠诚度的更多信息，请参阅第1章）。截至2017年3月，苹果应用商店（Apple Store）与谷歌应用商店中总共有500万个移动应用程序。这是一个令人惊叹的事实，因为直到2010年苹果平板电脑iPad推出后，移动应用程序才应运而生。然而，有90%的新用户在4个星期以内就会停止使用移动应用程序而且不会再用。一段时间以后，由于没有更新有趣的内容，移动应用程序无法再吸引用户。另外，89%的移动应用程序已被黑客入侵，但自2017年1月1日起，苹果应用商店提升了安全性，从而解决了该问题。

新的购物现象：互联网购物（其目前覆盖程度几乎令人难以置信，超过55%的市场消费均为互联网购物）、体验式营销的兴起，以及客户在线购物时期望以免费送货为促销手段——超过20%的消费者将"免费送货"作为购买时的决定因素，参见2017年4月信息咨询机构伟乐思公司（Valassis）所出的调查报告。本书所涵盖的内容不仅包括过去所谓的"促销"（现在定义为"零售空间内的促销"，而在过去则定义为"由销售团队操控的促销"），还涉及新兴的促销活动。该调查还发现，有99%的消费者在超市购物时会使用优惠券。

简报 0.3　极端促销。一名房地产中介以价值35万英镑的宾利汽车（Bentley）抽奖为促销手段来刺激房产销量，其他中介则给出了"买一套房就送一屋子全新家具"的优惠条件。

人们面对的是，即将到来的机器学习（machine learning）、虚拟现实技术（VR）与推崇即时促销手段的无现金购物的时代。机器学习使得计算机程序能模拟人类的学习行为、实现模式识别。如，具有机器学习功能的可穿戴技术可以令人们及早发现疾病。增强现实技术（AR）可让人们在家中观看虚拟产品（更多内容请参见第 7 章）。实时定价也即将来临。这意味着价格可能会因为库存或保质期而下调，促销可以即时实现。而这也同样适用于价格上调的情况，比如夏天卖的冰激凌。亚马逊公司（Amazon）推出了"拿完就走吧"（Just Walk Out）购物技术，无须排队结账。总之，有太多技术变革我们要去面对！另外，还有钱：无现金时代即将到来——现在超过 50% 的人是刷卡和无接触式支付——要重视支付宝（Alipay）（请参阅简报 0.4）！

其他应用程序（将来只有网页！）使得人们能找到本地专业类服务［家庭呼叫（Housecall）］，也能查找汽车清洁服务商［宝兰（Bomline）］或者控制智能家居设施（如恒温器、照明灯、婴儿监视器等）。本书并非侧重如何在任一媒体中采用最新技术成果——尽管本书也谈到了这些，但更强调的是将这些技术成果应用于促销中。

> **简报 0.4　西班牙的中国式消费。**中国用户在日常生活中一直通过支付宝享受着无现金、无银行卡的生活方式。支付宝采用二维码来处理产品或服务的支付交易。将支付宝扩展到西班牙，不仅使中国游客的购物体验与在中国一样方便，而且使西班牙商人与中国客户开展业务也变得更加容易。

年轻的营销人员，大胆试试吧！

对于那些从事营销活动的人（英国有 10% 的就业岗位是零售业，因此在这个领域肯定能有所作为），只要能随时掌握最新资讯、社交媒体动态和技术发展动态，诸如 3D 打印技术、二维码、NFC（近距离无线通信技术）、AR、AI（人工智能）、数据调研分析、应用程序以及网页设计，就能手捧"金饭碗"。

值得注意的是，相关研究表明——科林·哈珀（Colin Harper）在《超越购物者营销》（*Beyond Shopper Marketing*）一书中也指出：营销人员所认为的与客户的实际想法之间存在着惊人的差异。现在的营销人员确实处于与现实脱节的状态，他们通常采用自我认同的标准并利用数据调研分析所得出的事实来提升自己的职业技能。学者们应停止讲十几年前由奥美公司（Ogilvy）推行的4P营销理论（产品、价格、渠道、促销），并承认这样一个事实，即销售和市场营销（线上和线下）已全部合并，以及在制订营销计划的同时考虑与客户的短期和长期关系。

简言之，在不受以上问题制约的情况下，营销新手应该发挥其真正的创造力，并利用所有可用的新技术成果，包括将新技术用于新用途和掌握本书中的促销秘诀为雇主赚钱，同时提升自我。如果您愿意，可以称之为"创业型营销人员"。

创业型营销人员必须广泛了解如何营销、如何沟通，以及如何利用媒体和语言向人们传达信息。当然，对于移动社交网络也是如此。无论如何，沟通是生活中必不可少的一项技能，它是制胜法宝。英国促销学院（前身为ISP）在网站上最新提供了一项资源功能，笔者将把自己撰写的一篇关于沟通及其各方面特点的论文上传以供大家阅读。

顾客是怎样看待促销的

一种简单的、单一的前景。幸运的是，从顾客的角度来看，所有营销宣传确实都是促销性的，彼此毫无区别。在顾客看来，所有营销宣传实则都是有人在催促他们去购买或去做某事。这正说明了，潜意识的思维决定了人们大部分的购买行为。因此，营销行业需要契合消费者对营销传播的认知。这表明，"整合所有"无论是从长期还是短期来看，都是解决方法，即将不同媒体领域的传播整合为一——其唯一目的就是说服消费者购买产品或服务，无论是您的品牌、客户的品牌，还是兜售您的商品和服务的零售商。从这种角度来看，促销就是所有营销传播，即针对所有营销信息，营销行业需要协调内部，以无缝对接的形式传达这一目的。

与消费者建立联系的三件事

● 利用有关数据预测每一个作为单独个体存在的消费者（数据可以来自社交媒体、交易数据、其他信息）；

● 创建互联系统，以便企业能够维护和重塑消费者的需求［即升级版的客户关系管理（CRM）］；

● 设计文化和品牌，使二者无缝对接（声誉、建立信任以及取悦消费者）。

以上三件事完全可以借助科技手段来完成——"倾听"社交媒体并与顾客终生"互动"，同时通过观察消费者的购买习惯来预测他们的未来需求。同样，提供营销传播支持服务的人员（请参阅第5章）应只遵循一位首席营销官下达的指令。

关于促销的几点想法——给从业人员的建议

要为消费者提供有价值和积极的购物体验。消费者不仅要寻求"物有所值"，还要在购买他们所认可的品牌时享受有趣且具有积极作用的购物体验。那么，如何在营销传播的同时营造这样一种购物体验呢？最佳方法就是促销。

促销往往是比打折更好的解决方案。这是因为直接打折无法维持长期的效果，而且可能损害消费者对品牌的认知度，因而促销是更好的解决方案。当下存在着很多促销活动。有数据显示，相比于其他形式的营销，英国国内企业更喜欢促销活动，而这一结论是通过比较企业花在促销上的费用（2013年估计至少为550亿英镑）与花在其他形式营销推广活动上的费用得出的。如果促销是错误的解决方案，不可能绝大多数企业都一致采用它——所以跟随这些企业一起重视促销吧！

促销"能够"并且"应该"被纳入所有形式的广告／营销传播中，无论采用哪种传播渠道或媒体。本书想要向读者传达这样一个观点，即"如何鼓励人们去购买"这一问题的关键，很大程度上要依赖于利用促销活动及全媒体构建消费需求。促销作为独立的营销工具，不同于简单地传播信息。在本书中，笔者尽可能全面地阐述每种传播媒介的优点（请参阅第 2 章中的简报 2.3、2.4）以及在营销传播中加入促销的好处（参阅简报 2.5）。

简言之，身为一名从业人员，您需要探查消费者的内心想法，然后调整营销传播策略和建立品牌形象，同时通过六种传播媒介（每种都要结合促销手段）在当地或针对您的利基市场实现超额的广告占有率，从而刺激消费者达到消费"引爆点"。本书的目的主要是帮助您确定最适合使用的促销方式，并且何时以及如何构建消费者的内心需求，直到达成购买决定。

为客户（零售商或企业）创造价值

营销投入是否能创造价值？投资者往往重视无形资产，尤其是品牌价值。针对股票市场排名前 25 的品牌融资研究发现，股票价值的 61% 是无形资产，其中品牌价值占到了 25%。这一观点已被投资者广泛认可和接受，尤其是当他们投资获得回报时，品牌价值是可以衡量的。那么，要花多少钱在营销传播和促销上才能改变消费者对品牌的态度、行为和认识呢？这样的投入是否有价值？

要解决以上问题，企业的营销人员只需要知道在间接费用预算和实施经营杠杆作用所需的支出中，花在营销上每一分钱的收益率如何即可。倘若收益率不佳，就应削减营销预算。这种营销支出应该被称为"收益性支出"，而不是"间接费用"，因为这是您用来创造收入的支出。

如果您打算预先进行估算，那么只需要让会计师计算下一次促销为企业收益性支出带来的回报，您就会充分认识到其价值。自 2009 年以来，英国促销学院获奖案例（其中有部分作为本书中的案例研究）中包含了有关估算营销投入及其可能收益的策划示例，其中一个案例只需数百英镑的收益性支出！

> **简报 0.5　推销游泳池。** 对于销售充气游泳池的人来说，当酷暑到来，就要随时随地进行广告宣传，除了利用当地广播电台进行宣传，还要采用一些高级促销手段达到锦上添花的效果。在电台广播广告上投入的费用（属于收益性支出）是根据充气游泳池的额外销量设定的——实际上通过询问所有消费者"如何了解到相关促销优惠"就能得知。

有趣的是，买点广告学院（POPAI）认为，衡量营销价值应该参照对广告的评价，即强调其产生的影响、人们对品牌或产品的认知及其覆盖面等方面的评估，而非侧重投资回报率（ROI）。然而，会计师可能会认为这听起来像童话一样美好但不现实。

当然，企业应该对其营销支出实施估量和控制。对此，会计师的观点可以总结为三个方面：一是严格控制营销成本；二是降低商品成本；三是通过贷款注资来增加对销售方面的投入。这些对企业意味着什么呢？举例来说：如果某件商品的售价为 100 英镑，生产成本为 70 英镑，间接费用（如行政、管理、营销等费用）为每件 27 英镑，那么最终您将获得 3 英镑的利润。换句话说，每售出 1000 件商品，则可赚取 3000 英镑的利润。对于会计师而言，企业只要全力以赴做到以下三件事就能赚取更多利润：

1. 降低产品成本。例如，企业可以通过从劳动力和制造成本较低的国家进行采购来节省成本。

2. 减少日常开支。这种措施实施起来总是很困难且不受欢迎，但对于大企业来说往往受益明显。正如从规模较大的组织中削减开支比在规模较小的机构中要容易得多，对于后者来说，削减任何经费都可能"伤筋动骨"。在这类措施下，企业的营销部门往往会受到冲击。除非能够证明在营销上花的每一分钱所获得的明确价值收益，否则营销部门会是第一个被裁掉的。对此，相关人员可以试试用收益性支出进行论证。

3.通过负债来扩大销售。例如，如果您将销售额提高了10%，即售出1100件商品，意味着以77000英镑的成本获得了110000英镑的收益，而您的间接费用仍保持不变（即27000英镑），那么您的利润就会增加1倍，达到6000英镑。也就是说，将销售额提高10%就能获得双倍利润。这对于会计师来说的确是一个很有说服力的论点，但是它既没有考虑到产生额外收入的成本——通常可能会错误地因为价格折扣而损失掉这6000英镑（比如，为拉拢更多新顾客或者说服老客户购买更多而产生的成本），又没有证明包含在正常间接费用中的营销支出的有效性。

> **简报 0.6　年轻人观看移动广告。**研究表明，年龄在 18 ~ 35 岁的人群对移动广告表示认可，观看次数是他们看电视的 2 倍。研究还表明，人们习惯早、晚都使用手机，但如果要用个人电脑，他们会选择在中午使用。

本书不包含以下内容：一是如何纯粹基于大脑记忆来实施营销信息传递；二是如何实现营销与自创品牌形象相匹配；三是如何通过市场调研明确客户的想法；四是如何管理客户关系以及如何影响社交媒体，而不是通过促销和辅助技术来增强客户关系管理。

致本书读者

　　这是一本针对营销从业者的书。对于希望在 2018 年寻求向现有客户销售更多产品并吸引新客户的从业者来说，这是一本教您如何开展促销的书。这本书出版多年以来，读者群体在不断扩大。本书正文进行了一定调整，以使大学生（前一版本被用作威斯敏斯特大学本科生的教材）和持有英国促销学院证书的人更容易掌握和了解。本书每章或节的结尾都设置了一些问题供读者自学。作为一名营销从业者，请注意：涉及促销的相关法律确实会有所变更，因此在进行任何促销活动之前，必须要征求法律许可。要知道，即使是使用互联网，也存在着严格的法律法规。

　　此外，本书还有一部分关于在特殊情况下以及出现问题时如何使用促销的内容，其中包括一个针对公务部门获奖者的案例研究——伦敦大都会区警察局试图与携带黑枪的年轻人接触并进行交流。各行各业以及慈善机构中的每个人都是消费者，他们都愿意接受促销。因此，同样有效的是，促销可以在这些非零售行业中应用，而且效果会很好。本书也包含了一个有关英国安睿律师事务所（Eversheds）的案例研究；以及关于英国糖尿病协会（Diabetes UK）的案例研究；甚至有案例研究是关于当汽车养护服务被推迟时，汽车需要被放置在车库里一段时间——这就好比车库可以为汽车提供全天候的"促销活动"。

　　关于本书中的案例研究。对本书的前期市场研究表明，读者和代理商都希望能看到案例研究：无论是新的还是以前的案例。而且如今网上案例都有上千个，读者可以通过搜索相关贸易机构的网站查询案例，比如营销传播咨询协会（MAA）、直销协会（DMA）和英国促销学院，或者在欧洲传播机构协会（EACA）、整合营销传播（IMC）等获奖机构的网站中进行搜索。笔者非常感谢这次慷慨提供相关案例并允许在本书中使用的机构及其客户，还有欧洲传播机构协会和国际促销学会。当然，他们也欢迎任何潜在客户或求职者、实习生，尤其是营销传播行业的学徒们进行咨询。

关于本书中的商业简报。本书中的简报部分摘录自报纸、期刊、杂志（印刷版、在线形式）或者从某场研讨会上获悉的信息，其目的在于作为书中所提出的观点的例证。

结语

一种简单的学习方法是，您可以试着以客户身份参加促销活动，试着从类似以下问题的角度去分析：您为什么参加？那些促销活动是否真正说服了您？通过促销，您对这个品牌的认识更好了吗？请试着找到一个仅仅传播信息但不提供促销优惠的品牌，然后去思考一下您的感受。

至此，我希望我已经充分表达了自己对营销尤其是促销的热爱。最后，我真诚地向读者推荐这本书。

罗迪·穆林

2018 年 3 月

第 1 章

消费者购买之前需要
六次促销传播

进行中的促销是指在消费者消费过程中向其传播一系列促销信息，以此增添消费乐趣和奖励，刺激其兴奋感和消费自发性，并说服消费者（甚至是购物治疗师！）来达到其消费"引爆点"，也就是说服他们去购买！

促销对消费者有哪些影响？

简言之，所有营销传播都是为了建立消费者的消费印象。研究表明，在促使消费者做出购买决定之前，整个购买过程中需要进行六次营销传播！如上所述，我们需要在每一次营销传播中都加入促销。

如今，有关消费者的市场调研分析表明，在购买过程中，消费者会对品牌、产品、零售商或供应商建立"意识档案"，即顾客对各方产生的消费印象。消费者会将所有相关消息逐一添加到该"意识档案"中，无论消息是来自广告、在线私信，还是通过邮件，抑或来自移动社交媒体以及口口相传，又或是个人经验。促销活动会令消费者产生良好印象，并将其添加到"意识档案"中。

就消费者是否会购买产品或服务而言，该"档案"会在其内心逐渐被建立起来，直至达到其消费的"引爆点"。而在销售时，在线或实体店中的促销活动可以起到决定性的作用，使消费者购买商品或服务，抑或下订单。本书也涉及企业对企业间销售（B2B）中的"消费者"（亦称 B2B 买家），因为他们也是人，尽管受制于工作流程和工作文化的约束，但他们和普通消费者的消费逻辑是相同的。

营销人员必须针对有关消费者的购买过程的市场调研结果采取相应措施，并开展合理的促销活动

所有营销人员未来成功的关键之一就是，基于大数据和市场调研分析的结果，真正去了解消费者。科技有利于营销人员通过分析数据和社交媒体信息来获得更好的市场情报，并且更精确地针对目标群体进行信息传播，从而减少营销资源浪费，并降低将不适当的消息发送给错误消费者的概率——对于人们来说，收到无关或是错误的消息，会很烦。最后，营销人员只需要通过符合消费者需求的多种传播渠道来促销，并在消费者的整个购买过程中不断借由营销信息去说服他们，直至其做出购买决定，即达到其消费的"引爆点"。

记住要考虑"购物疗法"以及消费者对于商品的基本购买情况。人们去购物是为了拥有一种令人满意的体验，没有人买巧克力是为了让自己痛苦，因此促销活动可以增加消费者购买产品或服务时的乐趣。如果这种乐趣消失了，那么，无论是顾客还是企业客户，都会感到那种"使买卖成为我们生活中一部分"的精神也就消失了。在营销人员可以使用的营销工具中，促销是最容易用来给顾客带来乐趣的。

除此之外，营销人员还需要考虑其他"顾客"：股东、员工和管理团队（包括会计师和财务总监）。这些群体也需要营销人员加以重视。本书中的部分内容还涉及具体的促销机制，比如顾客有何反应，以及针对其不同反应适用的实践准则。除此之外，对于书中有关价格促销的内容，读者需要同时参考经济学相关资料来帮助理解。

简报 1.1 英国的消费者真正想要的是什么? 出自荷兰电子支付公司阿迪恩(Adyen)在 2017 年做的一份调查报告:

- 63% 的受访者表示,比起在线购物,更愿意在实体店里消费。
- 69% 的受访者表示,选择在线购物是因为不想排队等待。
- 3% 的英国人表示,不会再在实体店购物。
- 57% 的消费者表示,排队是他们在实体店购物时感到最沮丧的部分。
- 64% 的受访者表示,如果排队时间过长,就会放弃购买。
- 73% 的消费者因为派送费用过高而放弃了在线交易。
- 64% 的人喜欢浏览商品。
- 75% 的受访者表示,查看、试用、触摸以及试穿商品是购物过程中非常重要的环节。
- 68% 的人会上网比较价格。
- 70% 的人享受送货上门的便利。
- 95% 的人在网上购物。
- 40% 的人从未通过应用程序购物过。
- 75% 的人从未通过社交媒体购买过商品。
- 68% 的受访者表示,如果发现商品有更划算的价格,他们会立马放弃购买现有的,转而选择更便宜的——这再一次证明,英国人热衷于货比三家。
- 48% 的消费者更喜欢与人打交道,而不是与机器打交道。
- 25% 的人不喜欢与店内收银员交谈。
- 63% 的人喜欢网上购物是因为首次在线购物时网站已保存了他们的联系方式,这意味着再次购物时他们可以快速付款。
- 56% 的男性由于实体店具有社交性质而喜欢在店内购物。
- 80% 的人表示,不愿在店内使用现金支付。
- 62% 的人认为自己比商店的员工更了解商品。

● 61% 的人希望实体店员工拥有移动支付终端设备，这样顾客可以避免排队结账。

促销的范围

促销可谓无处不在——特别是对于移动设备来说。您只需粗略查看一下超市和当地的报纸或酒吧，以及直接寄到您家和您工作地址的信件，就可以立即感受到如今促销覆盖的范围有多大。促销无时无刻不在发生，譬如当超市提供"买二送一"的优惠活动，或是酒吧于黄昏至晚上九点提供优惠的时段，又或者是保险或慈善类宣传邮件的信封上注明的"只要回复邮件就能免费获得一支笔"，抑或是"只要购买产品就能获得免费抽奖、竞赛或是邮寄服务一次"。同样，在手机上，如果用户设置权限为"允许接收通知"，则会有相关促销信息显示出来。比如，酒水优惠和酒吧夜晚优惠时段的折扣、房地产经纪人推出的最新房屋和公寓信息。只要您设置权限为"允许"，任何促销信息都可能会通过手机收到。现在，手机还可以用于回复广告、使用折扣代码发送短信。例如用户可以通过手机使用"移动代金券"，营销人员只需要发送短信，用户就能收到一条包含在用手机支付时读取二维码或条形码来打折的信息。移动设备的主要用途是与他人共享信息。作为营销人员，如果您目前还未利用移动设备（比如手机）进行促销，那么就从现在开始使用移动设备去开展促销吧。

好的促销活动会使顾客停下脚步，认真去考虑相关的品牌和产品。如果促销活动对顾客产生了正面影响，则能促使其做出购买决定。好的促销活动具有隐性益处——如果顾客接受了"买二送一"的促销折扣，那么在使用您的产品时，他们就不会购买竞争对手的，而他们对您的产品或服务的良好体验也会对以后的购买行为产生重大影响。的确，当顾客接受了第一次促销折扣后，产品或服务附带的第二次促销可以吸引他们再次购买。按照移动营销的说法，就是使用"反弹"策略，即刺激回购。

与在所有其他媒体（包括广告和直销）上的花费相比，企业在促销上的支出更多。请谨记：在进行支出比较时要先看看基数是多少。如今，在英国境内投放广告的花费据说包含了生产成本、代理费、佣金、媒体支出及直接邮寄支出。因此，在进行支出比较时，务必要知道其中包括什么费用。图 2–2 中的数据仅为媒体支出，而直接邮寄支出则划归到直销一类（不包括在广告中）。图 2–2 表明，所有广告媒体支出（电视、户外等）约占营销推广支出的 1/3。简言之，促销是相当大的一笔支出，基本上等同于在其他媒体（广告、公关、直销）上花费的总和。

> **简报 1.2　促销商品支出。** 英国促销商品协会（BPMA）的研究表明，2016 年，促销商品的支出不到 10 亿英镑。笔、U 盘、品牌服装、办公用品以及日历等商品在所有行业中都很受欢迎，并且在所有管理层中，人们对品牌名称的记忆度很高。（出自英国促销商品协会 2016 年的调查）

谁在参与促销活动？ 一项始于 1986 年并在此后每年重复进行的研究表明，超过 70% 的受访者参加了有关产品和服务的促销竞赛或游戏，近 60% 的受访者积极参与了在特定月份中以某种形式开展的任何促销活动——无论是去参加促销竞赛以领取免费礼品，还是使用优惠券。参加促销活动已然成为英国人最主要的休闲活动之一。与之相比，英国只有 11% 的人在一年中以各种方式参加了高尔夫球运动。

人人都在参与促销活动。 如果您还未在所处企业或机构中参与过促销活动，那么就应该去试试。上文给出的数字已表明，促销已不再是营销产品与服务业务中的备选方案，而是企业可采用的最重要的工具之一。了解促销的第一步是从其内部开始。您可以试着去参与促销活动，比如去收集优惠券，提交联系方式以获得优惠折扣，或者搜寻特别促销信息，也可以看看别人是怎么参与促销的。另外，通过研究英国促销学院和整合营销传播近几年竞赛的荣誉榜和获奖者信息，您就会了解评审们为什么将奖项颁发给那些人或机构。

促销为何能持续发展？

为什么促销活动大量增长？为什么企业主管们认为促销活动对于建立客户关系必不可少？对此，可概括为 8 点原因：

1. **企业在自身产品或服务制造方面越发精进。** 在产品质量普遍出色且难分伯仲的市场中，促销可以令某一产品脱颖而出。一家大型洗护用品集团的欧洲区副总裁评论道："企业再也无法仅凭'质优价好'稳居市场，还必须具备最终能够决定胜负的'筹码'。"所有企业都面临着产品和服务之间的差异性变小、分销商势力壮大、沟通渠道更为便利的境况，所以必须为拿下每笔交易而采取更为迅猛有力的行动。

2. **顾客想从经常购买的品牌中获得更多体验。** 促销使购物的过程变得新颖、令人兴奋、充满趣味，往往能促进与顾客间的互动，所以企业必须重新考虑消费者的态度与消费行为之间的关系。与其试图通过广告来提高品牌知名度和建立消费者对品牌的正面观感，不如推进销售活动来引导消费者对品牌产生积极态度，即借由促销来实现。实际上，促销提倡的是一种体验式营销，其被视为现场营销的重要组成部分。

3. **企业获得短期收益所面临的压力越来越大。** 品牌和企业的命运越发前途未卜。因此，促销活动的设计与实施要具有可行性，并且要比其他形式的营销收效更快。尽管人们强调长远利益，但随着企业对短期利润的需求增加，借助促销更快获利也就变得越发重要。

4. **随着电视频道数量的增加，** 电视观众群体正在分散，这使得电视广告想要覆盖某些观众群体所需成本变得更高，虽然说电视广告花费向来不便宜。人们对于本地社区群体身份认同意识的下降，使得企业想要通过本地媒体接触特定受众（如年轻人）变得更加困难。现在看来，只有移动和社交媒体才能发挥作用。例如，一名 15 岁的年轻人描述他这一代人如何屏蔽电视广告和推特广告，但订阅了电影宣传信息，因而引起很大的社会反响。

5. **竞争品牌和产品的数量激增**，通常会导致人们针对性地屏蔽其发送的广告信息。

6. **广告业研究表明**，当电视广告与促销活动同时进行时，电视广告在 4 周内的销售效果是促销活动的 2 ~ 7 倍。这一重要结论来自对 8 个不同消费品市场中 21 个不同品牌的调查，并结合了对 9000 户家庭的消费行为的观察结果以及相关电视收视数据，并且是对 11 个现有品牌中的 2 个品牌（因研究人员能对其包含和不包含促销活动的电视广告效果分别进行评估）进行调查后得出的。此外，对互联网和手机购买的调查也得出了这一相同结果。可以说，唯一可以在受众群体中发挥作用并能促使其订阅的广告，就是那些能逗乐观众、刺激观众或者包含促销的广告。

7. **促销活动可以在任何地方周期性地进行，以保持良好的客户关系。** 例如，产品销售受阻或失败时，促销往往是恢复或维持产品信誉的绝佳方法。

8. **在移动营销中**，第二次（往往折扣力度较少）促销在顾客回购时可以起到保持其兴趣并且促使其日后继续购买同一品牌的重要作用。

科技对品牌的作用——消费者角度解读

在美国和英国，大多数人用的是智能手机。在英国，手机视频和社交互动领域（比如人们通过发布照片、视频和评论来分享经验）也呈现出增长趋势。消费者在其手机上通过网页（现在越来越少的人使用平板电脑和个人电脑）既可以浏览商品或服务，也可以进行实际购买。在这样的过程中，消费者寻求的是与品牌、供应商和零售商之间的互动（有关如何回复消费者，请参见第 6 章）。对于身处社交媒体影响范围内的人来说，网上的个人推荐、评论和参与等提供给他们分享自身购物经验的良好机会。消费者习惯于不断从一种技术平台转移到另一种技术平台——他们期望品牌或零售商也能做到这样。

AR（**增强现实技术**）。例如，当消费者单击视图，计算机生成的弹出窗口就会针对场景添加信息或描述。增强现实技术也被用于地理定位，即使用全球定位系统（GPS）的移动设备或平板电脑会在其中生成与消费者的位置有关的消息（通常位于零售商店或品牌商店附近）。另外，当消费者可以通过移动设备、平板电脑或者应用程序访问电视上看到的内容时（比如消费者在电视上观看广告时，他们的移动设备甚至可能正在下载相关应用程序），以增强现实为基础的"第二屏幕"这样的技术应该在不同信息渠道被更为广泛地使用。"吸引""参与"和"喜悦"将成为营销人员的口号。企业应确保该技术可以在任何国家和地区、在任何平台都能运行，以吸引您想要吸引的顾客群体。

游戏是支持品牌广告的另一种方式，其主要是通过应用程序内购买项目或网络游戏免费模式（免费增值业务模式，基于 AR 技术的捉蝴蝶游戏《iButterfly》在日本就是这样做的）。对于音乐应用程序而言，如果植入广告，应该以个性化和自动化的方式呈现。跨渠道广告宣传需要利用移动设备和平板电脑之间的差异，使信息传播成为一种整体的体验。换言之，就是各渠道间传播的信息需具有互补性。

品牌忠诚度、消费态度和行为是否在营销中发挥作用？

品牌忠诚度是否真的存在？ 设计和建立品牌的目的在于确保消费者的忠诚度，以鼓励其购买价格更高的商品。尽管品牌忠诚度不一定是预测消费行为的指标，但其应以顾客的消费态度为基础。也就是说，消费者往往倾向于常用品牌，一旦日常习惯被打乱或者出现了另一个性价比更高的商品，其对原先品牌的忠诚度可能会大打折扣。

折扣促销的主要趋势是塑造两种类型的消费者：一种是不受价格和品牌驱

动的消费者，另一种是受品牌影响的消费者。这表明了三种不同的忠诚度衡量标准：

- 在所有正常情况下都是忠诚的顾客；
- 忠于折扣的顾客，尤其是当他们可以趁机大量囤积产品时；
- 那些没有品牌偏好的顾客。

简报 1.3　以促销形式售出商品的占比。 如今，有44%的产品是以促销形式售出的，而其中60%的健康和美容产品一直都在以促销手段进行销售。由此看来，企业有必要不断地促销产品，以及使自身保持活力，来保持顾客对品牌的忠诚度。

简报 1.4　1英镑定价。 将所有商品定价为1英镑会导致一些商店的产品价格上涨，并伴随着相关的销售增加。英国杂志《杂货店》(*The Grocer*)曾谈及在阿斯达(Asda)旗下超市就发生过这种情况。

简报 1.5　会员卡。《零售业公告》刊登的英国促销学院的研究表明，会员卡制度使得英国两大零售业企业乐购(Tesco)和博姿(Boots)的销售表现远远超出其市场预期，其中约70000名会员卡持有人所贡献的销售额占总销售额的68%。

简报 1.6　迈尔会员制度——忠诚度积分。 澳大利亚百货公司迈尔(Myer)具有广泛的会员制度——忠诚度积分计划。对于各门店来说，该制度最主要的益处是能提供有关消费者的数据，并非消费忠诚度本身。

简报 1.7　从信用卡支付来看"忠诚度"。 一家大型信用卡公司欧洲地区的副总裁透露，对欧洲各地的品牌联名信用卡支付分析表明，几乎没有完全的消费忠诚度存在。消费忠诚度似乎只是一个神话。

简报 1.8　邓韩贝(DunnHumby)的错误分析。 对于消费忠诚度的评估分析可能会出现错误。比如，全球大数据分析的先行者和领导者——邓韩贝信息技术咨询公司，曾在对乐购的批量购买记录进行跟踪调查时，错误地将某一特定产品标记为"消费者对其表现出低忠诚度"，而实际上该产品已被企业从售货清单上删除。邓韩贝对另一英国连锁超市莫里逊（Morrison）的分析则显示，该超市的顾客对该特定产品表示喜爱。

忠诚度是态度和行为的延伸吗？ "行为"和"态度"之间存在着复杂的关系。实际调查可以说明这点。调查显示，与实际锻炼（行为）相比，有更多的人认为定期锻炼是一件好事（态度）。调查还显示，人们实际喝酒的程度（行为）往往超出了他们愿意接受的程度（态度）。多年来，各国政府都在敦促人们开车时系好安全带（态度），但实际效果往往有限。此后，各国政府将不系安全带（行为）定为违法行为。人们起初对此发牢骚，但最终还是照做了。随着时间的流逝，人们的态度发生了变化，以适应他们早已习惯的行为。

妥协确实会发生。当顾客因价格下跌而被诱使去购买竞争对手的产品时，其行为会打败其态度与忠诚度。品牌忠诚度还遭受着批量购买折扣的损害。尽管 2012 年 11 月英国公平贸易署（OFT）曾对这种打折扣行为采取干预，要求批量购买的价格必须是产品标价的实际折扣价。这也表明，消费者实际上并不像他们看上去那样精明。

支付模型

关于购买方式的参与模型。 许多模型描述了人们的购买方式，其中之一就是参与模型，这种参与模型逐渐被视为对消费者购买产品和服务的方式的真实描述。在逐渐灌输参与意识的同时，它还与构建消费者内心需求的六种传播媒介有关。该模型的意义已远远超出了营销领域。

这表明，如果直接影响顾客行为的市场营销活动获得成功，随之而来的就会是顾客对产品或服务抱有期望态度。创意促销可以做到这一点，但营销活动旨在通过广告来提升品牌知名度和改变消费者态度则不太可能会成功。

埃伦伯格（Ehrenburg）**模型**——这种被概括为"知名度—尝试—复购"的简单消费行为模型 ATR[1]，是基于商业领域中相同的"早期经验说服"方法。德国统计学家兼营销学家埃伦伯格－巴斯认为，忠诚度可以映射为一种统计效果，这是由于品牌获得了更高的渗透率以及更高的营销支出所致。这表明，一旦直接影响客户行为的营销活动获得成功，那么消费者对产品或服务的期望态度也将随之而来。创意促销可以做到这一点，例如雀巢咖啡（Nescafe）、英国电信服务商 O2 或英国老牌电信企业 Orange。在奥运会结束后，就有一些品牌将英国长跑名将莫·法拉赫（Mo Farah）和牙买加短跑运动员尤塞恩·博尔特（Usain Bolt）签约为旗下宣传大使，充分利用其所展现的奥运冠军成功形象。然而，那些旨在提高品牌知名度和试图改变消费者态度的广告活动却不太可能会成功。

品牌体验！促销活动，例如免费给顾客提供试用品或开展体验式营销，有助于改变顾客的消费行为。说服顾客"试用"实际上是给他们提供了体验产品及其附加品牌价值的机会。无论产品或服务是否符合消费者的消费喜好，只要促销过程继续进行且被消费者看到，消费行为影响消费态度、消费者购买产品或服务都只是早晚的事。使消费者逐渐成为品牌长期客户这一过程通常是从鼓励其试用产品或服务开始的。永远不要只提供一个试用品，而是应该总是提供更多数量的试用品，这样顾客就可以在销售现场试用第一个样品，然后经过一段漫长的时间再试用第二个样品。在这段间隔时期，顾客也可以充分形成对品牌的印象并在之后征求进一步意见。赠送更多试用品也会显得该品牌很慷慨，有利于构建消费者对品牌的内心消费需求。值得注意的是，试用品包装上必须

---

1 全称为 awareness–trial–reinforcement。——译者注

要注明品牌和网站名称。

> **简报 1.9　面霜试用品。** 在伦敦的尼尔街，有一家商店分发给消费者的肥皂试用品上没有任何包装信息。试想一下，消费者在用过该样品后都无法回想起品牌，这种赠送无包装信息样品的行为真是一种浪费！而在伦敦另一条路上，同样是分发免费试用品，但结果却不同。在圣克里斯托弗广场上，推广人员正在给每个路人分发两个印有品牌商标的试用品，消费者最初产生了对该品牌"慷慨大方"的印象，继而在试用样品的过程中，因为产品质量不错而加强了对该品牌的信赖与喜爱——这一成功案例中的品牌就是英国本土护肤品牌萨卡瑞（Sakaré）。

越来越多的证据表明，行为先于态度，企业要依赖于营销中的行为。因此，在移动营销中的回购促销的重要意义在于，能够激发顾客进一步的消费参与。回购促销是在消费者接受了第一次促销优惠或对营销活动有所回应后，品牌公司给予的第二次促销优惠。这实际上是一种对顾客表达感谢的形式。

本书阅读指南

本书内容共四部分。第一部分包括三章：

第 1 章（本章）介绍了促销的背景与现状。

第 2 章介绍了促销在营销中的适用范围以及营销在商业中的适用范围。

第 3 章从讨论顾客开始，介绍了企业向消费者提供的多种优惠组合。该章基于最新的营销洞见分析，阐明了消费者的行为方式、品牌印迹与构建消费需求的重要性，以及促使消费者做出购买决定的六种广告信息策略（其中包含了如何实现"超额声音份额[1]")。该章还探讨了促销中存在的障碍，其中就包含了企业间交易时，买家需要克服的其他障碍。这一章值得读者们深入阅读。

第二部分介绍了促销的替代方案，包括促销的缘由、时机以及方式。

第 4 章阐述了创意在促销中的重要性。

第 5 章介绍了可以提供帮助的供应商。

第 6 章涉及无优惠手段的"非参与式被动促销"及传播该类促销的媒体。

第 7 章探讨了消费者如何通过手机、网站和其他相关技术主动寻求与接受促销，以及零售商、品牌经理和供应商分别可以采取哪些措施来鼓励和支持这一类促销活动。

第 8 章介绍了企业用以鼓励消费者购买产品或服务而开展的参与式促销（即品牌体验活动）。

第 9 章详述了促销可以通过所有其他替代媒体和信息渠道来开展的工作。

第 10 章介绍了五种典型促销优惠。

本书前十章对于了解促销的适用范围至关重要，请各位读者尽量不要略过第一和第二部分直接阅读关于实施促销的内容。因为只有当您清楚理解了促销背后的理论精髓，才能将促销技巧的效果发挥到最大化。

第三部分是关于开展促销的技巧。

第 11 章介绍了内部活动——消费者营销，即如何深入了解消费者、怎样合理组织与安排企业各部门以便顺利开展促销，以及如何规避风险并确保所有相关主体协同合作。

---

1 excess share of voice，也称"声量份额"。——译者注

第12章涵盖了如何实施促销的内容。

第13章阐述了国际促销的重要领域。"国际促销"是指在主要国家法律法规约束下的全球化经济大背景中所开展的促销活动。即使您的关注重点是在本地或国内市场而非国际市场，这一章内容也能对您有所启发。因为在规模较大的企业中，促销活动范围往往超出国界。

第14章介绍了促销活动所涉法律内容。该章列举了《英国销售促销行为准则》背后的原则，并探讨了英国广告标准局（ASA）最近开展的促销案例研究。英国《商业广告实践准则》描述了适用于英国和其他国家的各种规定与条例。该准则对于您进行任何促销都必须作为参考指南。

第15章探讨了营销有效性与问责制。该章对于确保促销达到您设定的营销目标至关重要。

第三部分对您今后数年开展促销会很有帮助。您可能想要深入了解第三部分，并参考其中有关现在或将来可能使用的促销技巧的基本要素。如果您正在学习营销课程，则可以从中获取有关各种促销技巧的重要数据。

本书最后列举了一些行业杂志和推荐书目，感兴趣的读者可以详细阅读此类书目。

案例研究与商业简报

本书中贯穿着大量案例研究与商业简报，用以详解论点并说明促销实践。您可以将这些案例研究与简报用于您的业务部门和商业企划。这些案例研究和简报通常都被安排在章节的末尾，以便更好地说明促销的多种类型以及它们在不同业务领域的用法。

值得注意的是，为了保证内容的完整性，本书案例研究和具体技巧所涵盖的范围较广，但现今对于某些目标受众来说，其中一些案例可能显得不那么重要了。例如，低成本机票的问世使得机票作为促销手段对大众的吸引力越来越小，尽管这种情况可能会有所改变。笔者曾有幸赢得乘坐"欧洲之星"列车前往巴黎的车票，就当时而言，对这种促销手段是感到高兴的。

需要说明的是，本书中许多案例研究存在着局限性，例如某些案例和简报的内容已经过时了，但是，如果是富有创意的营销人员，则能够利用旧案例或从简报中吸收精髓用以形成创新思维，并随之更新促销手段。对此，笔者就发现越南有些营销人员成功做到了这一点。

自学问题

请描述态度与行为之间的区别。对于营销人员而言，哪一个对于长远利益来说更为重要？哪一个对于短期利益来说更为重要？

（记住，答案都在文中。）

第 2 章

如何让促销完美服务
你的营销目标?

业务流程

业务与市场营销怎样才能实现融合? 促销如何融入业务中? 举个例子,企业的愿景往往是"发展业务"。如果想要将这个愿景变成现实,即企业需要以相同的利润率向新客户售卖更多产品,因此,下一年的相关业务目标之一就是具体设定目标销售数字——该数字应基于之前有关每位客户的销售额,同时包含额外的损耗值——以此设定"获取新客户"的目标数字。然后,将该营销目标纳入营销计划,并考虑从促销组合中选用促销的其他手段,以说服那些潜在目标客户购买产品。那些选定的营销活动就是促销目标。例如,一家企业可以通过广告宣传、参加贸易展览以及采用促销组合中的直接邮寄营销来获取新客户。如果企业在之后达到了目标,那就太棒了! 这表明,该业务流程已奏效,企业已达到了最初制订的目标,同时实现了一部分愿景。

市面上其他同类书籍也涵盖了业务计划与营销计划的相关内容,这些书籍有助于读者基于相关分析从不同层面上来制订相应的战略和目标。而本书从促销目标出发,与同类书相比,对相关内容也解释得更为详细。

业务与营销目标及其活动

营销有助于提供战略性资源以决定企业的业务目标。如果调研分析表明市场将缩小或衰亡，那么在这种情况下创业就是不明智的。其中一个例子是关于胶片相机业务。2006 年 5 月，胶片相机的市场份额下降至 5%，与此同时，数码相机时代正式来临。市场调研分析强调对社交媒体与市场研究的调查，其主要评估竞争对手对您业务活动做出不利反应的风险、对您所获利润的价格敏感性以及当前的市场状况。如果该调查结果显示"不利"，那么您不要做出任何战略决策。

业务与营销目标必须符合 SMART 原则，即具体（Specific）、可衡量（Measurable）、可实现（Attainable）、相关性（Relevant），以及有时限（Time-bound）。在撰写目标时，请仔细检查每个目标，确保其都符合 SMART 原则。尽管这一点的重要性显而易见，但现实中相关原则往往未付诸实践。

简报 2.1　业务目标示例。假设您是一家小型运动器材企业的主管，您的工作任务包括开拓业务、升级技术并优化产品形象等。同时，您觉得有必要去应对新兴移动媒体。因为竞争对手正在借助移动媒体抢占您企业的目标市场，即 18 ~ 24 岁的年轻人市场。最为重要的是，您希望在运动产品领域超过最大竞争对手。依据优先级顺序，对于经营运动或休闲产品类企业来说，SMART 中的业务目标应如下所示，依次排列为：

● 在 1 个自然年内售出现有产品系列并调整基本产品，以实现目标销售额增长（此处的销售额为以当地货币表示的具体数字）。这一目标有效地确定了企业所要争取的市场份额。

● 在夏季停工期间，将企业总部办公室和三大区域销售办公室搬到新的场所。这一点不会产生直接的市场影响，但是会有很多间接影响，比如企业需要更改通信地址等。

- 在年底前，增加 10% 的客户群，即增加 40 个新的长期客户。

- 通过在接下来的 6 个月内利用改版后的网站发展新媒体，同时使用包含虚拟现实视频与优质促销优惠券的应用程序来升级移动营销，譬如品牌服饰搭配相应设备。

- 在年底之前取得良好的知名度，使企业及其产品的品牌知名度超过直接竞争对手的品牌知名度。这应在当年的 1 月底之前商定一份包括产品属性、优势和特色的形象清单。

- 升级副线生产车间的机器设备，以保证在产量提高 10% 的同时劳动力成本不变。除非因推迟引进新机器设备而导致生产线停工，否则这一目标不会对市场产生影响。

- 引进新的财务会计软件系统，并在该财政年度伊始投入使用。同样，这一目标不会对市场造成任何影响，但有可能会出现因软件故障而影响开具票据、销售等情况。

- 通过参加大型体育展览活动树立品牌在行业内的地位，并借由赞助重大体育赛事进一步扩大品牌影响力。

- 在年底以前，使公司产品在目标群体中的品牌知名度提高到 80%，即让那些从事或观看体育运动的人对公司的业务目的和产品或服务概念的认识大幅提升。

当然，并非所有的业务目标都会对营销产生影响，但您可以基于上述业务目标来制订营销目标，譬如：

1. 实现既定的销售目标（数字），包括制订下一年度产品的预计销售额。

2. 提升顾客对产品及其用途的认识与了解，以使得年底前在对目标群体进行市场调查时，顾客能更容易回忆起您的产品广告或品牌信息，而非您的竞争对手。

3. 在大型展览活动上重新推介产品。

4. 优化产品或品牌网站，使其完全兼容移动设备，并在接下来的 6 个月内成功运营。

5. 将客户群数量增长 10%（类似数据能够为企业提供准确的客户数量参考），并且（通过调研）新客户应与现有长期客户背景相类似。

6. 维持公司的品牌价值。

显然，促销可以在上述所有目标中发挥重要作用。这可能是因为，市场调研分析已表明，该品牌的价格、分销或产品实际效果存在着根本性问题。这一问题需要得到解决，但并非通过促销来解决。实际上，没有一种促销手段可以完全解决这个问题。然而，有许多具体任务和活动形式特别适合被纳入促销解决方案中。

沿用过去的促销活动。一些以往使用过的促销活动可能会被企业沿用，但对此应始终持质疑态度。例如，企业开展春季促销可能仅仅是因为其是行业的传统促销活动，而这很可能是在浪费时间和金钱。市场调研将证明这一观点，但这需要更为详尽的数据或社交媒体分析来佐证。

简报 2.2　2 月销售。切尔西约克公爵广场上的一家小众皮带商店通常有两个固定的促销月份：一个是 1 月，那时附近的商店销售火爆，人流、物流繁忙，因而这家皮带商店无须打折活动就能吸引顾客前来购买。另一个是 2 月，但门店经理深知，2 月是人流量和销售额的低点。令人遗憾的是，品牌公司不允许该门店经理尝试变更促销月份。

简报 2.3　7 月的伦敦牛津街。几乎每家商店都会在 1 月提供 50% 的折扣优惠，然而这样的传统促销活动对消费者来说毫无作用。仅有英国药妆店博姿和保健品店荷百瑞（Holland & Barrett）采用不一样的促销手段——前者进行"买三样产品只需付两样的价钱"的活动，后者开展"买一件产品则第二件只需半价"的活动。玛莎百货（M&S）逆势而上——仅提供 20% 的折扣，而另一品牌城市服饰（Urban Outfitters）则给出了 75% 的折扣。飒拉（Zara）更为"与众不同"——所谓的促销手段只是在店面外贴上"大减价"几个字。这些看上去是多么枯燥乏味！

明确定义的营销目标，应该是清楚阐释在促销或与此相关营销活动上花费时间和金钱的理由。人们常说，广告令消费者认识和了解产品，而促销则使其购买产品。消费者可能会倾向于购买全套产品和服务。促销活动往往将消费者的注意力吸引到特定地点的特定产品上，并使其产生在那一刻购买产品的动机。

企业应计划在特定时间实施促销，但也可考虑将其作为应急措施。 在一年中不可避免地会出现各种各样的问题与机遇，而企业为了保证业务或实现营销目标，可能需要采取其他措施。对企业来说，可能出现的问题包括：被竞争对手抢占业务、股票流通缓慢、产品分销流失、销售疲软（请参阅简报 2.2）等。可能出现的机遇也是多种多样的：从竞争对手那里争得市场份额、在特定目标市场中建立品牌知名度、构建新的分销渠道以备不时之需、壮大销售点的其他营销活动、基于产品试用数据开展新的营销活动等。

每一次促销都必须与实现促销目标紧密相关。 一定要花时间认真思考目标并将其与企业的整体营销策略相联系。确定了营销目标之后，该如何去实现它们呢？答案就是：使用某一种营销工具或者同时使用多种营销工具，这也就是我们常说的"促销组合"。

营销与业务的关系

以图表形式最能说明这种交互关系。大致来说，就是从特定的业务目标中，依据派生出的营销目标，且在考虑了备选解决方案之后，确定最终业务目标并形成营销计划。营销计划要清楚列出营销活动（其是指为实现一个营销目标而进行的一组营销活动），而这些活动旨在促进与顾客沟通并说服其将行为和态度改变为倾向于企业，最终使顾客接受企业提供的商品和价格。

销售往往是在顾客购买时与其面对面开展的活动，包括体验式营销和现场营销。一旦销售行为完成，接下来就是履行订单的过程。在此过程中，客户服务人员需要处理各种各样的客户难题。履行订单本身可以是服务业主体提供给顾客一项服务，比如理发店或汽车修理厂这类主要提供服务而非产品的主体。

市场营销也参与到新产品（或服务）的开发过程中。企业业务的某些部门可能不会直接与顾客互动，如图2-1中所示的"行政、财务"部门。财务部门可能会就信用评估和欠款等问题与顾客产生间接联系，通常这些问题是客户服务部门直接处理的。值得注意的是，营销是企业与顾客在每个环节上交互的关键接口。营销推广包含广告、公关、非面对面式移动与互联网直效营销及促销活动。

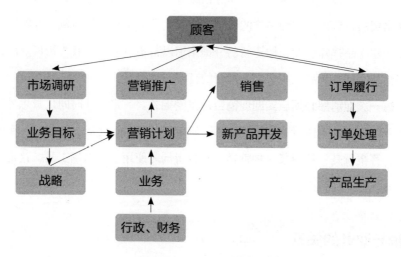

图 2-1　业务与营销

资料来源：赫尔姆斯曼商业咨询机构。

在研究了营销在企业中的运作方式之后，我们可以发现营销在企业各个部分中发挥的作用，这些作用被称为"营销工具"。相关营销工具已按照企业应采用的先后顺序一一罗列出来，如图2-2所示。

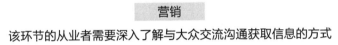

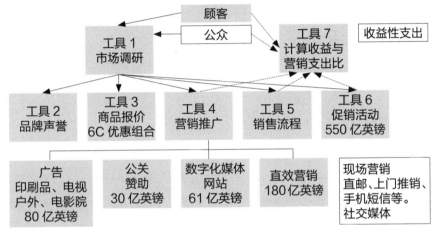

图2-2　营销工具

资料来源：赫尔姆斯曼商业咨询机构。

"市场调研"这项工具可以发现顾客需求、探查竞争对手活动以及整个市场情报。数据和社交媒体分析，即多媒体分析，对于建立企业和品牌在顾客心中的地位（相关内容请参见第3章）、了解顾客对产品和服务的评价以及确定首选传播渠道，都至关重要。在上述领域，有不少市场研究专家或专业人才。您应从中雇用那些既懂得如何做市场调研，又与企业无利害关系的人。

基于市场调研结果，就可以进一步确定品牌声誉（工具2）和商品报价

（工具 3[1]。该部分在第 3 章中有详细阐述）。市场调研分析也能使企业找出顾客偏好的媒体、传播渠道以及形式（被统称为"传播画布"），这些具体信息有利于企业做相应的营销推广（工具 4）以更好地满足顾客需求。通过市场调研还可以建立销售流程（工具 5），采用适当的促销活动（工具 6），以此为潜在顾客带来乐趣和享受。这就是本书的主要内容。最后，还需要衡量企业在营销推广方面产生的收益性支出是否已获得相应的价值回报（工具 7）。

营销战略与战术

战略

战略性规划对于任何业务活动来说都是有益的。"战略"并非意味着"重要"，它指的是确定企业的特殊能力，并将其转化为维持与顾客以及供应商之间关系的竞争优势。换句话说，就是您的公司最大的优势是什么。如果促销有利于提升企业的特殊能力、增强竞争优势并建立与顾客和供应商的长期合作关系，那么它就具有战略意义。

企业应采用战略方法来对促销进行规划，原因有以下几点。首先，战略性规划可以使一项促销建立在前一项促销的基础上，有利于形成营销传播的连续性。这样就能使营销传播对消费群体产生长期影响。其次，战略性规划有利于企业节省大量的时间和成本，加快反应速度。最后，战略性规划还使得促销优惠活动能够完全融入营销计划的其他活动中。通常，好的战术性促销和战略性促销拥有相同特点：好的促销既可以是战术性的，也可以是战略性的（如案例

---

1 图 2-2 中的 6C 优惠组合是 2001 年由罗迪·穆林和凯西·艾斯先后提出的市场营销组合概念。"市场营销之父"菲利普·科特勒曾在 2005 年称赞该组合从顾客角度出发，为市场营销组合提供了更好的视角。6C 指的是主观成本（Cost）、消费便利性（Convenience of Buying）、理念（Concept）、传播（Communication）、顾客关系（Customer Relationship）以及一致性（Consistency）这六个要素。——译者注

研究 74）；不好的促销，战略和战术都不好（如案例研究 50）。

在确立促销战略时，应该做到以下五件事：

1. 与其他营销活动一样，要从竞争优势和战略定位方面确定战略框架，这是每项促销实施的基础。

2. 为每种产品或服务制订战略方针，确定适合它的促销方式——这一点适用于所有营销活动。

3. 确保促销环节由资深的高管来处理或监督，以保证促销活动的构思、整合和实施足够专业。

4. 对促销绩效进行量化研究和评估，并与其他类型的营销支出进行比较。

5. 为接下来一年的促销活动制订计划和预算，使促销活动与其他营销活动一道成为营销工作中不可或缺的一部分。

糟糕的促销手段屡见不鲜，比如信誉品牌的降价促销，或是促销管理不善导致顾客恼火，抑或承诺好的优惠条件实际却与之相去甚远，这些都会破坏企业和消费者的长期关系。除此之外，从竞争对手那里照搬低劣的促销手段也可能会损害其品牌的独特定位。

令人遗憾的是，即使是大型企业也不一定能做到这一点。这通常是因为企业将促销工作硬塞给初级员工，但这些员工往往工作年限短、工作变动频繁，不能很好地理解营销战略问题，这样不仅降低了促销的效果，也无法真正体现促销活动在当今商业中的重要性。补救的办法在于企业高层，负责人需要认识到，他们是在与客户建立关系。

简报 2.4　一家主营冒险旅行的公司。这家公司推出了一项"坐着卡车环游亚非拉三大洲 6 个月"的促销活动，结果营业额反而下降了，只好寻求专业人士的意见。针对客户的调研分析表明，这家公司安排最初级的员工接听所有顾客咨询来电，但真正了解这项促销活动并能解答顾客疑问的是高级员工。因此，专业人士建议该公司改用高级员工来接听电话。该公司在采纳这一建议并建立了一个名为"5000公里旅程"的俱乐部以供老顾客互相交流之后，才真正实现了盈利，并最终使公司元老在所有业务出售后功成身退。

战术

采用促销战术，意味着您要预先掌握许多行之有效的促销理念和知识，以备不时之需。大型制造业公司往往通过提前向销售人员灌输一系列促销理念和专业知识来应对相关情况，只要销售时需要，这些促销理念和知识就可以发挥实际效果。这也意味着，促销人员需要有想象力、行动迅速且表现机智，才可以快速应对竞争压力并抓住短期市场机遇。这些都是最好的战术。

过于频繁地变更促销活动会使品牌失去其本身的知名度和定位，但如果企业的促销活动一成不变，就有可能被表现更为灵活的竞争对手超越。促销是一种贯穿品牌所有组成部分的工具。这就是战术和战略之间的平衡对于有效利用促销十分重要的原因。业务上的成功始终是短期与长期利益、战术与战略考量间的相互协调。企业往往通过有效规划未来发展而实现盈利，但倘若它们因为仅仅关注未来而忽视当下，失败是在所难免的；反之亦然。因此，对于企业来说，最佳策略始终是要灵活应对与适应不同情况。

与直效营销相同的是，促销也具有能够在短期内发挥效果的优点。换句话说，促销可以在几天内完成构思和实施，在几周内就可以看到效果。因此，促销非常适合对库存控制和交付周期要求及时的制造业。简报2.5和案例研究1所展示的就是此类促销活动。

简报2.5 **与奥林匹克有关的业务活动。**全球知名谷物早餐和零售制造商家乐氏（Kellogg's）仅用一晚就交付了印有奥林匹克运动会金牌得主名字的产品，这就是一个企业开展实时行动或准时化生产的例子。的确，事实就是如此——家乐氏一夜之间就在产品包装上印好了冠军的名字，将产品装满了货车，并送达各家门店！

案例研究

案例研究 1：RPM 为帝亚吉欧公司设计的 "摩根队长仅此一位"

在莱斯特球队获得英超冠军头衔之际，英国高档酒业公司帝亚吉欧推出了一套限量版瓶装酒，以纪念莱斯特球队队长韦斯·摩根（Wes Morgan）和他的球队，同时该公司将韦斯·摩根的推特页面更名为 "摩根队长"，并投放了全国性媒体广告，号召民众，只要参与该活动就有机会赢得限量版瓶装酒。除此之外，该公司还向莱斯特及周边地区的商店发放了 11000 瓶限量版瓶装酒。之后，所有限量版瓶装酒在 24 小时内售尽。

通常，在餐饮、酒吧以外的场所，消费者会认为烈性酒或混合型酒精饮料价格昂贵、难以制作且很难在家享用，因此他们倾向于在夏季饮用啤酒或葡萄酒。对于帝亚吉欧来说，广告宣传的关键在于吸引莱斯特当地 18 ~ 45 岁的消费者。这群人具有一定 "海盗精神"，喜欢宣扬随性而为，偏爱略带古怪特点的聚会，正如不断挑战传统体制且出乎意料赢得英超冠军的莱斯特球队一般。而品牌体验创意公司 RPM 恰如其分地将该产品目标受众所具备的探索性思维模式与 "摩根队长" 品牌固有的冒险精神联系在一起。

该品牌广告宣传活动之所以成功，是因为其在 "摩根队长" 品牌与莱斯特城本身拥有的出色的球队领导者之间构建了共性。这一促销案例荣获 2017 年英国促销协会金奖。

本书详细介绍了如何一步一步实施促销，这些内容是战略性和策略性促销计划的基础。值得一提的是，您可以回顾一下自己公司在相当长的一段时间里（如 5 年）进行的促销活动，并试问：这些活动是怎样为公司的长期差异化优势做出贡献的？这些促销活动是不是好的策略和战略？这才是您要寻找的目标。

营销计划

您所选择的促销组合就是您的营销计划。您可以首先通过规划和确定业务目标逐步建立营销计划。一旦明确了业务目标，您就可以先草拟营销目标，再参考促销组合中的所有要素，从初步拟订的营销目标中挑选出您认为最适合企业且有助于实现业务目标的那些目标。其中，在选择传播工具以及进行传播渠道规划时，应始终坚持从顾客（现有顾客与潜在顾客兼有）的角度出发，充分考虑商品报价、6C 优惠组合、顾客的购买流程及其影响力，以及品牌形象——企业希望消费者形成的对品牌的认识（以上内容请参见第 3 章）。

切记：生活没有"容易"二字

制订营销计划是很有门道的一门学问。如果您发现有些营销活动与被沿用的传统活动一样不能真正有助于实现营销目标，请赶紧放弃。之所以"重蹈覆辙"，是因为有人觉得直接照搬上次的营销计划省时又省力——这是一种偷懒的方法。专业会计师事务所威洛特·金斯顿·史密斯公司（Willott Kingston Smith）的一项调查发现，营销人员过于依赖广告代理机构来决定要使用哪些促销工具和传播渠道。其结果就是，促销组合和选用传播渠道几乎一成不变。

如果广告代理机构是唯一的广告商，就要更加小心：许多代理机构都奉行传统主义，他们一直以来都靠报纸杂志、海报以及电视广告等传统渠道来获利，其创意团队并没有采用公共宣传、促销、直效营销或者网站推广等方式的意识。除非您坚持要采纳促销组合中的所有方式，否则单纯依赖这些代理商使用的传统渠道，给产品带来的广告宣传影响力是极其有限的。威洛特·金斯顿·史密斯的调查还发现，大多数广告代理机构只会对传播渠道夸夸其谈。想要解决这个问题，要么是坚持贯彻传统方案，要么是更换新的广告代理商。

此外，威洛特·金斯顿·史密斯的调查指出，有一种关于媒体采购（media buyer）[1]的营销观点认为大多数营销人员无力承担任何责任。身为营销从业者的您，请不要与这群人为伍。这一点对于衡量营销计划是否成功至关重要。企业应为营销计划中的每一项活动和目标划定相应权责。首先要确定负责每项营销活动的人员，其次要制订有关活动成功与否的评价标准，同时针对营销活动设置相应的关键绩效指标（KPI）。在评估活动时，先记录KPI的数值，再根据先前设置的标准进行评价。评价结果能够表明相关营销活动是成功还是失败，为下次活动的内容或人事变动提供参考（本书第15章对此进行了概括）。

做好营销计划对于实现营销目标和控制营销成本至关重要。制订好计划但随后将其束之高阁是人类的通病。实际上，要做好计划，人们只需要简单写出其梗概，或者将其制成表格以方便后期回顾计划内容。不过，人们往往会轻易忘记最初设想的内容。而通过营销计划，您可以按照优先级顺序合理安排营销活动，以防因成本削减而导致一系列活动无法进行的情况发生。有了计划，就能清楚该砍掉哪些活动，以及会对最后结果产生何种影响。反过来，如果计划成功并且相关人员实现了相应的KPI，也要论功行赏。同样，您还获得了真实的、可量化的经验，为下一次工作做好了准备。

---

1 媒体采购是指营销代理商利用有限的预算，选用适当的媒体组合，在限定时间内投放广告，帮助品牌传递信息、宣传产品或服务。其可涵盖线上媒体（如社交媒体）与线下媒体（如报纸、杂志等）。——译者注

营销推广组合

促销如何与其他推广方式搭配？营销推广组合一般由四大工具组成。

1. **广告**：指在广播（电视、电台和电影院）、户外（除海报和热气球广告这类依靠周边环境和交通运输的媒体）、印刷媒体或新媒体（网站、交互式电视以及带有即时通信和社交媒体功能的移动设备）以及其他传播渠道上进行的有偿付费宣传。

2. **公共宣传**：也称"带货"，即第三方对产品或服务进行的评测和推广。如果您能够利用这种方式，那么所产生的宣传效果将会非常棒。例如，明星主厨可以提高一些食材或小型器具的销量，健康美容产品的代理商往往会向顾客极力推荐抗衰老面霜等产品。

3. **直销**：即向现有或潜在顾客进行推介。顾客可以通过填写优惠券、手机贴纸、联系呼叫中心、发邮件等方式购买产品或服务。互动电视、短信、应用程序及电子邮件等移动广告，都属于直销。现今，直接面对消费者的销售形式被称为品牌体验式营销（旧称"现场营销"），即通过商店、展览会、产品演示、上门推销等形式，向现有顾客、潜在顾客或中间商开展有关产品或服务的推介。

4. **促销**：即鼓动顾客在特定的时间和地点、以特定的方式行事所采用的激励手段和优惠条件，通常与上述三种工具组合使用。

这样对营销推广组合进行划分有很多好处。它给出了一个粗略的定义，即说明每种营销工具都能起到什么作用，并帮助企业决定采用哪种最有效的方式，以实现特定的营销目标。例如，一家工业企业可能最重视直销，而一家看重短期销量（品牌体验营销）的公司可能会优先考虑促销，一家拥有新产品的公司则可能将公共宣传作为最佳选择。大多数情况下，仅仅依靠一种工具是很难起效的，因此企业需要均衡使用这四种工具——这也被称作"整合营销"。当然，这与企业需要进行至少六次营销传播才能促使消费者购买产品息息相关。

对以上各促销手段的具体阐述，请分别参阅第6章至第9章的相关内容。

案例研究

接下来将介绍整合营销的工作原理及促销在其中扮演的角色。下文中，案例研究2是关于英国美容和健康零售商巨能药业（Superdrug）如何试图提升其品牌知名度，案例研究4是关于日产汽车（Nissan）在梦工厂动画电影《怪物史莱克》发行之际联合推出Tino系列车型。两者均使用了联合促销手段。

案例研究2：广告代理商SPF15公司为巨能药业开展的整合营销

2006年，巨能药业的广告代理商SPF15公司注意到，女性出游前的"特别瞬间"（little moment）对目标客户来说很重要，随后利用广告、短信、邮寄试用品以及电子邮件等方式，主打这个"瞬间"。对女性研究发现，虽然不少女性一生中最重要的时刻是结婚和生孩子，但一些看上去微不足道的瞬间对她们而言也具有特别的意义，比如每年第一次身着泳装出现在沙滩上的瞬间。为了这一瞬间，前期的准备工作非常重要。巨能药业试图以此为契机，通过与相应的产品和服务供应商合作，利用优惠和促销活动来增加人流量，提升品牌知名度。

这次宣传活动让巨能药业的品牌知名度一下子从15%提高到了33%，共有17万名女性参加了活动（重创了另一家同类品牌）。活动中，25%的参与者表示"感觉特别"，38%的参与者表示巨能药业给她们"带来了完美瞬间"，27%的人现在"喜欢巨能药业"，42%的人"对巨能药业感觉更好"。

这是一个创意新奇的品牌建设案例。其中的营销活动在有序进行的同时，又整合了不同营销工具，还邀请了众多企业一同参与。SPF15公司也明确地调查出女性在生活中想要什么、担心什么。有意思的是，现在很多其他企业都在模仿2006年巨能药业的这次促销活动，他们也希望利用"特别瞬间"的概念来取得成功。

值得注意的是，未来，营销人员切忌在营销宣传中使用性别刻板印象。

案例研究3：家乐氏"醒来吃早餐"的整合营销

这是一个大型品牌促销活动，倡导消费者改掉从不吃早餐的习惯，家乐氏的麦片销量因此提高了5%。这项活动通过电视、纸质媒体、广播、小型网站、附带优惠券包装和上门派送等多渠道进行产品促销，并邀请了名人担任品牌推广大使，发起了全国性"早餐周"活动。最终，420万人次购买了促销产品，40万人开始每天吃早餐。

案例研究4：日产汽车的整合营销

众所周知，父母和孩子都有决定家庭用车的因素，因此与日产汽车Tino系列车型销售息息相关的是要激发家庭观众对该车型的兴趣和互动。广告代理商特吉拉·曼彻斯特（Tequila Manchester）与梦工厂动画公司及日产汽车一道发起联合促销，共同为日产汽车Tino系列车型进行宣传，旨在将汽车与电影《怪物史莱克》联系起来，向消费者展现该车型的优越性能。通过电影明信片、海报和六英尺[1]高立式广告牌等富有想象力的创意材料，将该车型与电影角色"史莱克"紧密结合。制作的明信片还有效收集了换车信息、个人地址等数据。日产汽车认为该促销活动非常成功。

---

1 1英尺＝12英寸＝0.3048米。——译者注

总结

促销是营销过程的高潮部分。营销过程始于企业老板或组织领导的愿景。通常情况下，这个愿景会转化为符合 SMART 原则的业务目标，其中有些目标会直接影响营销，而有些则间接影响营销，还有少数影响不大。业务目标会衍生出符合 SMART 原则的营销目标。

然后，从可供选择的营销活动中挑选出最合适的来组成营销计划，并通过营销推广组合来实现营销计划中设定的营销目标。每项营销活动都设定相应的标准，并通过 KPI 来衡量营销人员的达成程度。

促销活动通常只在特定的时间内有效，其作用是为顾客带来乐趣和实际利益。将促销作为一种战略进行规划并记录其有效性，能降低失败的风险，使企业或组织在市场竞争中领先于对手。促销可以为优秀的品牌"锦上添花"。

自学问题

1. 请凭记忆画出营销与业务的关系图，然后与图 2-1 进行比较。不要忘了所有与顾客接触的环节。请思考：您的企业是如何与顾客进行交流的？

2. 营销人员需要考量并使用的七种"营销工具"是什么？请评价每一种工具是否适用于您的企业客户。（记住：始终从客户角度来考虑，而不是从企业角度。您可能更喜欢在纸质媒体上打广告，因为它相对容易安排，而且您所在企业的首席执行官能直接看到广告，对您的工作感到满意。但如果客户只用手机和互联网，纸媒广告就是无效的！）

3. 请区分营销目标和营销战略。

第3章

激活消费者的"记忆文件"

以全新视角理解购买过程

不得不承认，如今顾客在购买过程中掌握了越来越多的话语权。这得益于两点原因：一是通信技术的普及使交流沟通几乎无处不在；二是消费者能够轻易获取有关品牌、产品以及服务的大量信息。这无形中提高了消费者对于品牌、产品和服务的期望值：他们更愿意购买那些在质量、价值、与顾客的长期关系、沟通交流、客服水平、派送服务等方面具有一贯高水准的品牌。

供应商、零售商和品牌经理必须坦然接受这一事实。如果顾客能够利用大数据与社交媒体研究中的发现，就能充分掌握消费者的相关信息。譬如，消费者是哪些人群？他们购买了哪些产品？怎样和他们进行沟通？沟通的内容是什么？应该使用何种促销手段和媒体？何时进行沟通？从衡量的角度来说，促使他们购买的因素有哪些？基于上述信息，企业不仅可以满足顾客的需求，而且可以预知和激发他们的需求。

接下来，我们探讨一下**消费者对品牌形象所形成的"记忆痕迹"和"记忆文件"**，以及在购买过程中所起到的作用。研究表明，大脑中的某些物质无形中促使消费者决定购买商品，但人们往往无法察觉这些物质的存在。消费者在其购买过程中会建立所谓的"记忆文件"，来记录与品牌、产品、服务等相关的信息和感觉。我们可以称之为大脑潜意识中的一套"挂钩"（如图3-1所示）。每个消费者大脑中所隐藏的每一个"挂钩"都是不同的。消费者喜欢在其脑海中搜寻独特的可视化线索。换句话说，他们倾向于在潜意识中依据不同形状和颜色而并非文字来选择不同的"挂钩"。具体来说，"挂钩"可以是商标、气味、种类，或者广告中的背景音乐。但通常是被称为"核心视觉助记符"（简称CVM）的一种视觉指示器，它主要的作用是触发消费者对品牌、产品或服务的联想。当大脑受到某种事物或行为等的触发（如图3-1中的齿轮），会随之引出"挂钩"所包含的内容，并在意识脑区（在前额叶周边）显示出这些内容（如图3-1中的电脑显示屏）。消费者所有的购物体验和接收到的相关信息会依据他们自身的理解被判定为"好"或"不好"，并被分别添加到相应的"挂钩"中。"挂钩"中不断累积的"记忆文件"被定义为"记忆痕迹"，也就是消费者对品牌具有的所有自身体验。

大脑接收和处理信息的速率约为1250兆字节／每秒
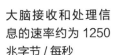
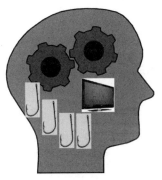

图3-1 记忆痕迹"挂钩"

资料来源：赫尔姆斯曼商业咨询机构。

只有当企业将营销沟通做得刚好满足消费者的消费需求时（营销沟通中传达的信息构建起"挂钩"所包含的"记忆文件"），消费者才能被说服去购买该品牌的产品或服务。每个人所拥有的那套"挂钩"都是不同的，在其潜意识所包含的"记忆文件"中储存着不同体验以及对营销信息的不同看法。除此之外，消费者对信息传播流程的不同看法也会影响其对企业营销沟通的理解（如

图 3-2 所示）。换句话说，人们从接收到的营销传播中了解的内容因人而异。

　　图 3-2 展示了信息传播流程。其中，信息发送者和接收者认知的重叠部分就是理解范围。通常，发送者在确认接收者是否可能真正理解所传播的信息后，接收者会做出一定的反馈。因此，发送者在发送信息之前需要将其转化为符合接收者对传播过程理解的形式。英国促销协会网站的资源栏目有关于所有对信息传播造成危害的因素的详细解释。相关内容也包含在笔者撰写的《购物者经济学》（*Shoppernomics*）一书中。

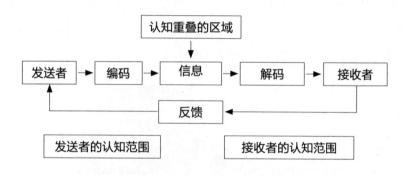

图 3-2　信息传播过程

资料来源：赫尔姆斯曼商业咨询机构。

了解消费者对品牌的看法

　　例如，通过将推特上的推文按照从"幸福"到"厌恶"的标准划分为 6 ~ 8 种不同类别，并对每种类别中每条推文仔细调查，我们可以发现消费者对品牌的普遍看法，即"记忆痕迹"。然后，将其与品牌、产品或服务在社会公众心中所表现出的品牌形象进行比较。图 3-3 描绘的是英国经典食品马麦酱的品牌方案。随后，企业可以采取行动或通过营销沟通的方式来协调或纠正品牌形象设计中不符合消费者"记忆痕迹"——自身体验的元素。

　　马麦酱的品牌方案实际上反映的是品牌经理希望消费者对该品牌能产生的

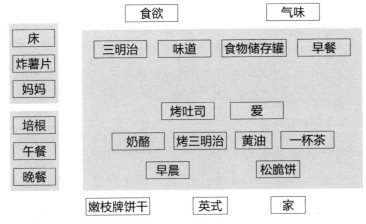

图 3-3 英国经典食品马麦酱（Marmite）的品牌方案

资料来源：赫尔姆斯曼商业咨询机构。

情绪、感觉以及体验。图中，越接近中心的部分（即颜色更深的区域）意味着消费者更倾向和偏好的东西。如需有关记忆痕迹／品牌形象设计概念的详细阐释，请参阅罗迪·穆林与科林·哈珀所著的《购物者经济学》一书。

那么，如何才能促使消费者购买产品或服务呢？ 答案就是，通过适当的媒体渠道来传递数量恰好的营销信息。要构建符合顾客自身体验和内心需求的品牌形象，需要依照营销传播的六条原则来传递合适的信息：

1. 初期传播的信息要包含品牌信息。这有利于消费者了解品牌，而且这类信息要通过品牌经理、零售商或供货商传递出去。这类信息需要对产品和相关服务及其优点和特点进行描述。在传递这类信息时，必须按照信息传播过程来操作。

2. 消费者为了掌握更多关于品牌的信息和评价，也会搜索其他信息源，比如网站、论坛、社交媒体、"缤趣"图片分享软件（Pinterest）及即时电报——聪明的市场营销人员应鼓励消费者这样做。有些品牌，例如英国企业Wau Waa（请参阅简报 3.1）就从一开始利用社交媒体对消费者普及品牌信息，并随后用来推介公司的业务。

3. 与同事、朋友以及亲戚时常联系。因为他们都能分享有关品牌的体验，有利于为消费者形成对品牌及产品等方面的认识提供重要的信息参考。

4. 无论是在门店还是在线购物，零售商都应积极向消费者发送营销宣传信息。"超额品牌声量份额"在品牌营销中发挥着重要作用，并且可以很容易地在本地市场实现。"超额品牌声量份额"是指某一品牌的营销传播相对于其竞争对手而言按一定比例超出市场份额的那部分。

5. 经销商促销物料（Point of sale material）以及包装材料在品牌营销中发挥的作用更大。

6. 促销，连同以上所有传播方式以及经销商本身，对营销的作用就好比锦上添花，能为消费者增添消费乐趣、激发消费欲望，使其最终做出购买决定。

消费者可能会有意识保持精明老练的态度，对接触到的市场营销以及广告宣传信息不屑一顾，整个购物过程时间紧凑，并且对产品选购十分挑剔，但实际上他们大脑的潜意识会一直运转。

简报 3.1 "消费者为创业公司提供品牌营销信息"的商业模式。

Wau Waa 是一家利用社交媒体来打造品牌形象的英国创业公司，其营销所针对的消费者群体是新手爸妈。笔者之所以在此讨论，是因为这是一个有关不借助信息宣传来打造品牌形象的案例。该公司网站允许消费者在上面分享育儿的情感、问题以及经验。爸妈们分享的经验都很有趣且引人入胜。该公司将这种模式形容为"浏览和发现"（就像顾客在商店消费一样）而并非传统式的"搜索和购买"。该公司会在网站上售卖那些分享帖中的产品，其网站所列产品每周会更换 3 次。该网站的首次访问用户中有 51% 的人会购买产品。此外，该公司鼓励爸妈们在网站上传有关产品使用的照片（当然，那些展示产品的照片都是在专业摄影棚拍摄的）。51% 的用户都是通过手机而非平板电脑来浏览该网站。

该公司旨在为消费者提供一种温馨且充满爱的体验。其网站主要是利用真实父母提出的真实话题，而这些话题呈现出多元文化和多种族背景的特点，并侧重怀孕、生育和抚养子女这类话题。有 7000 多名用户在该网站分享与交流相关话题。这是一种充满互动的模式，而并非某人通过发帖来涨粉的模式。不幸的是，该公司突然之间就消失了，给市场和消费者留下了各种疑问。但不得不说，它创建了一种很有潜力的有趣的商业模式。

美国手工类在线学习网站 Craftsy.com 采用了相同的商业模式，其主打利用羊毛等材料制作手工艺品、摄影、艺术、烘焙及其他手工艺爱好者关注的领域。网站用户可以分享制作经验和建议，而这家公司也通过网站售卖原材料和工具，并提供收费便宜的手工艺培训课程。

零售商面临的关于消费者的难题

消费者是如何进行消费的？ 消费需求出现，或者消费者受到营销传播的激发而联想起储存在他们潜意识中关于品牌和产品的信息。什么样的东西能吸引消费者的眼球呢？什么样的营销信息对于消费者来说是具有说服力的？消费者是如何收集和利用相关信息的？产品价格或价值可能会是一种诱因。事实上，消费者在店内消费时进行的大多数思考和做出的决定并不纯粹是理性的。必须承认的一点是，一个人的消费方式存在一定程度的随意性。这种购物体验基本上可以说是，消费者在为自己买还是不买找个借口。由于 20% 的消费者对产品价格不太在乎，这也使得情况变得复杂。

触发消费者购物的因素几乎可以是任何东西，比如看了某人对产品的评论，读了报纸或杂志上的某篇文章，在电影院或电视上看到的某个事物，又或是从电台广播中听到的某个信息。触发因素可能只是某个关键词（譬如"新的""免费"，以及包含"1元"字样的快讯），当然，也可能是突然联想起品牌形象。触发购物者消费的因素还可能是某个新品发布日（如苹果关于最新平板电脑的发布会）或者是某项活动门票的发售日。除此之外，消费者对某类商品（如服装、科技、音乐）的特殊兴趣可能意味着他们更易于被激发消费需求，因为他们已经习惯于购买同类商品。特别是当品牌、供应商或零售商传递出适当的营销信息时，这一群体更容易做出购买决定。

一旦消费者产生了消费需求，他们通常会经历四个阶段：

吸收：吸收营销信息中所包含的内容，这一步通常是在潜意识中进行的；

计划：通过比较备选方案，积极研究拟购买的产品；

获取：着手购买产品；

分享：对此次购买的产品的优点和价值进行评估，并将购物体验分享给其他消费者。

对于不同类别的商品，购买过程是不一样的。显然，顾客购买一双袜子（日用品消费）时可能不需要太多考虑，他们往往会立即购买。如果购物体验不佳，顾客随后会将该产品列入"黑名单"。简言之，购买日用品时，顾客不会做过多考量。

购买汽车则不同，顾客会"货比三家"，在做出购买决定以前会不断咨询和分析比较。例如，除了汽车性能、质量和转售价格，顾客还会考虑保险费用、税收、油耗等。实际上，依据汽车销售人员所言，有些消费者比他们更了解汽车，所有消费者想要从汽车销售人员那儿获得的只是比竞争对手门店展示的汽车更为划算的售价。影响消费者认知的因素可能是消费支出占其收入的比例、手头可用的资金等。但在这种情况下，销售人员可以重新唤起顾客的消费欲望，让他们觉得买车是值得的，从而解决因汽车价格而令顾客"望而却步"的难题。

消费者在购买时的情绪状态和认知,要么能激发其消费冲动,要么能遏制这一冲动。与促销、工作、专业认可、度假或者恋爱等相关的情绪升高,会促使消费者忽略其正常状态下保持的谨慎和克制,产生冲动。因此,品牌营销要做到让消费者开心。产品和服务的状态以及新颖度也可能影响顾客购买。很大程度上,有些顾客会受品牌形象和其他消费者意见的影响而考虑是否购买产品。

购买态度会受顾客对以下因素的认知而改变,比如,经济衰退、环保问题、医疗信息披露、媒体推测,以及他们是否被外界认为会在特定场所购物等。经济持续衰退会使那些原本有高收入的人群倾向于购买经济型品牌,这样显得"更为应景";而那种开着奥迪、宝马、路虎去廉价连锁超市利多(Lidl)或奥乐齐(Aldi)消费的行为,反而显得与社会大环境格格不入。

对顾客群体的细分是否适用?

谁买了什么?您还能够针对顾客群体细分吗?答案既是肯定的又是否定的。顾客往往根据购买的时间点、地点或场景表现出许多不同的消费个性。一名企业主管可能会在某个时段购买顶级旅行套票,却在之后选择进行一次经济型家庭旅行。一名办公室经理可能刚刚采购了办公材料,到了午餐时间就与同事一起消遣娱乐,在下班后又和孩子们一起去商店购买食品和日用品,之后回家上网购物。如今,消费者仍然是具有单一性且社会、教育和文化背景各不相同的个体,但是却展现出多种消费个性。如果供应商或零售商无法清楚地认识这种如同变色龙一般的复杂属性，就很难处理好与客户的关系。

单纯以性别、人口统计学类别或社会经济地位来划分目标顾客群体，显然已不再适合。最终，品牌营销人员必须实现商品优惠组合（请参见下文），并通过对其转化和扩大来吸引特定的消费群体，即那些会购买商品、分享购买体验、网上发帖或推特，并且参与品牌计划和活动的人。确定和接触目标顾客群体的最快方式是，有针对性地利用现有用户群。由此可见，对于企业来说，全面且有计划地精心管理客户关系是多么重要。

简报3.3 **客户关系管理。**客户服务应做到对消费者极为友好，然而现实中仍然有些零售商因单纯追逐利益增长而永久性"得罪"了顾客。典型的例子是移动通信公司——维珍宽带（Virgin Media）和沃达丰（Vodafone）——在银行对其客户账户直接扣款出现错误的情况下，并未通知相关客户，而是突然停掉他们的宽带或移动服务。当然，如今看来，这种行径显然触犯到客户的权利。因为许多政府部门服务都需要客户通过线上或电话来联系，一旦移动通信公司切断电话线和宽带服务，客户就无法与外界联系。反过来，这种行为会造成企业客户流失，从长远来看，也会影响企业吸引潜在客户。同样糟糕的例子还有消费者发现促销产品正好卖完且没有库存，造成顾客体验不佳。比如英国高端超市维特罗斯（Waitrose）就曾因为促销产品存货不足而受到影响。

简报3.4 **对消费者的细分和对策。**澳大利亚跨国百货公司迈尔在全球客户关系咨询服务有限公司（Global Loyalty Pty Ltd.）总经理莎拉·理查德森（Sarah Richardson）的建议下，根据客户的消费方式及其所购买的商品，将其客户划分为五个类型：

- 忙碌的家庭主妇：总是急着做事，经常和孩子们在一起；
- 女性高端消费者：热爱设计师品牌，紧跟高端时尚步伐；
- 时髦女性：很有可能且极力想成为高端时尚消费者；

- 低消费欲望女性：如果没必要，就不去商店消费；
- 打折狂热者：喜欢抢便宜货。

这种分类有助于迈尔的营销人员和其他职员更好地服务不同类型的消费者。

锁定目标顾客群体并开展市场调研

全球线上拍卖及购物网站易贝（eBay）的一项研究表明，英国约有75%的消费支出来自所谓的"超级消费者"，这一群体占英国总人口的18%（请参阅简报3.11）。对于生产高端产品和服务的企业来说，必须要挖掘消费市场中的有钱人，将其作为目标顾客群体。这一情况同样适用于特定产品和服务领域，企业必须要瞄准对某一产品具有独特兴趣的消费群体。事实上，细分目标顾客群体的确有用，这可以帮助企业首先创建针对现有目标顾客群体的资料库，然后基于相似点锁定潜在目标顾客群体并建立联系。比如，那些运动产品爱好者或者其他特定产品发烧友通常会联系他们熟知的供应商和零售商。

简报3.5　针对某家城市金融服务公司客户进行的调查，结果表明，仅有10%的客户拥有非常高的净资产值，18%的客户具有较高的净资产值。除此之外，72%的客户被认为具有潜在价值，但大多数客户为该公司带来的佣金收入非常少（该公司应用了帕累托法则[1]）。调查机构首先针对该公司净资产值排名前28位客户的背景资料进行了概括，然后通过相似性分析在全市范围内发现了2万名潜在客户。随后，该公司有针对性地与这些潜在的高净资产值客户联系，以每年200位客户为一个细分群体，每年从中发展20位新客户。有趣的是，这些客户倾向

---

[1] 帕累托法则，也称"二八定律"，是罗马尼亚管理专家约瑟夫·朱兰提出的管理学原理。——译者注

于公司以收费的形式为他们提供金融理财服务，而不是让公司从中抽取佣金。对于公司而言，收费带来的收入远远大于之前以佣金为主的收入总和。随后，这一收费服务方式也被应用于事务律师执业范围，同样带来了可观收入——对于许多专业客户群体来说，比起支付佣金，他们更愿意支付"聘用定金"。说回那家城市金融服务公司，除了开发新客户，它还将其余数百位潜在的高净资产值客户资料转手卖给了另一家公司。

潜在顾客中的关键意见领袖。 想要吸引潜在顾客，就要先抓住这一群体中的关键意见领袖，并与他们保持紧密联系。关键意见领袖有以下特征：

在产品和服务购买及体验中，重视可靠性和原创性；

对所购买的产品和服务有更深入的接触，非常了解其品牌；

特立独行，喜欢按照自己的方式行事，希望说服商家改变；

时间宝贵，看重产品如何能节省他们的时间；

具有社会责任感，希望通过产品和品牌选择，履行自己的道德义务；

充满好奇心，观念开放，能快速接受新鲜事物；

是新鲜事物的拥趸，且愿意推广新产品。

坚决贯彻自我认同标准。 在开展进一步措施之前，针对您选择作为目标群体的每一种客户类型，您都应采用以下方法：首先，要摒弃自身想法和偏见；其次，学会倾听、观察和掌握目标群体的思考和交流方式；最后，要真正了解目标群体以及他们可能做出的反应。这种方法被称为"自我认同标准"，即承认您本身的思考和反应方式完全不适用于您正在分析的任何目标群体。

您不应对目标顾客做出任何假定（针对营销人员的研究发现，他们对顾客的假定往往与现实完全背道而驰）。相反，要从大数据分析和市场调研中获取相关信息。

接下来，让我们探讨：如何在了解顾客群体的基础上对他们做出正确的回应。

消费者购买过程中存在的隐患

通常，一个商店内部环境非常复杂，不仅陈列着数千种产品，其中超过一半是促销产品，同时还有其他消费者和店员来来往往。在这种环境下，消费者如何选购产品呢？显然，产品及其包装需要脱颖而出，让消费者眼前一亮，这就好比是一种"核心视觉助记符号"，能瞬间勾起消费者对相关品牌的回忆。消费者注重产品包装，根据包装来选择产品往往是他们的首要任务。

遗憾的是，市场研究人员通常不知道他们所做的调查往往侧重对消费者意识、态度和观点的研究，而忽视对潜意识行为的分析。如眼动追踪技术可以揭示人们的视线会停留在产品包装的哪些位置；但也存在一些例外，比如人类行为研究平台"爱动"（iMotions）等相关眼动研究就无法判定人们凝视某个区域是否是因为他们大脑中正在试图理解看到的东西，又或是单纯对看到的事物具有极大的兴趣。

品牌网站对于消费者来说可能显得很复杂。企业在设计网页时应尽早融入具有品牌特性的符号或标志，以确保消费者能够很容易联想起品牌，找到他们想要购买的商品。

广告宣传也可能让消费者"望而却步"。品牌过去常常在广告中使用大量"具有杀伤力"的口号（比如"大减价的最后一天""大清仓"），但消费者通常不会受到影响，因为这些广告宣传与他们的消费兴趣无关（请参阅简报2.3）。如今许多品牌又试图在社交媒体上散播这些"具有杀伤力"的信息，但实际上消费者同样不会轻易上钩。例如，某品牌仅有 6% 的粉丝通过在脸书上点赞、评论以及参与民意调查来与其互动。脸书基于新鲜事排序的演算法（Edgerank）可以决定哪些新闻提要或新鲜事首先出现在订阅用户（消费者）

的主页上。这种算法考虑了新闻与消费者的相关性、权重（图片和视频的权重更大）及时间衰减。这也意味着只有少数人会看到同一个新闻提要。

除非品牌意识到社交媒体只是网红们扩大影响力的平台，而非目标消费者群体的活跃平台，否则这种依靠社交媒体进行的广告宣传只会是无效的。品牌在社交媒体上真正要利用的是那些消费者中的关键意见领袖（比如网红博主），鼓励他们发表对品牌有利的评论。对于消费者而言，广告是必需且有用的，能让他们形成积极的相关体验。在此之后，品牌需要和消费者积极互动，尊重他们的选择，同时允许消费者参与品牌体验活动。这里的关键概念在于"体验"，如鼓励消费者参与在线竞技游戏或与品牌相关的体育赛事或其他兴趣活动。"体验"所能发挥的作用取决于以下几个因素：消费者在其购买过程中所处的阶段、体验活动所依托的媒体，以及消费者与媒体建立联系方式时所使用的通信设备（比如该设备可以用来浏览商品，或者具备全球定位系统功能）。如今，通信设备已成了解消费者背景资料的关键元素。

销售门店往往有一系列的互动活动，比如商家与顾客开展对话、商家发展客户关系并试图吸引顾客进行购买——买点广告学院旗下的零售业营销计划研究机构 MARI 的一项调查发现，真正能够促使顾客做出购买决定的因素在于关键词（比如"免费""新的"，或标有"1 元"字样的彩条）或参与促销活动的方式。值得注意的是，研究表明，70% 顾客对品牌购买的决定都是在门店内或者官网主页上做出的。

零售店（例如超市）总是与某个具体地理位置紧密相关，并为当地消费者提供标准的品牌产品。而小众产品供应商则需要掌握本地消费者的背景资料（或者是小众产品细分消费者的特征）以及他们购买的商品信息，然后针对相应需求进货。集中式管理不适用于此类零售网点；本地主管必须要有权限获取针对相关顾客的市场调研信息，再决定要进货的商品、需要开展的促销活动以及要传达的营销信息（德国利多超市显然很擅长此事）。

简报 3.6　德国利多超市与奥乐齐超市。这两家都是廉价型超市，库存有限——通常仅有 1700 个商品条码（UPC），这是基于对本地消费者人数及信息的精细估算而做出的安排。以分别位于英格兰塞伦赛斯特、克拉珀姆、斯托克韦尔的三家利多超市为例：斯托克韦尔的分店主营日用品，克拉珀姆的超市售卖部分高档商品，而塞伦赛斯特的超市则侧重售卖奢侈品。这样的安排显然符合常识，就像在伦敦富人区骑士桥（Knightsbridge）的商店里充斥着高档香槟，而在伦敦其他地区的商店则不多见。

能及时送货吗？让我们来谈谈关系到产品库存充足性的关键因素——物流。库存不足逐渐成了消费者潜在的厌恶之源。消费者希望能在货架上看到自己喜欢的牌子。但商店和零售网点通常会集中限制库存，譬如英国玛莎百货只给 10 家门店提供部分时尚品牌；而英国家装零售商和园艺公司"大本营"（Homebase）则在部分门店限制销售砧板，这意味着一些顾客不得不去其他地方购买。此外，其他连锁店则准备转移库存，比如英国快时尚品牌"衣甸园"（TopShop）就花费了数百万英镑来转移库存，但该品牌认为这一举措使得顾客满意度大幅提升，是值得的。

简报 3.7　错误的库存安排。某时尚连锁公司几年前因未能对其客户进行调研而陷入了停业境地，就是因为该公司错误地给位于英国北部地区的门店供应长袖外套库存，却给南部地区提供短袖——但这一库存分配与上述两个地区的顾客实际需求大相径庭，而且事发后，该公司花费了远远大于其利润的巨额资金（超过 100 万英镑）试图通过重新分配库存来弥补之前的错误——他们承诺第二天会将正确的产品送至各门店。这家公司之前并不明白，英国北部地区的居民普遍认为长袖外套是给那些弱不禁风的人穿的，而南部地区的居民则恰恰相反，他们看重性价比，显然同等价格下长袖外套更划算。

优惠组合

6C **优惠组合**具体指的是：

主观成本（Cost）：顾客用主观价值来衡量成本，其包括评估生活质量的变化；社会、文化或地位等方面的原因。顾客还会将再购买时的时间成本和路程成本考虑在内，再加上对长期服务与维修的成本考量。

理念（Concept）：产品与服务，同时结合品牌价值及与竞争对手相比的优势；品牌要树立对产品质量保证的理念，要符合顾客需求和消费目的，同时具有完善的退货政策。当然最重要的是品牌要在顾客心中强化这些理念，使其形成消费印迹（也就是那些在顾客潜意识中形成的品牌形象和记忆）。

消费便利性（Convenience of Buying）：顾客对支付方式、门店位置、商品库存等的接受程度。理想状态下，顾客都想要全天候随时随地能购买商品以及享受到送货服务。近几年兴起的移动通信技术，譬如手机、平板电脑和互联网，使得顾客更容易发现和了解产品信息以及品牌理念。

传播（Communication）：通过喜欢的媒体和渠道无缝传达合适且即时的信息。传播的信息不能太复杂或者太枯燥，而且要用消费者习惯的方式清楚表达品牌理念。移动互联网引领未来消费技术——几乎所有人至少拥有一部手机——再者，消费者喜欢通过社交媒体进行沟通，因而也希望品牌能通过社交媒体和他们实现双向沟通。

顾客关系（Customer Relationship）：顾客期望与供货商或零售商建立关系，并在任何时候都能得到他们的尊重和认可，所有合理的问题都能得到迅速回应和公平解决。

一致性（Consistency）：指的是品牌价值与和顾客沟通的各方面传播的信息实现一致，也可以称为"品牌保证"。研究表明，倘若无法实现二者一致，就可能会令企业损失 30% 的销售额。

优惠组合要满足消费者的需求

品牌一旦确定要采用的优惠组合，就需要使其符合消费者的期望。而这是一个反复的过程。如果消费者愿意购买优惠组合并且遵循企业所构建的客户价值主张（Customers Value Proposition，CVP）——或者如果企业的客户价值主张是正确的——那么企业就能成功销售产品！

简报 3.8　**暂时性变更。**当企业对优惠组合中的某个或多个部分暂时性变更并将其传达给顾客时，促销就显得特别有用。例如，英国糖果企业能得利（Rowntree's）就曾短暂地将旗下产品聪明豆（Smartie）更换了颜色，其也曾限时推出过一款薄荷口味的奇巧巧克力（KitKat，该公司不仅是变换口味，还变更了品牌理念）；又如，当窖藏啤酒品牌（Lager Beer）以"33% 的额外折扣"或者以"再减 10 元"的形式销售产品时，这实际上改变了顾客的购买成本。另外，暂时性变更还可能是消费便利性方面发生的变化。譬如，当健力士啤酒（Guinness）在英国夏季义卖会上被售卖时，这完全不同于该产品通常的售卖地点——酒品特许经销网点，但如今企业这么做都是为了影响消费者的购买行为。如果您通过互联网预订瑞士易捷航空（EasyJet）的航班，就会获得一定促销优惠——顾客可能是从报纸宣传或广告上了解到的这种限时折扣，也可能是通过直接邮寄的广告传单获悉的。

行动要点

零售商应该如何应对消费者？

1.首先，利用6C优惠组合中的顾客关系（请参阅下一节），从供应商、品牌经理或者零售商的角度确定对每种产品或服务的定位，同时提出客户价值主张——将其与客户价值管理相联系，共同服务于市场营销传播。

2.其次，确保能正确识别并了解目标消费群体，同时基于市场调研结果，明确您所提出的优惠组合必须要符合目标顾客的需求。为了实现6C优惠组合和目标顾客之间的一致性，您可能需要对优惠组合进行调整，或是想办法说服顾客以接受优惠组合。

3.再次，近期研究表明，当消费者选择商品时，他们的潜意识实际上会发挥一定作用——这就需要品牌通过不同媒体来传递信息，以建立消费者脑中的"品牌印迹"，进而使相关产品在本地市场中实现"超额品牌声量份额"，最终促使消费者购买其产品（当然，还要采用一定促销手段）。品牌还应通过市场调研分析确定消费者脑中的品牌印迹和对产品或服务的印象是否接近品牌自身定位——也就是要将两者与品牌形象做比较。如果不是您所希望的结果，那么就需要通过进一步的营销信息传播来弥补不足。

4.最后，确保有适合的物流来传递产品或服务以及任何促销活动。如果顾客发现想要的品牌库存不足，那么他们真的会放弃购买。

考虑以上四点后，市场营销人员就能有一个明确的方法来定义营销目标（请参阅第2章），继而针对每种媒介制订具体的信息传播计划。经过这一分析过程，营销人员很容易可以得出促销目标，即"您想要谁做什么？"（请参阅第12章），进而遵循消费者的购买规律，吸引消费者光顾实体店或网店并最终购买商品。以上这些也是本书的主要内容。

接下来要探讨的，是如何逐渐削弱顾客对竞争对手产品的忠诚度——哪些

促销手段最能发挥作用？首先，优惠券或代金券的效果最大（55% 的消费者往往因此而购买他们原本不会考虑的产品），其次是店内品尝或体验活动，最后是省钱折扣。实际上，任何形式的试用品都能发挥作用，无论是随店内其他产品赠送给顾客还是通过免费派送的形式，甚至是随杂志附赠。

根据英国价格比较网站"资本超市"（Moneysupermarket.com）的估算，每天大约有 240 万张代金券被兑换，相当于一年 300 亿英镑的价值。优惠券对顾客购买行为的积极影响无时不在，哪怕优惠券的价值再小——研究表明，顾客面对 15 英镑代金券和 75 英镑代金券时的反应毫无差别。

但是，要衡量以上所有方面的有效性并非易事（本书第 15 章重点探讨了这部分内容）。品牌和零售商要在第一时间了解消费者对于促销手段的反馈，只有掌握了这种实时信息，才能将大量数据转化为具有可操作性的市场洞察力，从而将终端用户体验有效地转化为实际购买行为。

零售商如何才能从有效性衡量中受益呢？ 对于全程收集和使用消费者购买数据（无论是实体店消费还是线上购物）的零售商而言，接下来的内容一定会让他们感到欣喜！

营销自动化平台布伦托（Bronto）对以下三类零售商进行了调查：主营实体店销售的零售商（其仅有 20% 的收益来源于线上销售），主营线上销售的零售商（超过 50% 的收益来源于线上销售），以及主要通过电子邮件进行销售的零售商（其 40% 的交易来自电子邮件沟通）。这三类零售商在消费者购买前、购买中以及购买后三个阶段所采取的措施是不同的。

主营线上销售的零售商

购买前的数据。零售商在消费者购买前的营销传播活动往往基于消费者的购物偏好，但这并不意味着消费者选定了商品或者准备购买。购买前的营销传播是购买过程中的关键部分，因为如果做得好，零售商就有相当大的机会影响消费者的购买行为。

浏览数据。有53%的零售商会收集消费者浏览其产品的数据，他们在这一方面已远远甩开同类竞争对手：因为他们收集了大量数据要点。在这些收集跟产品有关的消费者浏览数据（比如产品类别和特定产品、价格、产品详细信息、顾客评分或评价、数量、图片的网站链接）的零售商中，超过80%的零售商表示，在使用浏览数据时，会有针对性地利用产品类别和最小存货单位（Stock Keeping Unit，SKU）的相关信息对目标群体进行电子邮件沟通。有趣的是，很少有零售商利用产品图片的相关浏览数据：实际上只有59%的零售商会采用该数据。而这对于零售商而言是一个千载难逢的机会，因为市场研究不断证明，图像对消费者的暗示作用远大于文本，84%的消费者会在收到包含图片的电子邮件后回复。

交易数据。购买中的活动实际上将消费者的消费行为从"浏览"转移到"交易"。对于希望吸引顾客重复消费的零售商而言，保持业务可持续性的一个关键点在于利用当前交易作为推动将来销售的桥梁。在发送交易信息的零售商中，大多数只发送订单和发货确认函，只有不到1/4的零售商会利用电子邮件交易售后的潜在创收机遇以及客户服务参与机会来促成下一次交易。尽管75%的零售商在其电子商务平台和电子邮件服务提供商之间实现了数据交换的自动化，但仍有34%无法在购买周期内使用交易数据向顾客进行营销传播。在那些能够利用交易数据的零售商中，仅能使用与电子邮件相关交易数据的占比（32%）和能同时使用电子邮件与非电子邮件相关交易数据的占比（34%）几乎持平。虽然说拥有交易数据是第一步，但使用数据才是真正的难题。在收集交易数据的零售商中，42%的人实际上并未在电子邮件营销传播中使用这些数据。

购买后。购买完成后，零售商应开始诱使消费者进行下一次购买并成为品牌的忠实客户。相反，实际情况是，尽管零售商有兴趣同那些购物体验不错的老顾客继续交流，但这些交流往往缺乏创意性，针对的群体主要为很久之前购买过商品的古早型顾客（相对于近期消费活跃的顾客而言），而且未对老顾客进行详细分类。只有 24% 的零售商不仅与顾客进行有关订单和发货确认的交易型交流，还会有针对性地对活跃顾客进行营销宣传。在主营线上销售的零售商中，这一百分比略高，为 31%，这再次表明，依赖互联网开展大部分业务的零售商更愿意尝试不同于传统标准化操作流程的营销宣传。由此可见，如果零售商想要真正提升销售额，可待改进和开发的范围是巨大的。

简报 3.9　英国高档连锁百货公司约翰－路易斯（John Lewis）认为，零售业的未来形式是"传统商业模式与互联网商业模式相结合"。 该公司在其年度消费市场报告中指出，"与某些新闻头条内容相反，我们认为：在线购物不会取代传统的逛街购物形式。消费者告诉我们，他们仍然喜欢将逛街购物作为休闲活动。约翰－路易斯百货公司会继续通过店铺销售来吸引顾客"。

简报 3.10　未来的商店会是什么样？ 英国旅行社汤姆森（Thomson）位于肯特郡斯东市蓝水购物中心（Bluewater）的全新店面拥有视频墙橱窗、84 英寸触摸屏互动式地图及覆盖整个商店的高清屏幕和投影设备，可提供随时变换的图像和视频，内容包含实时天气信息、顾客评论以及旅游目的地视频。

简报 3.11　超级消费者。 根据易贝和德勤（Deloitte）的一项联合研究，18% 的消费者贡献了英国零售总额的 70%（相当于 2013 年的 2000 亿英镑）。这类人群经常购物，并通过浏览在线网站比较实体店与线上价格。市场形势表明，零售商需要有针对性地提高这类人群在所有消费渠道的销售额。

意见领袖的作用。 顾客在购买时往往受到他人影响。"病毒式营销"便是借助这种影响力。因此，您必须了解顾客关注的对象及其对品牌的感知——这些因素都会影响顾客的态度和购买行为。社交媒体、名人、专家，无论这些人是出自某个游戏节目，还是某个肥皂剧、某个烹饪比赛、某个汽车测评栏目等，都是影响不同顾客的意见领袖。

B2B 买家也是消费大众的一分子！ 美国企业软件公司甲骨文（Oracle）在2012年9月的一份报告中指出，B2B客户如今希望能通过一种类似企业对消费者的电子商务模式（B2C）的方式，即企业—用户的形式，直接在线联系供应商。例如，以短信形式采购产品。

英国贸易工具、配件和硬件产品零售商斯克鲁菲克斯（Screwfix）就直接从制造商处接收订单并将成品交付到现场，这种方式正好满足了制造业的即时工作惯例（对制造商而言是一种节省成本的行之有效的措施），同时提升了斯克鲁菲克斯的直接销售额。

美国研究和咨询公司福瑞斯特的报告指出，"许多B2B公司预计，电子商务将很快占据零售业总销售的50%"。

总的来说，就是B2B应该遵循B2C惯例。与以往相比，竞争越来越激烈，预算也越来越紧张，因而企业需要：

1. 确定理想的客户，同时建立其个人档案。

2. 查找与客户信息相匹配的公司名单，并将其作为企业营销的目标群体。

3. 制订衡量潜在客户销售合格的标准及扶植该客户的营销流程。没有买家会冒险将全部的产品订单转给新的供应商，一般会先试购少量产品。

4. 设计最合适的营销传播信息，并按照针对性强的多渠道市场营销战略执行任务（针对目标群体的各个层面）。

5. 创建引人入胜的内容来吸引和培育客户。

6. 见缝插针——抓住一切时间空当与潜在客户联系。

7. 利用远程培训和电话营销对潜在客户进行跟进和资格审查。

8.将潜在客户的信息和联系方式传给销售部门。

9.对整个过程实行闭环管理，并对流程进行评估和优化，同时向企业高层汇报详情。

> **简报 3.12　建立商业社群。** 社交媒体营销是当下的主流活动，如果做得对，它可以为企业带来持久性的收益，进而造福企业股东，使其获得可持续的回报。
>
> - **创建互动氛围：** 即与您所在的商业社群成员互动，使其成为您品牌和产品的拥趸。
> - **打造客户忠诚度：** 客户会很高兴有机会把他们的想法和建议提供给企业。
> - **投资回报率：** 具有明确战略和目标的商业社群可以通过常见问题解答、录制视频、回复社群成员的意见等方式来帮助企业减少业务成本、增加销售机会。

案例研究

案例研究 5：TLC 营销服务公司为帕拉斯食品公司策划的"美味回馈"活动

帕拉斯食品公司（Pallas Foods）是爱尔兰一家餐饮服务供应商，拥有9000家餐饮服务客户，产品种类超过14500种。研究表明，餐饮服务客户平均要使用7个供应商，并且会因为价格和促销品方面的考虑而不断更换供应商。帕拉斯食品公司希望提供一个强有力且自负盈亏的客户忠诚计划，以此留住并不断回馈顾客，从而增加顾客对帕拉斯产品的消费，而不是单纯依靠打折。

"美味回馈"活动主要是针对各企业负责人——由此可见，帕拉斯公司想要借该活动回馈那些关键的决策者，而并非那些下订单的人。该活动融合了艺术设计与令人赞不绝口的文案创意，将促销奖励与帕拉斯产品完美结合，既清楚地展现了优惠组合，又将其与实际生活合二为一。这个活动内容出乎人们的意料，因为其中奖品设置了在拉斯维加斯的周末游、设计师名牌手表和迷你宝马车一辆。

"美味回馈"活动成了第一个也是唯一一个 B2B 批发商客户忠诚计划，打破了爱尔兰国内同类市场的优惠活动传统。如今，帕拉斯的客户在该公司购买产品上的花费比以往增加了 15%，采购产品数量也增加了 22%，这也证明了客户已停止使用其他供应商，并且对帕拉斯表现得更为忠诚。该优惠活动荣获 2017 年英国促销学会"最有效激励金奖"。

案例研究 6：B2B 个人目标推广由营销策划服务公司 S.A. 为西班牙电信集团旗下英国电信公司 O2 推广的"让一切精彩起来！"

这项推广活动的目的不仅是提升销售额，还在于改善员工的知识素养。"让一切精彩起来！"是一个加入移动优化技术的互动门户网站。该网站实际上是不断引导用户真正接受 O2 的品牌愿景。事实证明，作为一个展现和认可广告宣传活动（销售、学习、参与）的动态平台，在电信市场饱和的情况下，这项推广活动已成为令 O2 区别于其他竞争对手的关键原因。

O2 公司希望突出其独特的卖点（Unique Selling Proposition, USP），即各个数字化技术顾问负责帮助每个公司客户确定并运用最新移动手机技术，尽可能实现他们的业务目标。这项辅助技术被称为"技术咖戴夫"（Digital Dave），其采用了全息影像这种创新方法——看上去就像一位演讲者站在盒子里进行展示一样——同时针对不同目标公司客户实施了出色的个性化设计（共设计出 50 个版本的"戴夫"，分别对应 50 家目标公司的信息技术主管），从而在商务移动市场中脱颖而出。"戴夫"会与信息技术人员"交谈"，并仔细讨论他们公司的需求。很重要的一点是，"戴夫"会要求技术人员完成网站上相应的在线课程：这些技术人员需要利用平时或周末参加 30 场单独的宣传活动，同时参与由制造商赞助的 6 ~ 8 周促销活动。

促销奖励包括去南非旅行、圣诞老人登门拜访，以及由顶级商店派送的"圣诞晚餐礼盒"，例如派送了超过 5000 个吉百利（Cadbury）精选礼盒给优胜者。如果技术人员在该网站上学习互动了 12 天，就会收到"惊喜"——一组"杀手小队"会突然造访，并宣布因其表现出色而获得嘉奖，并在领导小组的掩护下"出逃放假一天"。

S.A. 因其在英国市场中的出色表现，为 O2 公司赢得了不下五个营销宣传大奖，同时获得了 2016 年英国促销学会"最佳品牌拥有者"荣誉。特别有意思的是，该项宣传活动侧重 B2B 一类。到目前为止，该活动系列已超出预期目标，使 O2 品牌获得了非常可观的投资回报率——每支出 1 英镑，公司可获得 13 英镑的投资回报。

关于研究客户的重要性，下文中将详细阐述。

案例研究 7：李施德林（Listerine）的"比白更白"宣传册

辉瑞（Pfizer）消费者保健部门（RMG Connect 公司为其促销代理机构）向牙医直邮了李施德林宣传册。牙医由于经常阅读全是"干货"的文献，所以普遍对宣传册戒备心很强。而在宣传册中，李施德林用纯白色醒目大字突出产品优势，称其可以防止牙结石堆积，并有助于保持牙齿洁白。宣传册文字在牙科诊所明亮的灯光衬托下，还能看到浮雕效果。此外，宣传册还附带一张折叠式回执卡，牙医可以回信索取样品并亲自试用，还可以申请免费订阅产品杂志，尝试更多样品。

辉瑞原本以为回执率只有 8%，结果却达到了 14%——多达 3487 名牙医索取了样品并订阅了季刊，超过原定目标 172%。这一案例之所以成功，是因为其抓人眼球的宣传册赢得了苛刻顾客的青睐。

案例研究 8：联合利华（Unilever）杯装泡面专用的叉子

联合利华的促销活动充分展示了其对广大"吃货"的深刻理解，该促销活动拉动了销售增长。在推广期间，其产品销量提升了 20%，销售额同比增长 11%。此次促销活动重点强调了人与食物之间有趣的一面：人总是希望获得简单、惬意的味觉享受。该促销活动可以在包装内赢取卷面条的叉子，同时还为非中奖者提供了一个保本赠送的促销活动。

案例研究 9：酿酒品牌喜力爱尔兰分公司（Heineken Ireland）推出的针对旗下啤酒"果园窃贼"（Orchard Thieves）的刺激"体验"活动

2015 年，爱尔兰的苹果啤酒市场价值超过 3.66 亿欧元，其中英国酒品品牌布尔莫（Bulmers）占据超过 80% 的市场。在同一年，喜力爱尔兰分公司推出了新品牌"果园窃贼"来抢占苹果酒市场。

该宣传系列包含五项活动：第一，在酒吧中，"小偷"要求人们假装"扒窃取乐"以赢得奖品和啤酒试饮机会；第二，酒吧里的消费者要"偷一个苹果"才能赢得奖励；第三，这项偷窃游戏实际上是一个在线游戏"贼巢"（den of thieves），顾客要先注册并参与游戏，才能下载免费的啤酒试饮代金券；第四，该公司利用社交媒体大肆发帖宣传这一新品；第五，他们还通过每晚在都柏林的户外屏幕上放映包含品牌标志"狐狸"的广告来大造声势。这一系列营销宣传的核心实际上是让消费者"大胆起来"（要追求享受、有活力、机敏、有自发性），为塑造品牌形象和理念打下了基础，即吸引顾客尝试，再打造品牌知名度，最终实现品牌与消费者的良性互动。

在该系列活动推出的 60 天内，消费者共饮用 110 万瓶样品（这一数字超过了爱尔兰成年人人口总数的 1/3）。4 个月之后的品牌知名度达到 81%，试饮量达到 46%，市场占有率也从 0 一举升至 6.6%。该活动策划也因此获得"2016

年整合营销传播金奖"。

案例研究 10：马自达"创世行动"——您能完成任务吗？

"创世行动"活动的成功，源自马自达对 30 ～ 45 岁的职业男性目标客户的深刻洞察。中奖用户将体验一项特别的挑战任务：他们将接受如同特工一般的驾驶培训。申请者事先填写了一份在线选拔问卷，以确定他们是否适合参加活动。受《军情五处》和《谍影重重》的启发，活动设有三个互动驾驶区域，包括 J 形转弯、避让驾驶和一个配有爆炸和雾幕的试驾场。最后，有六名优秀学员赢得了前往莫斯科受训的机会。

该活动取得了巨大反响，极大地提高了品牌的认知度和知名度，还借助车主俱乐部网站、油管视频网站（YouTube）和《疯狂汽车秀》（Top Gear）节目产生了巨大的带货效果，也为未来促销活动提供了启发。

案例研究 11：伦敦大都会区警察局打击枪支犯罪

枪支犯罪是伦敦社区面临的主要问题，犯罪者和受害者都呈年轻化趋势。2006 年，伦敦大都会区警察局通过"三叉戟行动组"（Trident）发起了制止枪支犯罪倡议，并委托顶级地下乐队 Roll Deep 制作了一首反枪支单曲《坏人》（Badman）。这首曲子故意隐去了三叉戟行动组的信息，并通过特定俱乐部 DJ 和音乐商店进行发布，同时通过电子邮件发送给 Roll Deep 的歌迷。六周后，该行动组才在其微网站、油管视频网站和 RWD.com 上发布了参与视频。该段视频还免费在 KissTV 和 MTV 频道播出。Roll Deep 的禁枪海报以及对伦敦学校的访问也进一步强化了宣传效果。

虽然宣传具体效果保密，但其曝光率和覆盖面超出了所有预期。这也说明了，只要方法得当，教化青年也并非不可能。

总结

　　要将顾客置于企业业务的中心。一切要从分析顾客开始，要通过市场调研分析来认识和了解顾客，要站在他们的角度来思考问题，要确保所提供的优惠组合符合顾客的需求。然后，在顾客潜意识的"印迹"里构建您想要的品牌形象，再利用六种营销信息传播媒介来实现"超额品牌声量份额"，最终借助促销手段来说服顾客购买商品和服务。

　　未来市场份额价值衡量。可以说，它是"与品牌绑定"的。换句话说，要让顾客牢记您的品牌形象，这一点的作用是非常积极的，而且其重要性超出顾客忠诚度。有一点是企业首席执行官（CEO）可以做到的，即拥有一个深受人们喜爱的品牌。它产生的价值远远超过一家公司的实体价值。将与品牌结合的程度作为衡量标准可以用来预测未来的市场份额价值。

　　对于任何公司而言，品牌管理中最难的是顾客心理，即赢得顾客的心，并维持在其潜意识中的良好品牌形象。企业经常会谈论"创建品牌形象"。他们往往让员工深信要创建品牌形象，并为之努力。但实际上，只有当顾客自己适应、形成、接受品牌形象，并在潜意识中构建与品牌相关的"挂钩"，企业才能真正建立起自身形象。企业可以向顾客输出品牌形象，但无法长时间维持。如果品牌形象强有力且极具吸引力，而且符合顾客自身体验，就会成为顾客对产品或服务的印象的一部分。值得庆幸的是，我们自身的想法和对品牌的印象终究不受其他任何人或事的控制。

　　顾客往往会保持脑海中对品牌的印象，同时还有潜意识中对其形成的购物体验印迹。因此，如果顾客的大脑受到外界刺激而浮现出对品牌的印象，那么所有与之相关的消费记忆都会被唤醒。这种心灵印迹是一种短时记忆机制，就好比电脑桌面的快捷方式，所包含的是一系列品牌标志、标语，或者是顾客针对自身消费需求所产生的对品牌优势的感觉。如果企业能唤醒顾客对品牌的这种心灵印迹，就是成功的。但需要注意的是，如果企业向顾客兜售的品牌理念无法符合顾客的认知和其对品牌的印象和体验，就很有可能无法向顾客成功售卖商品。企业需要不断培养顾客对品牌的积极印象与体验，并加以强化。因经济衰退而削减品牌规模，从长远来看是充满风险的，因此要谨防破坏品牌价值的任何运营措施（回想下 2008 年金融危机后的银行业，以及 2014 年乐购以马肉替代牛肉食品的造假丑闻！）。

值得强调的是，同一国家的不同地方的消费者，对同一品牌很可能会具有不同看法。

> **简报 3.13　健力士啤酒。** 它曾在非洲做过广告，在不知不觉中暗示饮用健力士有助于改善生育能力。而英国百利发蜡（Brylcreem）因为失败的广告宣传，曾在非洲某国被误认为是一种美食。除非企业愿意兜售这种与实际产品不符的品牌形象，否则这实际上就是一种完全失败的品牌营销。

对品牌重新定位也是可能的。在有些情况下，这对于保存某些不尽如人意的失败品牌至关重要。只有企业真正从中得到教训，这种失败才能成为成功之母。

> **简报 3.14　葡萄适（Lucozade）。** 它原本是给病人喝的昂贵的饮品。以往人们认为，如果一位母亲给孩子购买葡萄适，就意味着这个孩子病得很严重了。而在都柏林的某家酒吧里，品牌营销主管无意间发现葡萄适被用来调配鸡尾酒。在意识到无须限制葡萄适的品牌定位后，该主管随即产生了将该品牌重新定位为供运动员使用的功能饮料的想法，最后当然是大获成功。显然，任何创新举措的成功离不开潜在消费市场的存在。

自学问题

1. 为了确保您已经掌握 6C 优惠组合，请用一句话描述每个要素涵盖了客户的哪些需求。然后，试着写出您自己的企业或组织的 6C 要素。最后，以此准备一份品牌价值声明——您希望顾客对您的产品有何印象？

2. 为什么企业先了解顾客如此重要？

第 4 章

为什么创意是关键？

本章介绍了创意和任何促销活动都不可缺少的组成部分。要引起消费者的注意，您的促销活动必须与众不同，有趣且吸引眼球等。如果缺乏创意，促销将会了无生机。是什么让一个普通的促销活动脱颖而出？如何才能将促销目标转化为改变行为的点子？答案就是"创意"，一定要有创造性，善用想象力。

创意类型

"创意"是一个常被人误解的词。对某些人来说，它是秩序和结构的反面，是感觉的自由表达，是最深层的自我。在有些人眼中，创造力仿佛只能在绘画、舞蹈等视觉或戏剧艺术中才能找到。他们很难想象工程师或物理学家有创造力，更不用说商务人士有什么创造力了。本章将介绍如何利用创意。

在促销活动中，创意并不意味着自由的表达、激动人心的图片、巧妙的文案或标新立异的理念。当然，它也不是哗众取宠。创意是指能产生最大效果的理念。这点才是创造或创造力的本质。乔叟（Geoffrey Chaucer）在《坎特伯雷故事集》中写道："万物神创，万物有道。"乔叟认为"天下万物生于有，有生于无"。具体来说，创造力的核心就是在没有任何东西的地方产生新的东西。这对工程师和音乐家皆是如此。因此，秩序、结构不是创造力的敌人，而是它的一部分。如果想构建一个真正有效的推销活动，就必须清楚需要实现的目标，并且要有想象力和发散思考能力。如果您是请促销代理公司做促销，那么本章将帮助您如何想点子，并将它们完整地传达给代理公司。

促销活动面向的是个人。 促销、广告和带货，本质上都是面向独立个体的沟通，这些个体组成了传单、海报、邮件、报纸或电视广告的读者群。但他们并不是单独存在的"绝缘体"，他们还通过与朋友、同事、家人和社区的互动来了解世界。越能从个人和群体两个方面具体定义目标受众，创意方法就越精确，促销也就越有效。

创造力的消失。 生活中一个可悲的事实是，随着年龄的增长，表现出创造力的人越来越少。研究表明，95%的儿童表现出强烈的创造倾向，而只有5%的成年人表现出同样的特征。随着年龄增长，人们变得越来越不善于发明和挖掘新的原创性想法。一方面，中小学和大学很少将创造力作为一项生活技能进行教授；另一方面，我们的长辈和同龄人对其不屑。还记得小时候在沙发上跳被抓住，然后被警告不准再这样吗？母亲只看到了孩子损坏家具，却没看到他当时正骑着马，逃避敌人。孩子正是在锻炼创造力。

为了创造促销点子，您不需要在办公椅上上蹦下跳，您需要的是放下执念，真正、全身心地发挥想象力。经验表明，大多数人身上潜在的创造力是可以被释放的。有许多技巧和练习可以帮助您变得更有创造力。在本章后半部分，我们将介绍一些在商业背景下有用的方法，它们将帮助您构建创意策划，使您能够创造出一个真正伟大的促销活动，而不是模仿别人的创意。

创意促销案例研究

案例研究 12：欧司朗（Osram）

真正伟大的想法经得起时间考验。欧司朗生产了一种新型灯泡，其寿命是普通灯泡的4倍，但成本比普通灯泡贵1倍。它非常适合在工业领域使用，因为在工业领域，灯泡到了使用寿命，往往一次性全部更换。这样换算下来，新型灯泡不仅单位价格更便宜，而且可以节省大量的劳动力成本。然而，工业领域的企业却并不买账。调研发现，原因在于虽然是维修部门负责购买灯泡，但是由财务部门负责成本核算，并规定了最高采购金额，不允许维修采购费用比平时多花一倍的钱。

"我想让谁做什么？"这个问题有了答案。维修部门和财务部门只有一起同意，才会购买欧司朗灯泡。欧司朗的做法是给每家相关企业的财务主管送去一个密封的礼盒，并解释说盒子里有关于如何节省50%以上灯泡更换费用的信息，但盒子的钥匙在维修主管那里。为了获取盒子里的信息，财务主管和维修主管必须见面，然后进行简短的讨论。这种做法是否奏效呢？答案是肯定的，最终取得了成功。一个简单优雅的解决方案，远比单纯地邮寄宣传册或行业报纸推销更容易获得成功。这个促销活动当之无愧地赢得了英国促销学院大奖，尽管这已经是35年前的事了。

案例研究 13：喜来登证券（Sheraton Securities）

万万没有想到，另一个创意性的案例和一只惠灵顿靴有关。喜来登证券希望吸引商业地产代理商参观其绿地开发项目。这些代理商经常接到类似的请求，他们对宣传册和诱导信息不厌其烦。而喜来登则选择亲自把惠灵顿长靴交给他们所选定的 50 个代理商。

案例研究 14：华美达酒店（Ramada）

华美达酒店开业之初并未达到盈利目标。推广酒店的方式有很多，最好的一种就是鼓励现有客人进行推荐。不过，如何才能做到这一点呢？一个新奇的解决方案是：在每个浴室里放一只塑料鸭子，并通过卡片告诉客人，他们可以保留这只鸭子，并且只需加付 2.5 英镑邮费，他们可以把鸭子用特制纸盒寄到世界任何地方。当然，这项促销活动不仅成功而且获得了利润。鸭子的成本和纸箱的价格都远低于 2.5 英镑，而花数百英镑邮寄到世界任何地方就可以吸引客人。这种促销方式获得了欧洲促销金奖。从那以后，这种方案也被广泛使用。笔者于 2009 年在越南胡志明市的一家旅馆中发现了这种塑料鸭。

案例研究 15：樱花公司（Cherry Blossom）

一块新款的鞋面清洁布怎样才能接触到成千上万的消费者？英国鞋类清洁养护用品企业樱花公司曾考虑过挨家挨户投放样品、捆绑式促销和其他促销手段。但最后，该公司将旗下的清洁布产品与童子军义务活动联系起来，因为当时正值英国童子军义务服务周，孩子们在超市外免费为来往行人擦鞋。这个简单便宜的推广方式获得了多个营销类奖项。

案例研究 16：荷兰皇家壳牌石油公司（Shell）的盈利方法

很多人还对壳牌公司在 20 世纪 60 年代推出的"赢钱的好机会"促销活动记忆犹新。活动中，顾客需要凑齐两张只有半截的纸币。如果两张半截纸币能够完全匹配，就可以按面值兑换。为了获得另外那半张 1 万英镑的钞票，人们变得急不可耐，根本不会选择其他竞争对手的加油站。这个促销活动在英国和世界各地重复多次，一再奏效，一再被复制。这是一个伟大的促销活动。

以上这些促销活动都有一些共同点：具有参与性，没有显示真正的目的；都是原创的，并在后来被效仿；目标群体很明确。促销活动的创造者都清楚地确定了"想让谁做什么"。

欧司朗的促销活动明确想要公司会计师和维修人员见面，并讨论新灯泡的好处。喜来登希望代理商到其现场参观。华美达希望顾客把新酒店的情况告诉朋友和商业伙伴。樱花公司希望人们试用新产品，并对公司产生好感。壳牌公司希望人们来它的加油站，而不是去它的竞争对手的加油站。

它们都思路清晰，对目标受众界定准确。换句话说，就是有明确的促销目标。一旦有了上述前提，就可以以适当的方式引入幽默、刺激、风格化的图像和文案，以增强顾客观感。事实上，这也不难。

明确的促销目标对创意到底有什么帮助，从本质上讲，这是成功的关键！简报中经常列举的目标是增加 X 销售额或增加 Y 分销量，但这些都是营销目标而不是促销目标。促销目标是对"我想让谁做什么？"的回答。一定要牢记，促销是为了改变行为。设定明确的目标往往就是真正的创意。

创造性地思考：想让谁做什么？

很多时候，一个营销目标会衍生出许多不同的促销目标。您会不停地问这个问题："我想让谁做什么？"除非您想一劳永逸，通过一个促销活动实现所有目标，否则就要多问这个问题。请注意，这里说的是促销活动，而不是促销主题。主题可以只有一个，但针对不同受众，需要不同的促销活动。针对不同的分销渠道，促销的方式也不尽相同。批发商、零售商和消费者都应该被照顾到。另外，同一个主题在不同的时间，也应该采取不同的促销方式。

简报 4.1 描述了一个通例，以阐释该方法。

> **简报 4.1　创造性地开展更多的促销。**英国窖藏啤酒品牌经理经常写这样的简报"我们希望在 Y 期间实现 X 罐的销售。我们的目标市场是年龄在 18 ~ 25 岁的 C1/C21 男女[1]"。
>
> 您是否遇到过 C1/C2 或"18 ~ 25 岁"的人？这类群体包含研究生、营销经理、士兵、车床操作员、护士、汽车修理工、音乐家、教师、卡车司机、骑手、农场工人、摄影模特等。您如何吸引这样一个多元化群体的所有成员？他们唯一的共同点是，他们可能都会去酒吧和酒品超市，都喜欢喝窖藏啤酒。如果把他们按社会角色区分，虽然促销效果不

---

1 C1/C2 是人口数据统计系统 ACORN 的一部分，该系统将人口分为 A、B、C1、C2、D、E 六个类别，将其分类为近似的社会等级。这是由英国国家统计局（ONS）编制的社会经济分类。——译者注

会特别糟糕，但也注定平淡无奇。您需要把重点放在他们的共同点上，并用"免费赠送"激励他们购买。"额外赠送10%的窖藏啤酒""买五送一"等，是这个市场的标准促销活动。但您能做到的就只能是这样吗？

在我继续往下说之前，您是否发现了我描述中的缺陷？我做了一个假设，假设这里的"谁"只是现有的啤酒饮用者。这是一个非常大的错误，因为促销目标可能是不喝酒的人或喝葡萄酒的人，但是他们也值得研究！所以永远不要假设任何事情。在华美达酒店案例中，正常的行动应该是向预订酒店的人做广告。但问题是，这些人遍布世界各地，接触到的媒介也不尽相同。向他们打广告是贵到不可能的促销策略。

谁？第一个任务是回答问题中的"谁"部分。在窖藏啤酒的例子中，我们可以列出：

●本品牌的现有饮用者；

●购买其他品牌啤酒的人；

●麦芽酒饮用者；

●葡萄酒饮用者；

●各种酒都喝的人；

●在酒吧喝酒的人。

注意，这份名单只描述了他们的饮酒情况，还有许多其他特征，可以进一步分类为：

1. 业余流行歌手；

2. 时尚追随者、爱好者；

3. 网球运动员；

4. 高尔夫球手；

5. 古典音乐爱好者；

6. 其他许多业余爱好者。

我们想让他们做什么？ 一旦确定了"谁"，我们必须定义"想让他们做什么"。该列表可能如下：

1. 该品牌的现有饮酒爱好者：向朋友推荐该品牌；
2. 购买其他品牌的饮用者：转换品牌；
3. 麦芽酒饮用者：换成窖藏啤酒，选择本品牌；
4. 葡萄酒饮用者：天气炎热的时候试着窖藏啤酒；
5. 各种酒都喝的人：要一心一意，喝我们的品牌；
6. 喜欢在家喝酒的人：去酒吧；
7. 喜欢去酒吧喝酒的人：带点啤酒回家。

有些群体的期望行为和其他群体的完全相同或几乎相同，所以可能会采用同样的促销方式。举个例子，同样的促销形式可能对麦芽酒饮用者和喝其他品牌的人都有效。面对不同类型的群体，我们有机会采用不同的创意形式。现在我们有了"谁"和"做什么"，是时候进行创造性思考了。

创意点！ 现在来研究一下第二份包括业余流行歌手、时尚追随者、网球运动员的名单。要知道，这些类别中的任何一个人都可能分属其他类别，因此，至少有35个可能的促销目标，而这些名单并未详尽无遗。我们这里只举一个例子：各种酒都喝的网球运动员。我们现在开始构建一个真实的人物画像，并找出对其促销的方式。我们知道他的年龄在25岁或以下，他爱喝各种各样的酒，喜欢打网球，很可能去俱乐部的酒吧。因此，"我们想让谁做什么？"，这个问题的答案就是："我们想让那些在啤酒选择上不专一的网球运动员，在每周比赛后，到俱乐部酒吧尝试一次我们的啤酒。"

现在我们可以开始为这类人设计一个有价值的促销活动。我们可以把他们想象成真实的人物，他们刚打完比赛，想喝点什么。我们可以想象出具体的时间、地点，以及他们的朋友和他们在谈论的事情。这比试图吸引 18 ~ 25 岁的甲类型或乙类型的人要真实得多。

让啤酒选择上不专一的网球手，每周比赛后喝窖藏啤酒，我们立马就可以想出一些好点子。比如：有机会与名人一起打网球？打折购买网球装备？有机会为俱乐部收集一些东西？但是，网球运动员只是一个群体。对于在家从不喝酒的古典音乐爱好者和平时喝啤酒的业余流行歌手，通过类似的思考过程，也会让人产生许多点子。

还有谁？ 在对消费者进行分类之后，我们不妨来看看中间商吧，比如酒吧老板、餐馆和超市的经理、批发商等，他们和消费者一样千差万别。

让我们回到网球俱乐部的假设，现在我们决定以体育休闲为主题进行促销，并设计提供一系列与名人打球的机会。现在想象我们置身于网球俱乐部，全方位地观察这个窖藏啤酒促销活动。先是酒吧服务员，他现在是这个"谁"。想让他"做什么"呢？可能是："建议球员比赛结束后，最好来杯冰镇窖藏啤酒。"俱乐部会员可能也是另一个重要的"谁"，也许必须经过它的允许才能进行促销活动。所以，是否应该由俱乐部来主办名人活动，或者有其他的激励措施？

使促销目标满足营销目标。 如果按照简报 4.1 中这种确定"谁"和"做什么"的方法，很快就能制订出数百种不同的促销目标。能有如此多的促销目标当然令人高兴，但您不可能有时间把它们全部发展为完整的促销活动，而且经费也负担不起。您需要选取那些最有可能实现营销目标的促销目标。要想做到这一点，就需要仔细评估促销目标，看看它在多大程度上能实现营销目标。

关于每个促销目标以及与之匹配的初步促销创意，都要问以下问题：

1. 特定的营销对象占总顾客的比例是否合理，或者说这个创意能否吸引更多的人？

2. 在预算、法律、时间和其他限制条件下，目标能否实现？

3. 它能否简单明了地传达给业界和消费者？

思考上述问题后，我们可能会得出这样的结论：这些网球运动员群体太小，活动影响力不大。但如果我们把视野放宽，将活动扩展到其他运动，拉入该运动有影响力的俱乐部，我们就有机会成功。

要清楚"谁"和"做什么"！就算挂板上写满了可能的促销活动，促销策划过程也远远没有结束。如果不能清楚地回答"谁"和"做什么"的问题，就开始自由发挥创意，往往导致促销活动效果不佳。

在华美达促销活动中，早在考虑鸭子或其他促销手段之前，华美达就意识到，由于预算有限，这个"谁"只能是酒店客人，而"做什么"这个问题的回答是想让他们向伙伴介绍酒店。"想让谁做什么？"的答案就这么简单。在该案例和其他许多案例中，促销目标本身就非常有创意。在上述例子中，创意过程就是找到一种让客人谈论酒店的方法。除非遇见了负面的事，否则人们通常不会谈论商务酒店，因为全世界的商务酒店都差不多。所以，想要实现目标，就需要一次创意的升华。华美达注意到，所有客人在商务酒店房间里都会做一件事，那就是抓紧时间放松，通常是泡澡或淋浴。人只有放松的时候，反感度才会处于低值。华美达就是抓住了这个唯一的可乘之机。

现在来头脑风暴一下（现在也叫"浴中奇思"）：能不能在浴缸旁放一本防水的笑话书？或者浴室卡拉OK？或者放一些有用的东西？这时候来点幽默

似乎符合时宜。最终，答案浮出浴缸的水面，就是小孩子洗澡都爱玩的小鸭子。头脑风暴不是唯一的创作技巧。要想设计出好的促销活动，需要使用一系列的创作技巧。

创作技巧

以下是五种创作技巧，它们都非常有助于让"我想让谁做什么？"的想法最终落地。

1. **罗列清单**。正如上文所示，列出清单是一种非常有用的技巧。清单能够非常直观地列出所有不同类型的年轻窖藏啤酒饮用者。清单有助于整理想法，找出差距。但列清单也有一个缺点：通常很难找出不同清单之间以及同一清单上不同项目之间的联系。解决这个问题的方法之一就是，找一张很大的纸，用线条画出这些联系。例如，可以将橄榄球运动员和高尔夫球手用线连起来，因为他们是俱乐部的成员，而且他们又和酒吧服务员有联系。

2. **思维导图**。显示联系的方式是画一张思维导图。思维导图是一种结构化的思想联结方式。拿一张纸，从一个想法开始发散，它可以是任何与主题相关的东西，例如"葡萄酒饮用者"，然后再往下一级画线，沿着这条线写出所有有关联的想法，比如"老练""受过教育""爱旅行"等，每一个词又可以发展出新的线条，并写出想到的词。例如"爱旅行"类别下，又可以写出"机票""货币""护照"和"免税"。像这样不断发散下去，相互有联系的想法就会聚类在一起。当然，一些想法需要重新组合和分类。比如，"免税"和"葡萄酒饮用者"的联系能否发展为促销活动？思维导图软件可以做到随意调整关系。

3. **头脑风暴**。一旦确定好选择实施的促销目标，接下来就要进行头脑风暴。头脑风暴不是蜻蜓点水般的一带而过，而是必须目标明确，确保人人都能理解。就拿华美达的促销活动来说，问题就是："在商务酒店的浴室里，放什么东西可以逗客人开心，怎样才能鼓励他们向要预订酒店的朋友同事提及本酒店的好？"还有相关的问题："什么东西能够一直让顾客想起华美达？"花几分钟时间进行思维热身运动很有帮助，与会者很快就能进入状态。也许还可以研究一下，在什么地方搞头脑风暴能提高创意水平。世界上最好的酒店？最美的地方？那么就想象您在那里。在头脑风暴中，没有正确或错误的答案。重要的是，不要觉得自己很愚蠢，否则您什么都不敢说了。也许您有个绝妙的想法正潜伏在脑海里，就等着蹦出来呢。请使用肯定的语气表达，比如"是的，而且……"，而不是"是的，但是……"，更不要说"不要，因为……"。

4. **想象村庄。**"村庄"是一个有效定义所有类型的"谁"的技巧。想象您和目标顾客住在同一个村庄，他们会住什么房子、会在什么地方见面、会需要什么资源、去哪里玩、在哪里购物。然后用促销活动来吸引这个村庄。想想他们会有什么反应、会谈论什么。如果您不能吸引大多数"村民"，可能就需要重新定义促销目标，或者进行不同的促销活动。

5. **把自己想象成其他人。**如果您觉得自己没有创造性地解决问题的能力，想象一个您认为可以成为的人。想象您是一个伟大的艺术家，比如毕加索，然后想象您一生中遇到的最富想象力的人。然后在您的脑海里问：他们会提出什么样的想法呢？另一种变通的方法是在心里带六个人出去吃饭，问问他们的建议。想象成为一系列不同的人，思考他们对这个问题会有什么不同的看法，他们之间会如何讨论。或者想象成一位"村民"，问问他呢？

熟能生巧。试着将思考促销活动变成一个聚会游戏或者长途汽车旅行中的一个活动，寻找一个熟悉的产品类别，并列出其中所有的品牌。然后，假设一个目标和一系列促销手段，并将两者匹配在一起。看看下列糖果品牌及其促销优惠：

晚八点雀巢巧克力（After Eight）	免费赠送一条李维斯牛仔裤
约克（Yorkie）	赢得一匹赛马
凝胶糖果（Jelly Tots）	赢取一顿母亲节免费午餐
奶油巧克力盒（Dairy Box）	赢取一次洛杉矶度假之旅
太妃糖（Toffee Crisp）	赢取一次乐高乐园之旅
漂流者（Drifter）	赢得一辆山地自行车
雄狮巧克力棒（Lion Bar）	赢取一天的坦克之旅

它们的目标和促销搭配吗？不尽然。为什么不给它们一个更好的搭配呢？看看您能不能想到更好的促销活动来鼓励重复购买这些品牌呢？

让创意发挥到极致

想要回答"我们想让谁做什么？"这个问题，最重要的就是决定促销主题和手段。现在，您要做的就是让促销顺利开展。

您可能需要避开一些陷阱。在喜来登的惠灵顿靴案例中，必须考虑到脚的不同尺寸。再就华美达酒店的鸭子促销方式来说，我们知道如果将其放在浴室里没有任何说明，顾客可能会觉得房间没有被打扫干净。如果顾客就这样拿走，也许会感到内疚。如果顾客心中有愧，他们就不会随便向他人透露曼彻斯特华美达酒店提供的福利。

所以，我们可以打印一张小卡片来介绍一下鸭子的来历，并且表示这只鸭子可以由入住客人自己带走或者通过邮寄的方式寄出。鸭子也被赋予了独特的个性和独特的包装。它名叫"雷吉"（Reggie），拥有专属特制纸盒。

而在喜来登的案例中，则需要考虑到客户的脚的不同尺码。

找出问题和解决实际困难至关重要，请确保销售代表的频率能跟得上最新的"创意脑洞"。换句话说，就是要有能力对创意进行打磨和延伸。千万不要把创意搞得太过复杂，不切实际。

黄金法则是保持相关，力求简单。包装鸭子的纸盒就是一个简单延展的例子。它强化了促销活动，就算不是纸盒，促销将仍然有效。后来，通过将鸭子放到圣诞贺卡上并向明星职员提供鸭子功绩徽章，这一促销活动进一步得到了扩展。

当您开展促销的时候，需要考虑当前的情况。通常让活动变得更加有趣，并不需要额外花多少钱，只需要与时下的流行趋势联系在一起就可以了。

如果是在海外促销，要特别了解外国消费者的传统和期望，这是至关重要的一点。在发展中国家，香烟通常以"单包"形式售卖。因此，在这些国家，任何包装促销活动，都只对零售商有利。如果一个促销活动能以多种不同的方式进行扩展，它肯定会胜出。所以，创意总是值得一再打磨和延伸，直到将它的价值"榨干"。

一旦有了促销理念，从理念到有效的执行计划，还有很多工作要做。为此，需要供应商（第5章的主题）和有效的实施策略（第12章的主题）。但是，在做这些工作时，请不要忘记最重要的起点：一个让您真正引以为豪的创意，这个点子既要足够优雅简单，又要能够扩展延伸。您会在脑海中听到一个声音，问："为什么以前没有人做过？"您会踌躇不前，心想一定出了什么问题。但不要担心，您遵循了上述步骤，一定能创造出一个令人难忘的成功的促销活动。

创新是创造力的延伸

从字面上看，这句话意味着要做一些新的事情。它也可以为现有产品发明一种全新的用途。

案例研究

本章列举了很多创意促销的例子，许多来自知名的消费领域。接下来的两个案例研究表明，促销创意可以在相当棘手的问题上找到答案，比如普及知识产权法律和让旧款车重焕生机。

案例研究 17：英国安睿律师事务所

知识产权是一种枯燥、复杂但越来越重要的法律分支。大多数公司，尤其是促销机构，都需要非常仔细斟酌其员工和分包商创造的创意、商标、设计和文案的所有权。但问题是，起草必要的法律合同总是可以往后推。

英国知名律师事务所安睿希望推广其"知识产权体检"服务。但是，一本普通的小册子不会打破这种冷漠的态度，所以他们寄去了一封简单的信，信中附有一块钻了洞的木板，上面刻有英国安睿律师事务所标志，并且写着答对下面两个问题有奖：这块木板是干什么用的？它受到哪些知识产权法律的保护？

一些知名的商业人士积极参与了此次活动。破洞木板（原来是一个酒瓶架）的答案也非常有趣。后续函中包含获奖解决方案，对可能适用的不少于五项知识产权的分析以及邀请进行"知识产权健康检查"。

英国安睿律师事务所通过这次促销获得了成功。这个案例简单明了，它表明即使律师也可以发挥创造力！

请您总结一下，英国安睿律师事务所是如何准确回答"我想让谁做什么？"的。

案例研究 18：罗孚集团（Rover Group）

罗孚集团面临的问题是，喜爱迷你车的群体逐渐老去，虽然老顾客依然光顾，但数量却越来越少。该如何激发新的需求呢？迷你车能否吸引那些连"迷你"概念都没有的年轻人呢？得益于罗孚庞大的车系，潜在消费者几乎可以自己设计车，因此，罗孚可以借此说服年轻消费者，迷你车也值得一试。

该解决方案是：在一个互动网站上举办每月一次的竞赛，顾客可以自主设计出具有真实和幻想功能的迷你车，最终的赢家会获得迷你的商品作为奖励，获胜的作品也会贴到特殊的纸张上面。也就是说，每个人都有机会获得迷你商店奖品，获奖设计也被张贴在一张特制的页面上；每个人也都有机会设计作品，参与竞赛，并将作品下载为屏保。跟其他好的网站一样，该网站也在不断变化，还开发出了实景电影和概念车型等内容。这些因素使它成为英国十大站点之一，并被评选为"本月微软站点"。除了赢得英国促销学院大奖，它还被英国领先的 Yell 大奖评选为年度商业网站，并被英国的新媒体周刊评为最佳汽车网站。

在最初的 4 个月中，该网站获得了 300 万次点击，5% 的访问者索取了宣传册。事实证明，设计竞赛的促销手段能有效吸引人们对迷你车的关注。与其他新车相比，罗孚的迷你车具有与众不同的优势，那就是顾客可以设计自己的车。

请您思考一下该网站的访问者人群，他们还喜欢互联网上哪些其他产品和服务？

您可以设计哪些促销活动来鼓励他们访问您的公司网站？

总结

创造力就是寻找有效的解决方案。这需要发散思维和想象力，您可以通过实践来培养，也可以借助思维导图、头脑风暴等创意技巧。

创意促销源于对"我想让谁做什么？"这个问题的回答。一旦您开始回答这个问题，就会发散出数百种可能的促销目标。一个真正的好点子可以通过多种方式进行延伸发展。

自学问题

1. 培养创意的技巧主要有哪些？
2. 您会如何回答"我想让谁做什么？"

第 5 章

成功的促销离不开靠谱的供应商

供应商

所有的促销活动都需要供应商。本章介绍了如何选择和协调这些供应商。每次促销是不同的，因此所选择的供应商通常都需要与上一次的不同。本书案例众多，但并非个个都是新的。这么做的目的是为读者提供丰富的点子，以便为今后新的促销活动打下基础。

供应商关系有两种模式：一种是"报价模式"，即假设知道自己想要什么，并以自身条件作为报价依据，从一系列供应商那里获得最低的价格和最优惠的条件；另一种是"合作模式"，即假设一开始就定好合作的供应商，与供应商共同寻求最佳解决方案。第二种模式也被称为"合作采购"。如果建立了长期的合作关系，并从一开始就把供应商纳入促销策划中，那么该供应商才最有可能起到作用。

有一些组织可以帮助您找到供应商：通过登录直销协会、英国促销学院和营销传播咨询协会的网站可获取代理机构名单。营销传播咨询协会提供机构保密挑选服务，还提供关于简报撰写、创意评论、代理公司报酬和投标展示过程等指南服务。所有这些指南均由行业经销商组织英国广告商协会（ISBA）参与制定。

促销代理机构

他们是谁? 大多数促销活动都是由非专业促销员进行的,这些人包括市场营销经理、销售经理、小型企业的经理,还有一般广告代理商中的主管。在许多大型消费品公司中,促销活动是由销售经理牵头的,但是即使这样,促销活动的实施也往往是由非专业的销售和营销人员执行。

许多大规模的高端促销活动都是由专业的促销代理机构策划实施,通常被称为"咨询公司"。因为与保险或广告代理公司不同,其大部分收入来自费用而不是佣金,一部分收入来自销售艺术品、商品、印刷品和其他服务。这在咨询公司中并不常见。"代理机构"一词在此通常用来形容提供营销建议、咨询和实施的公司。

除了上述名单,还有各种各样的代理公司在其服务清单中包含了"促销"字样,其中包括广告公司,它们也可能雇用专门的促销专家;有些机构是专业领域里运作促销的服务商,比如旅游业。它们在相关领域实力强大,但也不一定非常全面客观。还有一些是新成立的代理机构,自身可能很优秀,但尚未获得营销传播咨询协会会员资格。

促销代理机构是如何运作的呢? 促销机构的来源多种多样,这反映在促销机构结构的多样性上。有些机构是由原先在广告公司工作的促销专家创办的,有些是从广告公司促销部门分离出来的,有些则是由原来供应印刷品、促销商品或促销奖励的企业转型而来,还有一些(这种情况越来越多)是为了满足日益增长的专业化营销服务需求而创办的初创企业。如今,代理商在服务简介中添加诸如"消费者营销""品牌价值传递"之类的描述,或者使用"西蓝花""果汁"等有创意的字眼。

尽管促销机构的规模和结构各不相同,但它们具有许多共同点:

1. 它们对创意和概念性工作收费，收费标准反映了其时间投入。这种工作方式与律师和会计工作类似，只负责提供创意点子，具体的促销组织和实施还是由公司自己负责。

2. 它们通常也会提供设计、美工、赠品采购以及其他一系列支持服务，以促成促销活动。这些服务有时由公司内部提供，有时由子公司或关联公司提供，有时也会分包出去。代理机构从这些服务中获取利润，它们的价格具有很强的竞争力。想要维持机构运转，必须依赖于规模经济（更多承接业务）。

3. 它们的业务有临时和长期之分。广告和公关公司与客户之间往往是长期的合同关系。促销机构也想这么做，也在越来越多地做这方面的尝试。它们希望收取预付款，而不是一锤子买卖。然而，许多客户仍然只是临时雇用，需要做促销时才会想起它们。

4. 促销机构也越来越多地参与到广泛的营销服务中。我们在前面讨论了促销增长的原因，其中大部分原因是促销组合的综合运用。比如，为了满足特定需求，采用直邮、带货等促销方式。促销机构广泛的专业知识为提供这些整合营销服务打下了良好的基础。许多机构已经开始尝试这一挑战。

5. 公司客户经理与创意过程息息相关。在传统广告公司中，这些与客户打交道的人在很大程度上会被排除在创意过程之外。但在促销机构中，情况并非如此。有效促销活动的创意过程实际上是一个跨领域的、集思广益的过程，兼具理念和实践。客户经理所面对的顾客事实上是整个活动的中心。

6. 促销代理机构往往规模适中。这在一定程度上反映了这是个新兴行业，从侧面也说明了行业启动资金要求低。新的促销机构往往管理严格，需要充满热情和创业精神的人，并且基本都是由创始人负责经营。

7. 为了满足客户的特殊需求，它们往往能够给出最公正的促销活动建议。这也是付费找新代理机构的最重要的好处。无论促销活动是有奖竞赛、赠品、直邮，或是使用旅游、服装或现金等激励手段，这些机构都不会打自己的小算盘。在这个经常夹带私货的领域，这本身就是一种职业道德。

促销机构通过计时收费和商品加价来赚取利润。两者的计算方式会有所不同，但最常见的是计时收费，通常为每小时 60 ~ 372 英镑，具体价格高低取决于相关工作人员的资历。对所提供的商品（印刷品、艺术品、赠品等）一般加价 15% ~ 20%。最后，两者相加得到的总利润率为 25% ~ 30%（大型项目利润率较低，小型项目较高）。

需要注意什么？营销传播咨询协会提供全面的中介服务，其顾问在协会会员中寻找合适的代理机构，并提供相应资质证书，它还组织增进了解的会议，并在必要时管理整个招投标过程，此外，它还提供了这一切活动的最佳实践指南。英国促销学院和营销传播咨询协会每年都在网站和宣传册上发布年度奖项，详细介绍了上一年的最佳促销活动。

与促销代理机构打交道通常从招投标开始。营销传播咨询协会（在其网站上称为"代理机构选择器"）和英国广告商协会制定了一套有投标展示的指导说明，为竞争投标过程提供了很好的借鉴。您可以向英国广告商协会或营销传播咨询协会索取指南。双方基本原则是开诚布公的：

1. 准备好背景资料；
2. 不要请 3 家以上的机构来竞标；
3. 写一份适当的简介（参见第 12 章），并留出时间让对方回复；
4. 迅速而客观地做出决定；
5. 给失败者机会，让它们了解自己如何能做得更好。

投标费用是经常引起争议的问题。营销传播咨询协会的行为准则是不鼓励其成员进行随意竞标，理由是促销是针对特定的展示而设计的，因此没有残留价值。有些招标企业会向代理公司支付展示费，有时也被称为"推介费"或"拒绝费"。尽管如此，如果接受了代理公司的创意，但由于其他不可抗力因素

（比如计划改变）导致促销活动无法进行，那么理应向其支付工作报酬。至于是否应该向代理机构支付竞标展示费，这是一个仁者见仁、智者见智的问题。企业同意支付报酬，就意味着承认每一个方案都是为展示量身定做的，没有残留价值。但是，总能找到一些饥渴的小代理公司，它们会不断到处投标。

在实际操作中，大多数代理公司都乐于与数量合理的同行争夺真正的业务。所有的代理公司都乐于抢占持续性业务。这里涉及一个常识性的问题。如果反复要求六七家代理机构为一个还没落地的促销进行投标，机构发现毫无利润可言，就懒得搭理了。反之，如果只向少数几家机构招标一些能实现的促销活动，特别是想建立长期合作关系，大多数公司都会做出专业而有效的回应。

企业通常会在促销机构中寻找五个关键属性，以此决定选择哪家机构代理其营销活动。

1. **创意**。相较于企业自身，能够制作出更有想象力、更有效果、更吸引眼球的促销活动，这是聘请代理公司的根本原因。代理公司的创意作品需要在展示中脱颖而出。

2. **沟通能力**。促销是为了满足特定的市场目标。代理机构在展示过程中，应该体现出对各种不同市场环境的理解，展现出有效解决问题的技巧。

3. **预算控制**。实施促销活动需要一系列的设计、美工、赠品、业务处理及其他资源。代理公司是否拥有这些资源都不重要，只要证明能搞到这些资源，并且还能控制在预算范围之内即可。

4. **良好的服务**。成功的促销关系需要客户和代理机构步调一致。重要的是要与实际合作的人（不一定就是展示的人）见面，并搞好关系。问问团队是否与潜在代理公司相处融洽，是否有化学反应？如果不是，就不要请它。

5. **良好的业绩记录**。来自获奖手册和行业媒体的记录至关重要。打个电话给意向机构的现有客户，请他们讲讲机构服务质量和预算控制情况。这一点从公开的作品中可能无法看出，亲历过的人也许能给出最好的建议。

运用这些属性衡量，最终可能会留下三家意向合作机构。然后，通常的做法是向这三家机构介绍项目，并根据他们的投标表现作出判断。

一旦与某家机构进行过一次促销，就可以判断它在实践中的表现。根据表现，可以大致将机构分为三种：

1. 临时供应商。这是一种慎用的办法。该机构只得到工作所需的最低限度的信息，并且总是与其他机构竞争。只有在需要时才会向其介绍项目。

2. 轮换成员。这是一种折中办法，即把两三个机构列入机构候选名单。尽管可以透露更多的项目信息，但只有最后确定的一家能获得全部信息。

3. 商业伙伴。将指定机构视作企业营销部门的延伸。该指定机构在开始阶段就参与讨论市场营销计划。通过与其续约合同的方式建立长久合作关系。

代理机构当然都不喜欢第一种。因为临时任务让它们很难规划自己的业务，而且大多情况下会徒劳无获。坚持使用临时供应商的客户会发现，它们拿到的都是现成的随意拼凑起来的促销活动，没有经过太多的思考和努力，而且这些活动一般由二流的代理商提供。

企业对第三种关系持谨慎态度也能理解。这确实是将所有鸡蛋放在一个篮子里。这种关系有可能导致代理公司自满懈怠。企业按月支付预付款，能为代理机构提供定期的固定收入，因此受到代理机构青睐。然而，只有当有稳定的、可预测的工作流时，企业才会这么做。

基于上述原因，第二种往往是企业和代理机构都能接受的关系。它既给企业提供了灵活性，也给代理机构提供了一个合理的预期，能够预测它将获得的业务量。对于这种方式，企业可以变通：在大部分时间内使用一家核心代理机构，但在特定的项目中或在核心代理机构可能缺乏相关专业知识的特定领域中，使用其他促销代理。

是否值得将 1/4 ～ 1/3 的预算交给促销机构呢？如果这个机构表现出色，

那么答案是肯定的。这里有三个很好的理由：

1. 代理机构的一部分利润来自赠品加价，所以它能买到物美价廉的促销品。此外，它还能控制促销成本；
2. 节省设计、策划和执行促销活动的时间；
3. 最重要的是，一个好的代理机构能开展更有效的促销活动。

即使一家代理机构进行了多场促销……

案例研究

案例研究 19：TLC 营销机构策划的"巨大的薯条叉"活动

TLC 营销机构是一家以创意为导向实行奖励激励的机构，通过广泛的合作伙伴网络为品牌提供战术性的"人人皆宜"的促销活动。在竞争激烈的市场中运作，许多机构都在为同一企业和决策者工作，所以能否产生新的潜在客户至关重要。TLC 意识到需要将之前提供给客户的创意促销方法应用于自身营销。TLC 的目标是吸引二十个品牌总监加入其策划的"免费的鱼和薯条"品牌联合促销活动中（例如调味品、啤酒和足球赞助商）。

该促销活动包括寄给每位品牌总监一个包裹，里面含有一个巨型薯条叉，再配上诙谐幽默的广告文案宣传单，包裹上还附上了《夜间标准》杂志中有关鱼和薯条的文章。要知道，鱼和薯条一直是英国人最喜欢的食品。广告文案清楚展示了背景信息和该活动与各品牌的相关性。该促销活动预算仅为 310 英镑，但到目前为止，TLC 从一个新客户那儿得到的回报就达到了 60000 英镑，另外还有两个潜在的品牌推广活动正在洽谈中。该促销活动获得了 2017 年英国促销学院金奖。

业务处理公司

它们是谁？ 业务处理公司起源于赠品仓储、接收和处理客户申请以及派发商品。在此基础上，业务处理公司已经发展出了一系列成熟业务，包括数据采集、数据库建设、电话呼叫中心业务、条形码扫描、电子邮件网站收集等。

它们是如何运作的？ 糟糕的业务处理方式会破坏消费者对促销及其背后品牌的信心，此外，为了减少损失，企业还需付出大量的精力。相反，优秀的处理方式不仅能收集到促销活动参与者的信息、为企业创造附加值，还能通过及时和准确的回应来建立消费者信心。以下二十点涵盖了向处理公司介绍情况时应包括的细节：

1. **促销**：提供激励措施，对参与者进行说明，准入限制；

2. **处理要求**：处理方式，周转时间；

3. **持续时间**：开始时间到结束时间；

4. **兑奖预测**：预期数量、随时间变化情况；

5. **宣传媒体**：包装、纸质媒体、电视、直邮；

6. **参与形式**：优惠券、传单、零门槛、电话；

7. **买点广告要求**：数量、类型、容错率、盘点流程；

8. **付款要求**：金额、硬币、支票、邮政汇票、信用卡、记账卡、支票等方式结算，以及时效限制；

9. **银行账户**：企业和处理公司的记账责任；

10. **邮费和派递**：一等奖派送，二等奖派送，大宗邮件折扣、递送记录、挂号信、承运人，以及邮资的现金浮动；

11. **包装形式**：预包装、信封、纸箱等；

12. **货物存储要求**：数量、期限、特殊安全性等要求；

13. **保险**：企业和处理公司的保险；

14. **申请详细信息**：手工录入、电脑采集、必填项、删除重复数据、筛选、排序标准；

15. **报告**：类型、频率、涵盖的时间段、分析标题；

16. **消费者关系**：错误申请、信件，处理投诉、退货、换货、退款；

17. **审计**：申请留存，记录发送日期；

18. **库存流转**：再订货量、退货、尾货处理；

19. **货物入库**：交货日期、入库、质量检查、收据；

20. **安全 / 保密**：期望、特殊要求等。

搞清楚这些主题下的相关细节，确保自己的企业和业务处理公司都明白要求，这样也可以得出准确的工作报价，因为业务处理公司非常清楚自己的工作量。典型的处理工作包括接收和检查三个购买凭证并派发奖品、建立内线电话、回应宣传册需求、采集数据、邮寄宣传册等。

需要注意什么？ 越早向业务处理公司通报需求越好。成本取决于业务复杂程度。如果只需要业务处理公司接收申请和邮寄奖品，那么英国大部分地区的当地机构就可以完成这项工作，并且成本很低。但是这也错失了采集数据和提升客户关系的良机。当然，业务越复杂，成本越高。

此外，企业还需审计跟踪业务处理公司对该项目的货物和现金流转，并且要关注其计算机业务规模与水平，了解电话工作人员培训流程，以及仓储效率和安全、报告质量和及时性等。上述细节可以从低成本业务处理公司中筛选出业务精湛的。无论聘请哪种业务处理公司，都要签订完善的法律合同。

如果经常开展促销活动，最好与一家业务处理公司建立长期合作关系，让它成为企业和客户之间的纽带。

买点广告制造商

它们是谁? 龙头企业买点广告制造商都有商店装修或设计背景,它们隶属于 1936 年成立于美国的买点广告学院。买点广告学院于 1989 年和 1992 年在巴黎和英国分别成立分支机构。买点广告制造商能为促销人员赋能,使他们更加吸引注意力,更好地传达优惠和品牌形象,并在消费者做出购买决定的关键时刻,绝大多数能诱惑他们冲动消费。这项活动过去被称为"卖点促销"(point of sale,简称 POS),但其英文缩写容易与银行卡刷卡机(EPOS)混淆。所以更名为更加易懂的"买点吸引"(point of purchase,简称 POP),但要注意"POP"也是"购买凭证"(proof of purchase)的英文首字母缩写。

它们是如何运作的? 买点吸引的发展已经远远超出了原来的堆头 PVC 货架展示。它将声、光、运动与促销活动融为一体,被称为"纸板工程师"的创意人员能设计出令人印象深刻的买点活动。下列例子显示了买点吸引的创意和使用范围:

1. 吉百利的糖心巧克力蛋在 1 月至复活节期间会出现一个销售旺季。如果不抓住时机全力展示和促销,打的广告就会被浪费。买点曾用带有新噱头的堆头成功吸引了消费者的关注。

2. 斯皮勒斯宠物食品(Spillers Petfoods)为了呼应新推出的猫粮品牌"撸猫首选",设计了一款"猫叫货架"。这个由电池驱动的装置能感应到半径 12 英尺范围内的顾客,并发出语音信息:"来一罐撸猫首选,奖励您的爱猫。"

3. 某个商店用品展会上,展示了一款音效产品。它能与视频展示匹配,发出仿佛旁人在耳边诉说的声音。就算店铺关门,声音也能传到商店橱窗外。就算商店关门,顾客也能在商店橱窗外看到买点吸引的广告,然后通过手机下单，商品第二天就能送达。

买点吸引主要通过零售商进行展示，酒店、酒吧和体育俱乐部等休闲场所也是重要的展示地点。然而，买点吸引越来越多地被用于正常销售渠道以外的品牌传播。在购物中心、机场或其他任何人员聚集场所，几乎没有任何东西是不能互动展示售卖的。智能芯片技术、交互式视频和短信的普及使促销人员能够将特定的优惠锁定在特定的人群身上，并捕捉他们的数据。只要人们有时间和意愿，任何产品优势和促销优惠立马能送到手中。当人们到达其他国家的机场时，立刻就能收到信息，告诉他们在哪里可以买到钟爱的品牌（以及来自新的移动服务提供商的短信和收费！）。记住还有二维码！如今，这些都包括在公交车站的海报内。

需要注意什么？ 促销是为了影响行为。消费者在购买时的行为最为关键。英国国家彩票的大型买点广告进行了不到 4 个月，但其实其他营销手段早已为其做好了铺垫。

使用买点吸引需要注意的关键点是：

1. 尽早考虑买点吸引需求，并将其纳入广告和促销计划中。
2. 利用它来获得非常规网点的曝光率，基于买点的联合促销往往有很大的机会。
3. 充分利用光、声、运动等元素，新颖的买点吸引往往带来惊喜。
4. 认真思考运营问题，特别是谁来分配、选址、安装这些设备，以及如何维持运转（如果运用高科技设备）。

该领域越来越多的头部制造商能够提供从设计到维护的一条龙服务。有关这些公司的详细情况，请联系买点广告学院。

促销风险管理公司

它们是谁? 促销活动涉及财务风险,如果忽视这一因素,很可能会给促销商和品牌带来损失。如果一次促销活动取得了空前的成功,参与人数超出预期,那么就会超过预算,造成巨大的财务负担。因此,促销商需要有风险意识,懂得如何维持资产负债表,保护自身利益。

PIMS-SCA 等专业促销风险管理公司提供资产负债表免受超额挤兑风险的服务。PIMS-SCA 曾对其过去 10 年的所有投保促销活动进行了评估,发现每 12 次促销活动中约有 2 次产生了超额挤兑。这一分析也解释了为什么促销风险管理是任何促销活动的重要组成部分。10 次中有 1 次超出预期,哪个促销商都不敢冒这样的风险。

PIMS-SCA 提供三大促销风险管理服务:帮助促销人员规划促销费用;杜绝预算超支;在保证安全的固定促销预算前提下,增加或提高大奖奖金。

1. 约定固定费用保险: 这是一种最大程度保护促销活动的保险方案。保险覆盖赠品采购、促销物流管理、超额兑换风险、活动处理和兑奖等。促销市场活动现在越来越复杂,促销商及其代理公司必须处理更加复杂的业务和不同场景、不同机制的兑奖活动。

对于一个常规的兑奖活动,既要可以短信和网络兑换,又要允许不购买也可以参与,还要配备促销热线,普通促销人员和代理机构都会感觉疲于应付。这时,能固定费用的风险管理公司就显得弥足珍贵了,它们经常参与这类促销活动,即便是最复杂的促销活动也能轻松应对。(PIMS-SCA 独家提供一款最安全的固定收费产品,为每一个促销活动投保 1000 万英镑的 "A 级" 保险公司承保保险。)

其实大多数的推销活动都达不到预期表现,兑换不足。虽然大多数的促销活动表现不尽如人意,但要是您的促销活动表现特别糟糕呢?正如 PIMS-

SCA 说的，每 12 个促销活动中就有 1 个与期望效果相距甚远。为了解决这个问题，PIMS-SCA 率先在业内推出了针对 "兑换不足" 情况的保险服务。如果一个促销活动明显表现不佳，PIMS-SCA 将按照固定费用保险合同约定的比例，返还一定的费用。尽管促销商可能对糟糕的市场反应失望，但也会欣慰自己没为促销支付太多费用。

2. **超额兑换保险。**这一保险方案可以免除促销活动兑奖率高于预期时的财务责任。促销商认为超过一定风险水平的挤兑概率很小，并希望尽可能降低风险费用，最好就购买这种保险。举个例子，促销商选择购买超额 10% ~ 20% 的挤兑风险保障，如果超额兑换达到 20% 以上，就自认倒霉。

3. **覆盖奖金保险。**这一保险方案能够使促销商在保持现有预算情况下，增加奖金额度。风险管理公司收取一次性费用，承担相应风险。如果有获奖者，则由风险管理公司支付奖金。奖金促销商分文不出。例如，促销预算只有 1 万英镑，但包装附赠促销上却可以宣传，有机会赢得价值 35 万英镑的大奖。

它们是如何工作的——哪种保障最好？如果促销商采用的是久经考验的促销形式，并且对兑换率水平有足够的信心，那么固定费用保险可能是最好的选择。兑换率越接近预期水平，越能凸显固定收费的性价比，因为大部分费用都基于促销的兑换率进行事先约定。

如果促销商针对新客户，或采用新的促销手段，那么 PIMS-SCA 会建议购买超额兑换保险。英国人性格有时变幻莫测，并不那么容易预测。许多看起来不错的想法并没有得到消费者的青睐，导致市场反响很差。在这种情况下，固定收费的保险方案可能非常昂贵。

作为行业的领头羊，PIMS-SCA 得出的经验是：每 40 个促销活动中只有不到 1 个能超过预期 2 倍，因此，购买一个覆盖一定超额范围区间的保险，并不一定是个坏选择。从财务上看，可以说这是最明智的选择。促销商应该了解促销风险管理的好处，以及它对促销活动的影响，并确保资产负债表的平衡。

为了帮助促销商估计不同形式的兑换率，PIMS-SCA 收集了数千次促销活动的数据，并创建了一个免费使用的在线促销活动数据库。

需要注意什么——选择促销风险管理公司时的注意事项。如果一家促销风险管理公司面临巨大的赔付风险，请确认检查其账户流水，确保其有赔付能力。例如，如果选择的公司承保了"3 个 100 万英镑"的促销活动，并且都需要赔付，它是否有能力全额支付。

理想情况下，促销商应该确保由"A 级"保险公司承保促销活动，以获得最大的财务保障。大公司无论如何都有偿付能力。再者，需要考察风险管理公司的过往经历，精确分析和风险评估能力，对物流和安全程序的建议以及成熟的业务和兑奖处理能力。

PIMS-SCA 制作了一本名为《促销风险管理指南》的小册子，详细介绍了所有促销手段及其需要考虑的因素和预期兑奖率。

其他保险产品

1. **针对印刷厂的错误和遗漏的保险：**让促销员避免因打印机在打印促销游戏物件或资料时出错而引起的经济损失。

2. **针对活动取消和未出席等情况的保险：**如果（促销）活动受到不可抗力的影响，或明星嘉宾未能到场，促销商的经济利益将得到保障。

专业印刷商

它们是谁？许多促销活动需要标准的传单、手册和包装打印。如果打算采用即开即中促销，借助游戏或刮刮卡等道具，那么就需要借助专业印刷商的服务。有些印刷商专门从事快印业务，打印展示材料或个别店铺的促销资料；有些印刷商则专门生产产品宣传册（将大量的信息印制在像贴纸一样大小的折叠宣传单上）。

它们是如何运作的？ 如果采用游戏或即开即中促销手段，那么就需要知晓已印刷的中奖卡数量，确保它们均匀派发，保证印刷商或分销商不会泄露卡片信息，还要确保卡片防伪有效，能够验证中奖者。这是一个很高的要求，相关技术也在不断革新。

其中一个是油墨技术的发展。乳胶套印是游戏卡的标准打印形式。相关打印技术的发展包括触摸后热敏油墨显示信息。与此类似，冷饮与冷敏油墨也能发生相关反应。微波油墨在微波炉中发生反应。案例 67 讲述了萨森醋（Sarson）充满想象力的一次促销活动，它运用了一种对醋有反应的油墨。另一项技术发展是用塑料卡套塑封带有隐藏信息的卡片。特殊油墨材料可以更广泛地用于陶瓷、塑料和纺织品上。

为避免造假，人们还开发了用于验证中奖信息的计算机系统。其中一种方法是在中奖卡片上标上一个安全号码，当把这个号码输入数据库时，就会显示卡片的准确信息。另一种是在中奖卡片上印上只有在紫外线下才能显示的代码，或者只有与模板完全匹配时才能读取的代码。也有用全息图和三维技术的，但这些最先进的技术自然是连促销商都不会透露的。

需要注意什么？ 确保雇用的印刷商真正了解这个行业：曾经有一家零售商，在促销的第一周结束时就产生了 27 名获奖者，谁都无法承受这样的错误成本。另外，确保印刷商投保专门针对游戏环节错误和疏漏的保险。

材料印刷完成后，仔细检查包装和中奖彩票分装流程。如果在产品中加入了即开型彩票（例如"开盖有奖"），请确保它的安全性，不会被零售人员和消费者篡改。跟上游戏活动的技术发展。活动的成功不仅取决于奖品数量，也取决于游戏的新颖性。借助专业印刷商的知识，在行业中成为第一个使用特定油墨或游戏设备的人，这非常物有所值。

现场营销和品牌体验代理

它们是谁？ 现场营销和品牌体验代理机构有一支庞大的兼职推销队伍。他们是企业长期的促销合作伙伴，负责完成一次次独立的促销活动（企业通常将销售环节外包给现场营销机构，相较于全职员工，这样能节省 15% 的成本，而且现场营销机构还按销量定价）。由头部企业组成的直销协会现场营销委员会估计，有 4 万人从事现场营销兼职工作。一家大公司的兼职通讯录上可能有多达 1.5 万人（兼职者往往在几个公司都登记了兼职信息）。关于现场营销的更多信息，请参阅由 Kogan Page 出版的阿利森·威廉斯（Alison Williams）和罗迪·穆林所著的《现场营销手册》（*The Handbook of Field Marketing*）。

现在大型的现场营销机构也在扩充全职人员，以期为长期促销雇主提供更好的服务。它们在数据库、货物库存和派发以及人员等方面与业务处理公司有重叠。一家实力雄厚的现场营销机构不仅提供地推人员，还可以规划推广覆盖范围、制作介绍材料、派发和掌控地推现场所需物品，以及能够监督和管理地推人员、分析推广效果，甚至为地推人员设计和制作特殊的制服。

它们是如何运作的？ 现场营销人员几乎可以满足雇主的任何要求。他们既可以组成零售店的销售队伍，布置促销场地（许多零售商这点做得很差）、分发传单和优惠券、派发样品，还可以收集消费者数据、充当神秘顾客店访、扩充展览摊位人员、向消费者直销，甚至在购物中心和机场提供信息、进行产品盲测等。这些形式在促销活动中的应用非常广泛。

他们的工资根据工作性质而定，一般以每人每小时 10.5 英镑为基准。比如，充当神秘顾客访问每个店铺，还要查看促销资料和库存情况并撰写报告。

考虑到其中涉及计划、旅行、报告和监督等工作，付给活动承包商的价格是每次店访 20 英镑。如果是程式化的店访工作，成本会低些。

需要注意什么？ 要记住的关键一点是，在外人看来，现场营销人员就是公司的一分子，因此，需要在信息披露程度、培训和监督自己员工和聘请现场营销公司之间取得平衡。越来越多的公司强调更高的现场营销质量，这是理所应当的事。就像其他促销供应商一样，有效利用现场营销推广机构，取决于明确的产品介绍与清晰地理解预期目标。外包公司的销售动机可能比内部员工更强，因为它们的合同上有激励条款。

赠品采购商

它们是谁？ 打开英国促销商品协会的宣传杂志，您会看到一页又一页的赠品广告，包括钟表、运动衫、电子产品、汽车模型、陶器、书籍、钢笔等，琳琅满目，应有尽有。英国促销商品协会是代表促销商品制造商的贸易协会，在其在线杂志上，成员可以为自己的赠送产品打广告。对于任何一个特定的产品领域，在互联网上的商品目录中都可以找到数不清的制造商信息。

为什么不直接去这些公司购买您需要的赠品呢？如果赠品采购量小，且款式标准，可以这么做。但是这些企业规模不大，营业额超过 1000 万英镑的公司寥寥无几。对于大批量、特殊型号的产品以及远东地区生产的产品，最好是找一家能满足特定要求的赠品公司，由它们负责设计、采购和运输，这种公司就统称为赠品采购商。它们通常与远东地区联系广泛，在中国香港有直接或间接的基地。赠品一般由英方设计，并在原产国和其他中转国家进行质检。这些公司具有国际海关法规、产品安全法规、运输安排和贸易融资等方面的专业知识。

当然也还有另一种选择。采购团队网站 www.sourcing.co.uk 与英国促销商品协会可以提供行之有效的专业指导——要知道，如果没有专业指导，很有可能会不小心采购了由非法雇用童工的公司生产的赠品而陷入麻烦！

它们是如何运作的？ 赠品采购商确保促销品的制作、管理和交付能满足活动的特定需求。最近的一些例子说明了它们的工作方式：

● 雀巢公司一直宣传，聪明豆是 7～9 岁儿童的玩耍好伙伴，只有搭配了合适的赠品，聪明豆才能够吸引这个年龄段的儿童，小孩儿才不会觉得这只是给小妹妹吃的零食。得益于低成本消费电子品的发展，出现了玩具音乐盒（英文名叫"Zapper"）这类赠品。这是一个类似聪明豆形状的小玩意，上面有八个彩色按钮，可以发出警报器、机关枪等声音，只要 5 张购买凭证就能换取。玩具音乐盒的塑料外壳在一个国家制造，电子元件又在另一个国家制造。这款赠品已供应给世界各地的雀巢子公司。

● 马克杯是常见的促销赠品，咖啡、茶和糖果制造商等都爱送杯子。但杯子一般都是英国本土制造的，价格在世界范围内没有竞争力。当然，还有一些低成本的杯子生产商，但往往质量低劣。此外，关于限制印刷油墨毒性的法规也在不断增加。因此，英国的一家采购商和远东工厂建立了长期合作关系，为奇巧巧克力制作了价格合理的杯子。

需要注意什么？ 寻找一家优质的赠品采购商，保证其与世界各地的制造商有广泛联系，确保它在设计和制造产品以及将产品运往全球各地方面有良好的记录。此外，要特别注重其质量管理体系，为了维护品牌声誉，必须对赠品质量上心。已通过 ISO 9001 认证体系的赠品采购商更加有质量保障。如果一些中介不能证明其质量保证体系，就算提供的价格再低，也不值得您的企业去冒这个风险。

在促销活动的早期讨论阶段，就应该考虑赠品采购问题。在一些市场上，尤其是儿童产品市场，赠品的选购可能是促销成功的关键。一个好的赠品采购商不仅要了解市场，也要了解赠品本身。如果与采购商建立了长期的合作关系，您将会第一时间了解到适合市场的创新产品。

案例研究

以下四个案例分析说明了如何投保约定固定费用、超额兑换和覆盖奖金保险。

案例研究 20：英国著名爆米花品牌"黄油师"（Butterkist）

莱姆传播公司（Lime Communications）策划了一项活动，该活动服务对象是英国著名的糖果生产公司"橘子公司"（Tangerine Confectionary）旗下的爆米花品牌"黄油师"以及环球电影公司（Universal Films），其目的在于吸引和激励消费者，加强他们对于爆米花与电影之间的密不可分关系的印象，看电影就会很自然联想起要吃爆米花。营销机构 PIMS-SCA 主要在活动中进行协调并管理优惠券的相关工作，同时确保活动从一开始就能收支平衡。

活动目标： 加强对消费群体的意识渗透，将爆米花与电影建立消费联系。

方法： 该活动主要通过 6 个"黄油师"产品系列生产的 800 多万个促销包装袋进行宣传。消费者购买了"黄油师"促销包装，并在官方网站或通过脸书输入他们独特的促销包装代码查询，就能立即显示他们是否赢得了奖品。

促销奖励包含成千上万个与电影主题相关的礼品和体验名额，总价值为 100 万英镑：5 个在奥兰多环球影城度假名额，10 个赴伦敦参加电影首映式的"二人游"奖励名额，25 个体验可容纳 50 人的私人放映场的名额，100 个家庭娱乐系统和数千张 DVD。每个促销奖励包为消费者提供了"下次购买立减 50 便士"的可兑换优惠券，可下载该优惠券以打印和兑换。

PIMS-SCA 在该活动中起到的作用

该促销宣传的优惠券，是通过电子赠款方式为消费者提供"下次购买立减 50 便士"的可兑换优惠券。PIMS-SCA 对优惠券活动的工作包括建立促销微型网站、制作优惠券、创建优惠券兑换系统网页和发送优惠券打印通知电子邮件，以及提供有关优惠券使用情况的更多信息。该公司准备了超过 800 万张 50 便士立减优惠券，其固定费用涵盖了与所有优惠券赎回（包括无效赎回）相关的费用，因此帮助促销机构从其资产负债表中有效消除了可能的 400 万英镑资金缺口。PIMS-SCA 提供了价值约 100 万英镑的优惠券奖励，并有效地将其安全性极佳的抽奖系统纳入本次活动中，以分配奖品。除此之外，PIMS-SCA 还与 DVD 供应商保持联系，从而保证了成千上万的获奖者如愿领到奖励。

案例研究 21：麦凯恩（McCain——世界上最大的冷冻马铃薯产品制造商）

蓝筹股营销公司与"国家扫盲基金会"和"企鹅兰登图书"合作，为麦凯恩策划并推出了免费的邮寄促销活动。PIMS-SCA 提供了超过 100 万本经典儿童读物作为奖品，每本价值 2.99 英镑，为固定资产负债表提供了固定费用。

活动目标： 加强对消费群体的意识渗透。

方法： 该活动提供了大约 200 万个促销包装，其中包括写有互联网统一资源名称（URN）和儿童读物阅读小贴士的说明书。消费者从促销包装中可以得到 2 个独特的代码，只需要在访问促销微型网站时输入代码以及自己的联系方式，就可以免费从 6 本"瓢虫珍宝故事"系列中领取一本。促销活动中可免费领取的书籍包括《姜饼人》《小红帽》《灰姑娘》《杰克与魔豆》《金发姑娘》《三只熊和三只小猪》。

PIMS-SCA 在该活动中起到的作用

该活动的企业客户要求 PIMS-SCA 确保消除此次促销活动的所有财务风险，并相应地提供固定费用的解决方案。费用包括活动赠品（"瓢虫珍宝故事"

系列书籍）的备货和供应所产生的费用，以及与促销相关的所有手续费、财务和后勤管理所产生的费用。固定费用解决方案能确保麦凯恩公司可以进行安全、无风险的促销活动，并为其资产负债平衡提供完善的保护。每项固定费用都包括 PIMS-SCA 提供的 1000 万英镑价值的保险。

案例研究 22: 卡本营销公司（Carbon Marketing）为"探索性食品"（Discovery Foods）品牌所做的策划

"探索性食品"公司曾在卡本营销公司的策划下推出过一项双管齐下的店内广告宣传活动，包括对消费者的退款保证服务以及"下次购买立减金额"的优惠券机制。

活动目标：增加"探索性食品"的产品销量。

方法：部分乐购和英伯瑞超市的促销人员鼓励消费者购买"探索性食品"的产品，同时分发带有"下次购买立减 50 便士"优惠券的传单。如果消费者花了 3 英镑以上，但对"探索性食品"的购买不满意，则可以写信给制造商说明原因并随附收据，即可获得不超过 3 英镑的退款。

PIMS-SCA 在该活动中起到的作用

PIMS-SCA 机构对该活动进行了风险评估，并为其资产负债平衡保护提供了固定费用的解决方案。固定费用包括促销活动的财务、风险、后勤和行政管理以及协调处理退款申请所产生的费用。所有优惠券的兑换和相关费用均已预先支付，以确保"探索性食品"的预算保持稳定、资金管理实现安全。

PIMS-SCA 是英国唯一向客户提供 A+ 级保险公司固定费用保险产品的风险管理公司，而且每次促销活动的保险金额价值达 1000 万英镑。

案例研究 23: PIMS-SCA "25000 英镑的圣诞老人搜寻冠军"

每年圣诞节，PIMS-SCA 公司都会向其客户和供应商发送一张圣诞贺卡，贺卡上写着：PIMS-SCA 向客户和供应商提供赢得丰厚现金奖励的机会，以感谢他们全年对公司业务的支持。

活动目标：通过每年一张在线圣诞贺卡让客户和供应商有机会获得25000英镑的奖励。

方法：在PIMS-SCA数据库上注册的所有客户和供应商都会收到一封祝他们"圣诞节快乐"的电子邮件，并有机会通过免费使用在线刮刮卡的方式赢得大奖。玩家单击相应的网络链接来参加日历游戏，游戏中会出现三个窗户，玩家需要借此搜寻圣诞老人。在三个窗户背后可以找到各种以圣诞节为主题的角色以及三个圣诞老人。如果只显示三个圣诞老人，则玩家将赢得25000英镑。玩家可以无限次地进行免费的游戏练习，然后再玩一次25000英镑的有奖游戏。

PIMS-SCA 在该活动中起到的作用

PIMS-SCA公司设计并创建了在线刮刮卡游戏，并使用自己的资金提供价值25000英镑的大奖。结果，来自"反击对策"促销公司（Counter Attack）的约翰·柯克先生在游戏中成功找到了三个圣诞老人，赢得了由PIMS-SCA支付的25000英镑。约翰说道："我想要花些钱带妻子去托斯卡纳，带孙子去巴黎迪士尼乐园，向我支持约20年的西米德兰兹航空救护车服务机构捐款，也许还会捐赠一台苹果台式电脑iMac。"PIMS-SCA销售总监马特·布彻也谈道："这是我们第三次进行这个圣诞节促销游戏，很高兴能有一个赢家。我们当然希望这对约翰来说是个快乐的圣诞节，对于他和他的家人来说，这将是2014年的一个良好开始。"

案例研究 24：美国牛奶制品公司"金凯利"（Kerrygold）立赠购物袋活动

金凯利发起了一场旨在提高市场渗透率的促销活动。在这场活动中，共计60万人购买了带有促销缠带的250克包装的金凯利低脂型或绵软型黄油，其中1/4的购买者获得了金凯利纯棉购物袋，其余消费者可获得20便士的优惠券用于下次购买。获奖者需将促销缠带寄回，或在网上输入一个唯一包装参考码，即可领取购物袋。其他配套活动包括阿斯达店内杂志宣传，以及对森宝利旗下顾客进行上门推销。PIMS-SCA 提供的固定保险费用方案确保了无论有多少消费者领取购物袋和兑换优惠券，金凯利的促销预算从一开始就保持安全的固定值。

案例研究 25：《新西兰先驱报》25 新西兰元的相机优惠活动

为了鼓励日常消费，回馈订阅用户以及增加销量，《新西兰先驱报》发起了 6 张礼券换相机的活动，读者只需 25 新西兰元，再加上 5 元的邮寄和包裹费，就可以获得一台建议零售价为 79 新西兰元的数码相机。这场保本促销活动由 PIMS-SCA 投保，为报纸提供了全面的财务保障。活动大获成功，报纸的订阅量是预期的 18 倍。

案例研究 26：金色传奇（Golden Wonder）"破解钥匙码"活动

为了提高市场渗透率，金色传奇公司进行了包装促销活动，消费者有机会赢得 25 辆全新特制版大众甲壳虫汽车。PIMS-SCA 承接了此次促销活动，承保了 25 辆汽车中的 24 辆的费用，而金色传奇公司仅支付了其中一辆车的费用。消费者只要成功破解每辆车专属的 8 位中奖号码，就能开走该车。如果没人成功破解号码，那么所有参赛者都自动进入免费抽奖活动中，有机会赢取一台甲壳虫汽车。

总结

促销代理机构、业务处理公司、买点广告制造商、促销保险商、专业印刷商、现场营销机构和赠品采购商共同构成了促销行业的基础设施，以保证促销活动的正常进行。此外，还有提供现成促销活动的公司等。行业媒体经常报道它们，主要因为可以在上面打很多广告。这也导致许多报道并不客观。所以需要借助行业媒体和诸如"激励世界"（Incentive World）这样的国际型展会来了解更多情况。

无论多大的促销活动，都需要在某个时段用到上述供应商；无论哪个细分领域，都要找一家财务良好的公司，建立长期合作关系，并在促销最开始阶段就与它们协商。不要奢望任何促销商都精通所有领域，要发挥他们各自的优势。如果您决定把所有的促销活动都交给促销代理机构，依然需要了解每个环节会用到哪些公司的专业服务。无论是业务处理、赠品采购还是地面推广，促销链中的任意一个薄弱环节都足以毁掉整个促销活动。促销商应该了解促销风险管理的好处，以及它对促销活动的影响，并确保资产负债表的平衡。

自学问题

1. 促销代理机构进行投标展示时，应该注意哪些问题？
2. 向业务处理公司介绍情况时应包括哪些内容？
3. 促销保险能用在哪些方面？为什么要这样做？

第 6 章

没有促销优惠的营销传播
该怎么做?

没有促销优惠的营销传播

本章将探讨通过各种营销传播与客户或消费者进行交流的多种方式,并提到对那些无须接收消息的目标群体采取行动的方式。对于任何信息,人们都可以对其拒收并忽略。为避免这种情况,我们需要清楚地传达信息或创意(请参阅第 4 章),以吸引顾客的注意力。

设想在一个极端情况下,促销人员仅站在街角举着标语牌,并以此来作为食品售卖专柜,这也算是一种营销传播——如果消费者是正在寻找饭馆的游客,那么这将是一个有用的促销活动。另外,使用震撼战术(骇人的图片)、动作(闪烁的灯光、变换的面板、卷轴)、强烈而独特的气味(咖啡、培根或新烤的面包香气)或噪声(音乐、叮当声)都可以吸引消费者注意从而开展营销传播。当然,笔者和英国皇家特许广告从业者协会(IPA)都一致认为,通过任何媒体进行的任何营销传播都应使用促销手段,哪怕只是为了吸引消费者的注意力(例如,促销人员通过标语牌分发免费饮料券,或者展示二维码给顾客扫描以获取促销内容以及创意信息)。因为广告从业者协会的研究显示,促销可以大大提高媒体传播信息的有效性。笔者希望在本章描述的每种媒体形式都能对读者有所启发。

消费者、品牌经理、供应商和零售商所接触到的媒体数量及形式众多。当今的媒体环境具有以下明显的特征，与10年前有着根本的不同：

内容丰富且易于填充，但消费者可以任意屏蔽这些信息。

购买媒体很便宜甚至有时是免费的，但由于市场分散，而且要吸引大量观众，因此要花费众多；而且一个媒体渠道以前仅拥有一个平台，现在却有了许多个平台。

广告从大众媒体向个性化营销形式的转变，包括直接邮寄、互联网、移动广告等。那么，您可以做些什么来推广自己的品牌、产品，以及您的业务呢？零售商媒体和口碑相传的媒体的出现看上去似乎削弱了非参与式媒体的影响，但从对消费印象方面的研究结果来看，非参与式媒体似乎仍是激活消费者大脑中记忆"挂钩"和构建"思维档案"的重要因素。

由于营销量化和投资回报率的问题，所有媒体都面临着压力。如今，企业的财务审计师和首席执行官都迫切希望看到有关媒体活动有效性的评价结果。

衡量有效性是值得的，但大多数人还不知道该怎么做！当然，那些负责营销宣传预算的人需要知道所投入的资金是物有所值的，因此对他们来说，有必要去衡量媒体宣传的有效性。表面上看，衡量有效性并不是一件费脑筋的事情，但事实并非如此。英国杂志《杂货店》的报告称，有61%的零售商根本不衡量任何东西。实际上，在媒体和传播渠道之间进行比较是很重要的。值得注意的是，衡量营销有效性相对来说容易做到，相关内容可参阅罗迪·穆林所著的《价值营销》。只要您打算去做，有意愿去做，那么要衡量营销有效性是可以做到的。当然，这是唯一一种通过营销交流来找到适合您目标客户的产品的方法。本书在第15章中进行了总结。在我们对消费群体进行市场调研时，容易忽略的一个方式就是对数据的使用。

那么，媒体到底可以起到什么作用呢？如表6-1所示，有些媒体的报道是正面的，会受到商人的青睐，有些则具有干扰性；就持续时间而言，电影院在影片前放映的广告是有一定影响力的，但这种影响最多持续 15 分钟。互联网和移动营销的影响力正在超越其他媒体，这也反映了现实情况。

当然，对于顾客而言，不同媒体的说服力也会有所不同——这取决于许多社会和文化因素。在任何国家，媒体的发展水平和营销传播运作的法律环境也会产生影响，并且城乡媒体之间也存在巨大差异。

当然，有一些通用的适用原则，并且某些媒体更擅长让顾客从其他顾客那里了解到其品牌、产品和服务。如果媒体宣传起到了作用，那么消费者对品牌和产品的认识就会储存在潜意识中，直到某种消费需求促使其搜索存储在大脑中的相关记忆，并回想起之前是通过什么媒体了解到其品牌和产品的。本书通过举例解释了这种根植于顾客脑中的消费印迹机制是如何运作的（请参见第 3 章）。体验可以加深记忆力，因此那些允许顾客试用或测试品牌产品的零售商可能会真正长期受益（请参阅第 7 章）。这点也适用于一些无形的东西，例如软件。根据互联网数据咨询公司（Econsultancy）的统计，现在有 74% 的数字化企业认识到用户体验可以提高其产品的销售量。

除此之外，顾客还会考虑整个促销优惠组合。事实上，优惠组合中的 6C 元素会在顾客对购买体验的评估中起到重要作用（请参见第 3 章）。表 6-2 说明了替代性媒体对顾客的影响方式。从中可以看出体验式营销为什么受欢迎。

表 6-1 不同媒体的宣传效力

	电视机	电影院	电台	纸质媒体	户外	互联网	手机
视觉	√√	√√	√	√	√ -> √√	√ -> √√√	√ -> √√√
颜色							
声音							
动作							
冲击力	√√	√√√	√?	√	√		√?
细节				√√		√√√	√
互动	?		?			√√√	√√?

	电视机	电影院	电台	纸质媒体	户外	互联网	手机
时间灵活性	√？		√√			√√√	√√
时长			？	√		√√？	√？
覆盖面	√		√	√	√	√√	√？
形象	√？	√	√	√√		√√	√√
费用节省			√	√	√	√√-√√√	√√√
品牌亲和力	√√	√	√	√√	√	->√	->√
自定义信息				√		√√√	√√

资料来源：受萨奇广告公司（Saatchi & Saatchi）的启发。

表6-2 媒体可以做什么

	品牌认知度	品牌接受度	偏好度	持久度	安心度
电视	√√	√？			
电台	√	√？			
电影院	√√	√？			
户外	√√	√？			
纸质媒体	√√	√	√？		
公关	√√	√			
家庭优惠手册		√	√√	√	√
直邮	√√	√√	√√		
上门推销	√	√√	√√		
网站		√？	√√	√	√
电子邮件	√√	√√？		√	√√
手机	√√√？	√√？	√√	√√	√√
体验式销售	√√	√√√	√√√	√√√	√√√
售后服务					√√√

资料来源：受市场营销月刊杂志《广告地图》（*Admap*）的启发。

比较媒体和渠道。通过比较不同的媒体和渠道，我们可以得出，媒体宣传的关键可能在于使用"品牌声量份额"（Share of Voice）。广告从业者协会的报告显示了如何通过利用多种方法来提升广告宣传的效果。一些最新研究论文的重要发现也佐证了这一点。根据广告从业者协会的研究结果，同时采用三种媒体进行宣传效果是最稳妥的，仅仅采用单一媒体进行宣传是不够的。这一发现对于媒体宣传的相关研究是有利的，但对于我们全面了解消费者的购买过程仍是不足。实际上，采用六种不同媒体的效果会更好，因为使用多种媒体进行宣传有利于更好地在顾客的脑中构建消费印迹、强化其对品牌的认识。

"户外活动"一节的内容（详见本章"间接媒体"栏目中的分支）以及英国消费人口调查（British Population Survey，简称 BPS）所做的一些研究表明了本地媒体的重要性。笔者认为，消费者的观点应该是最重要的。要调查消费者所处的环境，这是常识，因为只有环境才能帮助展示和传递营销信息，进而有效影响消费者的购买过程。例如，如果公交车站有公交候车亭，企业则有机会张贴海报，无论是以电子屏形式按顺序滚动出现或是静态展现海报。

协同合作

广告从业者协会的"营销效果模型"报告探讨了主要媒介，笔者认为主要媒介通常是花费最高但也收获最多关注度的重要渠道。这种分析仅限于电视、纸质媒体和户外广告。因为在广告从业者协会数据库中，很少有其他传播渠道被认为是主要媒介。采用纸质媒体为主要媒介进行宣传往往对于硬性业务的效果最大，而户外广告对于中间业务的效果最大，例如品牌声誉或知名度。但如果使二者协同合作，则能带来最佳的整体效果。

广告从业者协会指出，同时采用三种媒体被证明是推动硬性业务发展最有效的广告宣传方式，但对于中间业务而言，采用的媒体种类则是"多多益善"。相关信息，请参见第 7、第 8 和第 9 章。笔者认为，基于顾客大脑消费印迹的相关研究，至少要采用六种不同媒体，才能产生相应的宣传效果。

广告与销售转换渠道（例如直接营销或促销）相结合是最有效的组合，可以有力推动硬性业务的发展（例如销售额或市场份额）。

广告加赞助或广告加公关（PR）是推动中间业务（例如品牌声望）发展的两个最有效组合。

信息的相关情况。 正如笔者在《购物者经济学》一书第 2 章中谈到的，信息发出的位置会影响目标群体接收信息的方式，即"媒介就是信息"。这一观点是现代传播理论的奠基人、加拿大著名哲学家及教育家马歇尔·麦克卢汉（Marshall McLuhan）提出的，指的是媒介形式将自身嵌入信息中，从而形成一种共生关系。通过这种关系，媒介会影响目标群体对信息的认知和态度。不同场所中的信息传递实际上都是这种情况。

英国购物中心理事会委托英国促销学院所做的研究表明，在购物中心和步行街上的顾客更容易接收到复杂的信息，而那些在交通繁忙的大街上来往的人则更担心出行安全，因此不太容易关注周围的宣传信息。再者，在诸如火车站之类的场所，人们承受着更大压力（因为周遭充斥着太多信息使其无法集中精力）。另外，花圃和园艺商店实际上会使人们感到应力不足。因为人们需要与周围环境保持适当互动，以应对即将来临的所有新事物。因此，我们在考虑信息本身时，还应考虑周围环境。

间接媒体

媒体选择。 营销促销组合的选择还需加上合适的媒体和传播渠道才算完整。例如，您在确定选用促销组合中的广告之后，觉得纸质媒体比电视好，报纸比杂志适合，大幅报纸比花边小报要严肃，最终确定了《卫报》和《独立报》。这两份报纸就构成了计划传播渠道。

杂志广告也必须符合投放准则：是否在合适的时间和地点提供给特定的

消费者？这些年来有 500 多本杂志停刊，又有 500 多本新的冒出来。杂志宣发支出约为 20 亿英镑，其中广告支出为 8.27 亿英镑。这说明杂志广告投放还有市场空间，但在没有更好的衡量杂志广告成功与否的标准出来之前——相较于英国发行量审计局（ABC）每两年的数据——想说服商家轻易投钱打广告并不容易。

本书第 9 章详细介绍了促销活动的相关内容，包括对增值促销和降价促销的比较以及对 12 个促销目标的探讨。第 12 章中则介绍如何运作促销。

广告。广告不是针对个人进行传播的媒介。在进行广告宣传时，您需要付费才能将宣传信息刊登在报纸、电视或电台上，或者在室外的静态和电子广告牌上。

广告包含许多下属门类。传统广告形式是户外媒体，如海报和广告牌——静态和动态；报纸媒体，如报纸和杂志；以及广播媒体，如广播电视和电影院，通常会播放 30 秒的音频或视频信息；还有包装和售点。

简报 6.1　广告性别事实。 具有性别特征并赋予女性权利的广告要比使用女性吸引力的广告所产生的效果更好（出自脸书公司的一项研究）。美国员工体验管理公司（Qualtrics）的一项针对 1547 名 18 岁以上美国人的调查显示，当品牌宣传促进性别平等时，51% 的女性和 45% 的男性会对该品牌更加忠诚。在脸书上，当品牌宣传促进性别平等时，有 79% 的女性和 75% 的男性对品牌的好感度会增加。如果电影预告片中有一位打扮成消防员的女人与一个着装靓丽的女人（男性观众对两者的反应相似），那么女性观众对这部电影的兴趣度要比平时高出 1.85 倍。

尼尔森公司一项针对 20 多个国家的 6 万个广告的收视率调查表明，针对男性的广告成功命中率达到 62%，而针对女性的广告成功率达到了 50%，在线广告在吸引广告客户方面有很大的提升空间。因此，更好地利用现有技术，结合更广泛的数据来源，尤其是甲方数据，以及充

分利用买家基于先前广告宣传开展的市场调研从而获得新发现。这些方法共同作用，将有利于提升未来广告宣传的效果。

户外广告。海报，包括滚动播出的电子屏海报或显示视频剪辑的视频海报。这些户外广告现在在伦敦地铁里很常见。

英国户外媒体中心（Outdoor Media Centre，OMC）将消费者的购买过程分为四个阶段：

- **吸收**：顾客了解到品牌或产品信息；
- **计划**：考虑如何应对信息；
- **获取**：购买产品或服务；
- **分享**：告诉其他人有关该品牌或购买产品的信息。

值得注意的是，户外媒体中心的这项研究针对的是静态海报和动态海报（滚动或电子海报）。

对静态广告牌的调查结果显示，消费者对"吸收"阶段的评分较高（请参见以上定义）。

对动态广告牌的调查结果表明，尽管有 2/3 的消费者表示"想要购买"或"会去购买"，但其中仍然有 70% 处于吸收阶段。

我们可以从对顾客大脑消费印迹的研究中获取证据来支持以下论断，即广告确实会通过建立消费者的"思维档案"来推动人们在购买过程中前进。

通过使用户外媒体中心的分类方法对多种媒介进行比较，我们可以得出以下结论：

- 在吸收阶段，电视是最好的媒介；
- 在计划阶段，网络是最适合的媒介；

● 电台和新闻在获取阶段能更好地传达细节。但是，如果同时进行促销活动，电视和户外广告则可以助推宣传效果，呼吁消费者采取行动。

户外广告最适合设置在场馆、实体店、批发商店或大型赛事活动的区域附近。

车载广告。可以视为户外广告的一部分。但是，当出现在运输工具的外表时，它实际上是一个移动的广告牌。原先张贴在墙面、平台对面的墙壁、自动扶梯或台阶上的海报，现在都可以设置成动态广告牌，且都可以计时播放，一般时长几秒钟，足以供人们观看。小海报也可以设置在公共汽车、地铁、火车和电车的内部。

电视广告。30秒的插播时段通常与电视节目捆绑出售。企业可以通过赞助某些特定类型的电视节目，拉近其品牌广告与目标受众之间的距离。这些广告也可以是互动式的，这意味着顾客可以使用电视遥控器上的按钮即时进行信息反馈（直接反馈）。当然，电视广告也可以在线投放。

值得注意的是，带有促销的电视广告获得的观众反馈率要高于没有促销活动的电视广告。具体请参阅表6-3。

美国信息咨询公司博思（Booz）的研究报告指出，除了售卖喜剧片DVD和影碟机，美国塔吉特百货公司（Target）还经营与沃尔玛公司类似的批发商店，售卖电影中人物角色穿着的衣服和使用物品的同款商品。商品会放到其他网站或者社交媒体上供消费者进行评价。电子产品、服装和快速消费品（CPG）等领域的企业正在加大投资以直接与消费者建立联系，从而在消费者购买过程中传递品牌价值，实现从顾客参与互动到产品销售量增加的跨越式发展。凭借智能健身腕带产品Fuelband，运动品牌耐克将消费者的个人健身信息与其产品相联系，进而向消费者推介其他辅助健身体验的耐克产品。

本地电台广告：商业电台在进行广播节目的同时，会插播品牌或产品广告。

电影院广告：通常在电影放映之前，在大屏幕上播放全国性和本地专属广告。详情请参阅案例研究29。

表 6-3 渠道组合效力

	广告 （%）	广告和 网站 （%）	广告和 直邮 （%）	广告和 促销 （%）	广告和 赞助 （%）	广告和 公关 （%）
对硬性业务很有效	71	71	77	87	74	70
对软性业务很有效	57	65	61	68	72	70

资料来源：广告从业者协会。

印刷品广告：杂志或报纸，都可以用来刊登广告。

软广告：又称软文，常作为杂志或报纸中心插页的正式广告文字，类似于社论式广告。

家庭优惠手册：零售商在门店入口和出口处提供的传单，通常是免费的。

超市、百货商店和连锁型酒店经常使用出版机构——例如里弗出版社（River Publishing）——印制免费月刊杂志，然后通过门店提供给消费者。

包装

对于顾客大脑中消费印迹形成的一个关键因素是产品包装。产品包装本身对于消费者来说可能就是一个记忆点。

卖点促销材料（POS material）

对于企业来说，除了提供吸引顾客的产品和服务以外，卖点促销材料也很重要。它可能是悬挂在天花板上的宣传品或展示物（旗子或横幅），也可能是粘在地板上或放在（相邻）架子上的标识，又或者是特制的自动贩售机或装置以吸引顾客，从而达到宣传产品的目的物件。

店内视频可以提供有关产品的使用方法，从而促进消费者去消费。

公共关系（公关）

英国特许公共关系协会（CIPR）对"公关"的定义如下："公共关系是维护声誉的学科，其目的是赢得公众理解和支持，并影响其观点和行为。建立和维护组织机构与公众之间的善意和相互理解是一项需要缜密计划和持续性努力的工作。"

公关与广告相反。在公关中，无须为宣传公司的文章付费。记者，无论是来自广播领域还是纸质媒体，都是根据他们所获得的和研究的信息来撰写或拍摄有关您公司的情况。

公关比广告更有效，原因在于：首先，公关远比广告更具成本效益。就算它不是免费的，您唯一的支出通常也只是电话和邮寄给媒体的费用。其次，公关要比广告影响力持续时间更长。公众对与企业相关的一篇文章的记忆时间远比广告长。

公关的受众范围也比广告的更为广泛。在有些情况下，企业或品牌的故事可能会被全国性媒体报道，这意味着有关该企业的信息会在全国范围内传播。

最后，最重要的一点原因是，与广告相比，公关在公众中的信誉更高。公众普遍认为，如果客观的第三方（杂志、报纸或广播记者）针对某公司进行专题报道，那么该公司一定取得了不小的成绩。

赞助。这是一个涵盖面非常广的主题，对于提升品牌形象特别有用。它是公关的一部分。对慈善机构的支持（例如，出现在其网站、展位或车辆上的慈善机构的名称）可以体现品牌对社会的人文关怀。现在在英国甚至连警车都可以接受赞助。但是，足球队服上的赞助商需要得到球队支持者的认可！慈善援助基金会（CAF）有一个网站，可以按类别就地方慈善机构接受赞助事宜为企业或品牌提供建议。联系慈善援助基金会可能会有所帮助，因为他们可以使企业或品牌赞助的目标与特定的慈善机构保持一致。

以个人或近乎个体为受众的信息媒体

直销是买卖双方之间的直接交流。"直销"是通用术语。在直销过程中不使用任何中介媒体。直销可以通过面对面方式，或者不见面通过电话营销。在某种程度上，直销也可以通过感觉和嗅觉来进行——纸张的厚度、压纹和气味可以让我们感受到它的质量——内容通常是以印刷或文本格式来传递。直销最初仅使用网络发帖形式，但现在则通过包括互联网（电子邮件）、电话营销、移动营销（短信、多媒体简讯以及社交媒体）在内的形式进行。直销是针对个人的，尽管并不总是按人名依次进行。顾客有权选择读取或激活信息。直销的目的是让消费者通过邮购或索要产品目录，要求商家进行产品示范或说服消费者亲自参观实体店（例如，商店、饭店或个人服务场所——水疗中心或美发店）或以某种方式参与商家活动。

直邮是直销的一种原始形式，指的是商家直接向消费者个人寄信，向其推介促销优惠条件。如今，软件程序的出现使商家可以根据消费者个人数据对信件内容进行定制。通常还可以将产品小样附赠在直接邮寄给顾客的信函中，这种方式既可以同促销手段一起使用，也可以单独使用。直邮应该简单明了，并且具有说服力，内容也要合适，能让收件人感受到直观的好处。消费者对直邮的反馈会因邮件及其所传递的内容的吸引力和创造力而异。此外，邮费是由英国中央邮件服务部门、英国市场研究局、皇家邮政等组织规定并公布。90%的人表示会拆开直邮信函，70%的人喜欢收到代金券或优惠条件。2011年，英国1/3的人口对直邮进行了回复。结果表明，有620万人上网购物，有730万人去了实体店购物。人们对直邮的回复率为3.42%。2010年通过直邮从产品目录中订购的人数为1770万人。

门到门寄送（Door-to-door delivery，D2D）是指信息（通常仍以信件或传单形式）传递到指定的住宅地址，只按每户收货地址寄送，而并非按每个住户的姓名寄送。该服务由邮政服务或其他提供门对门运输的组织提供，例如当地报纸或提供房屋服务的专业公司。与直邮一样，门到门寄送服务如果能加入产品小样和促销活动，就更能让消费者对这些未指定收件人的信函产生兴趣。

简报6.2　上门推销。 直销协会的研究表明，96%的消费者了解上门推销，72%的消费者因为对推销中赠予的"金额立减"优惠券感兴趣而购买产品，80%的消费者对超市的优惠条件采取了购买行动。美国的研究表明，有84%的人认为促销可以提高品牌知名度，其中69%的人认为正是因为开展了促销活动，品牌知名度才得以提升；还有44%的人认为促销活动使其对电视广告产生了积极态度。现在，我们对营销量化和衡量营销活动成功与否的需求无时不在。自2009年以来，英国促销学院获奖案例也逐渐证明，促销对营销成功至关重要。促销涉及艰苦努力和细致工作。其核心是建立长期的、可盈利的客户关系。良好的促销并不意味着企业应放弃思考建立与客户的深厚关系。相反，二者共生共赢。

内置信息。 一般被包含在杂志或报纸中，一同寄送到户，但有时内置信息也出现在实体店售卖的杂志或报纸中（如超级市场、报亭）。它们类似于传单和散发材料，但传递机制不同，这取决于消费者是否注意到相关信息并采取行动。内置信息也可以粘贴到广告或封面上，这种被称为"小提示"。

电话营销或电话销售。 电话营销是呼叫服务中心的延伸活动。经验表明，只要优惠条件既相关又有益，电话营销对B2B的营销模式就会更有效。如果在进行电话销售前先寄送一封信函给顾客，效果会更好。电话销售是与现有顾客联系的一种方式。呼叫服务中心可用于获取有关被呼叫消费者的个人数据。电话销售也存在业务守则，而消费者通常不喜欢接到"陌生来电"。电话营销已在英国广泛用于支付保护保险索赔（PPI）范畴。同时，当能源公司和电信公司正在寻找新的供应商或服务提供商的住户时，也会采用电话营销的方式。

传单 / 散发材料。 这些材料通常被留在人们可以阅读信息的地方，内容一般是有关假日和旅游地点的信息，消费者可在旅游信息中心、酒店和提供早餐的家庭旅馆的前厅找到；或者是在街上人流量大的地方分发给路人的传单，通常会宣传诸如商店或饭店开业之类的活动。英国市政委员会会关心这些传单可能被乱扔乱丢，造成地面垃圾，因而制定了有关传单分发时间和地点等严格规定，而营销人员就需要提前查阅相关法规并获得市政委员会许可。当然，这也适用于车站大厅。举标语的人可以临时负责在销售点附近进行市场营销传播活动。

网站或社交媒体。 这将在本书第 7 章中详细介绍。

实施环节：品牌经理 / 零售商如何使用媒体进行营销

如果您只是想让顾客了解品牌或产品，或者让他们在潜意识中建立品牌形象，那么不包含促销优惠条件的非参与式促销足以解决问题，您只需要利用本章介绍的任一媒体即可。

但笔者认为，应始终同时采用促销优惠条件，这确实需要营销人员付出努力（详见第 9 章），并且要付出一定的代价。市场调研表明，电视广告与促销优惠条件并用，所获得的消费者回复率，比单一使用电视广告宣传收到的回复率高出 2~7 倍。这一结论也适用于所有其他媒体。想一想电影院里有多少人抢在电影正片开始前购买可乐或爆米花，他们仅仅是为了抽奖赢免费饮料或者参加买一送一活动，而并非只想受邀参观影院大厅。

> **简报 6.3　如何选择媒体。** 互联网数据咨询公司已编写出《2015 年营销自动化 A 类买家指南》，为企业营销应使用哪种媒体提供了建议，该指南同时描述了哪些公司从事的是分析工作。
>
> **简报 6.4　爱顾商城的全新数字化"实体店"网点。** 爱顾商城已将

纸质产品选购目录替换为平板电脑。店内电子墙上都是数字化的促销信息，同时在新闻、天气和本地消息旁边显示促销信息。工作人员还配备了平板电脑，用于及时向消费者展示店内产品以及与竞争对手产品比较。借助库存系统，能够快速查明哪些产品在实体店缺货、哪些在网上有货，进而及时处理店内和网上的订单，提升配送时效。现在，爱顾商城销售额约有 50% 来自在线销售，但仍有 80% 的客户至少会访问 842 家实体店中的某一家店来取货。

简报 6.5　福特嘉年华。在某个电视广告中，一位年轻女子正在开车，并利用新的车内通话短信功能，年轻的男乘客对其表达了愚蠢的看法，然后向车里女士道歉，寻求原谅。年轻女子明白了意思并对他微笑，广告到此为止。在这个广告中，福特嘉年华的名字只出现了一次，在那位女子所发的短信中。显然，这是为了重点展示福特嘉年华这款车型的良好形象，以便消费者能够清楚地将这一形象印刻在脑海中。

简报 6.6　盖特维克机场。在伦敦地铁维多利亚线段，地铁车厢内贴有一些主张为盖特维克机场增加一条机场跑道的声明，但没有任何"号召行动"的标识。

案例研究

案例研究 27：百利雷诺品牌传播集团（Bray Leino）为法国炊具和家电制造商特福公司（Tefal）限定推出的"早餐艺术"活动

对于许多消费者来说，他们会倾向于在网上购买水壶和烤面包机之类的小家电，这样的购物方式相对来说较为孤立，不涉及顾客与品牌的互动。特福公司希望一口气打入早餐用品市场，并以其时尚的"家庭早餐"产品系列带来震撼，其产品的优势在于具有竞争力的价格，而不是尖端的技术。

"早餐艺术"的活动理念是，即使是一小块吐司，只要搭配合适的厨房用具，都可以成为一种艺术形式。为展现这一理念，食品艺术家福莱西·希瑟（Fresh Heather）制作了一系列艺术杰作——吐司之外的艺术形式，这一系列作品在早上高峰时间在位于伦敦市中心的一家快闪餐厅亮相，作品展览之余还为人们提供免费吐司。

在活动期间，特福公司的销售量增长了556%，同时其网站转化率和访问数量激增。在最初的活动中，特福产品就很快售尽。特福公司现今仍在其网站和营销宣传中沿用"早餐艺术"理念和创意。该活动获得了2017年英国促销学院金奖。

案例研究28：伦敦森斯营销公司（Sense London）针对《经济学人》开展的"令人不适的未来"活动

《经济学人》不仅与传统报纸杂志、新闻媒体竞争，还在和众多现代社会流行的媒体、社交平台竞争。为了确保订阅人群的未来增长，《经济学人》必须找到一种吸引新读者的方法。他们需要克服的问题是人们的误解——很多人认为《经济学人》只会刊发无趣的金融类文章。所以，这项活动必须能使人们改变对《经济学人》的陈旧观念，重新审视这本杂志的内容。

为了鼓励新读者注册，《经济学人》免费制作了一期杂志，其中包含了"12英镑包12期杂志"的新读者优惠条件。不幸的是，很多人在12周优惠结束后就不再续订杂志。这对于《经济学人》来说，面临的挑战不仅是增加订阅量，还在于寻找那些想要与杂志建立长期合作关系的读者。活动的宣传必须兼顾质量与数量。森斯并没有试图抹去《经济学人》作为深奥且具有挑战性的杂志这一特点，而是有针对性地开展了一场宣传运动，并以此为主要卖点。该活动最初于2014年进行了为期一天的试水，结果反响很好，因而展开了正式活动，横跨四大洲、长达600多天。每年《经济学人》都会刊发一个"令人不适的未来"的故事，比如富含昆虫的冰激凌和可丽饼，可为人体补充蛋白质；表面上用回收的便携式马桶水制成的咖啡。这些故事是故意创作出来让人们感到不适的，但很多人恰恰被这种猎奇内容所吸引。自推出以来，"令人不适的未来"广告系列已成功使《经济学人》达到了目标订阅人数，总共带来了3万多个新读者。更重要的是，最近两年半的读者保留率达到了60%（目标是25%），各种刺激措施都增强了《经济学人》的品牌知名度。如今，其目标受众普遍认为该杂志的文章是有趣的。该活动还吸引了众多媒体报道，间接强化了杂志的营销传播，目前杂志已出口到其他国家或地区，如美国。该活动成为英国促销学院大奖赛2017年获奖案例。

案例研究29：联合利华有限公司旗下企业和路雪的冰激凌品牌可爱多（Cornetto）"超越屏幕本身"活动

可爱多冰激凌瞄准了16～24岁想法难以捉摸的年轻人市场——"千禧世代"，这一群体喜欢娱乐、参与感以及惊喜。该广告系列以可爱多冰激凌的"贪心"浪漫短片广告系列为基础。可爱多最新的《双面》电影讲述了年轻人的爱情故事，其首映式采用了突破性的技术令观众"身临其境"，并采用了双耳声音技术和独特视角的摄影，使消费者可以切换视角。可爱多邀请观众通过电影院的屏幕进入图书馆。然后，电影的实际演员带领他们进行了现场直播以及精心编排的歌舞表演。品牌形象大使还为观众提供了个性化的可爱多冰激凌样品，鼓励他们与朋友们"分享"，并在"#和路雪电影院"的推特话题中发推文畅谈体验。这次活动吸引了超过85万人来体验，推特上"#和路雪电影院"和"#双面"的话题标签也获得了6305727个点赞、关注与分享。

总结

结合多种媒体的宣传方式在一定程度上会影响实际宣传效果。关于顾客脑中"消费印迹"的相关研究表明，结合本章所述的多种媒体进行宣传是有效的。这既包括非参与性媒体，也包括针对个人的媒体。但真正想要激发顾客购买产品，仍然需要采用促销（其有效性在第 9 章中有介绍），并将其应用于所有媒体。

如果您在广告、媒体或户外等较软性的主要媒介上叠加硬性促销内容，则更有可能获得有利于硬性业务的宣传效果。因此，如果您的目标是营利，那么只需按照本章所述内容进行媒体宣传即可。值得注意的是，媒体还包括您一般不会考虑的元素，例如买点，它通常也作为营销预算的一部分。

但是，如果您要寻求提升品牌声誉，就需要先通过消费者潜意识中的记忆"挂钩"来构建品牌形象，再选择其他合作伙伴，例如公关。

自学问题

1. 促销或品牌推广视频必须在哪些平台上运行？

2. 消费者寻求的首选传播方式是什么？零售商应每隔多长时间进行此类营销传播？

3. 试想一下，下列环境应如何采用 AR 技术？

● 购物中心

● 家具店

● 纸质杂志

第 7 章

由消费者拉动的促销

对于营销人员而言，如今社会上出现了一种新现象，即消费者可以随意访问大量在线信息源，全天候发送和接收信息。这意味着营销人员不再只是通过呼叫服务中心来回应消费者咨询。营销人员还必须接受这样一个事实：技术的变革令人难以置信（因此，要让专业人做专业事），但这就是现实，这就是如今人们交流的方式。不过，值得庆幸的是，虽然交流方式改变，但对营销信息和促销活动的需求至少同以往是一样的，甚至会要求更多。因此，当消费者搜索相关信息、对产品或服务进行评论或表达认可时，企业和营销人员应给予支持和帮助（这种双向沟通模式是不同于以往的）。除此之外，还要更进一步：要通过内容提供解决方案，并将其指向您的网站，鼓励消费者通过促销活动进行分享，当您的团队做出回复时，要奖励那些提出问题的消费者，对那些在回复中提供了个人数据（电子邮件地址或手机号码）的消费者也要这样做。这有利于促销活动取得成功并最终获益。案例 30 很好地说明了此方法的可行性。

案例研究

案例研究 30：由经纬行动策略营销公司（Geometry Global）为宜动（Intersport）投放的广告

捷克体育用品零售商宜动公司希望推出其新的跑步装备系列，但其几乎没有任何媒体预算。其目标是吸引特定的目标受众——业余跑步者（很多人在社交媒体上分享跑步经验），然后把他们吸引到商店。宜动公司有两个主要的竞争对手，但是（包括宜动在内）都没有较大的品牌影响力。

创意：宜动鼓励跑步者使用任何一种可以记录跑步的应用程序，然后按照宜动品牌标志"IS"形状的路线跑步。在社交网站上分享路线的用户将会获得宜动跑步装备的优惠折扣券。他们跑得越多，在店里享受的折扣就越大，进而在社交媒体上炫耀的欲望也就越大。通过按照宜动的"IS"品牌标志形状的路线跑步，消费者可以在不同的数字平台上自豪地宣传该品牌。该活动获得了2016年整合营销传播金奖。

技术

技术界面。本节内容是相关技术的简介，如果您已了解，可以跳过本节。由于技术领域日新月异，本节内容可能在本书出版之前就会过时。本章实际上主要是探讨媒体流（关于如何使用增强实境浏览器 Layar 浏览实时变化的文本、视频以及音频的内容，请参见下文），内容涵盖了不断发展的技术及其在消费者之间的通信应用，因此，品牌经理、供应商和零售商都应该学会如何适应媒体流的营销传播和促销。

可搜索性。如今，当寻求任何有关产品、服务或品牌的信息时，消费者可以通过通信设备找到答案。常用的设备包括手机、平板电脑、笔记本电脑或台式电脑。当然，看电视也是搜索信息的一种方式；还有零售商生成的手机提醒讯息（短信、社交媒体通知或电子邮件），或者是通过扫描印刷品中的二维码（或 AR 技术），或近距离无线通信设备触发的移动信息，这些方式都有可能将消费者引至实体店或下载应用程序。这完全取决于零售商、品牌商或供应商所采用的技术，也取决于消费者（他们拥有的）可用的技术，更取决于消费者是否选择使用该技术。因此，本章的标题设定为：消费者拉动的促销活动。未来消费者将继续从世界上任何地方获取信息和新闻。战略新闻服务公司的马克·安德森为此创造了一个术语——"AORTA"（全天候实时访问）。

相机和全球定位系统。在日本，有一项技术是基于 AR 技术的捉蝴蝶游戏，这款游戏无疑会受到全球消费者的喜爱和使用。消费者用手机上的相机或应用程序扫描零售点（购物中心或大街），手机定位系统将通过相机屏幕上一系列蝴蝶图像做出回应。参与销售的门店在手机屏幕上显示为蝴蝶图案；消费者要么以游戏化的形式抓住它们（记录未来优惠的"蝴蝶点数"），要么点击一个特定的蝴蝶，当该门店进行促销活动时，他们可以进店兑换。这种形式相当于西田集团（Westfield）在怀特城购物中心（White City mall）分店开业时提供的购物券（优惠仍然有效；请参见网站或当地媒体的纸质广告，比如《标准晚报》），唯一不同的是捉蝴蝶游戏提供的优惠条件可以精准针对特定的消费者，而非整个消费群体。除此之外，还有其他创新形式："SoLoMo"（社交 + 本地 + 移动）是一种新兴技术服务，即通过用户的手机定位系统确认其位置，然后确定该用户到提供优惠活动的商店之间的距离。该技术服务可作为营销辅助形式，向营销人员提供广泛反馈，例如零售区域。

技术销售辅助。销售内衣的黛安芬公司（Triumph）在英国高档百货公司塞尔福里奇（Selfridges）的一次发布会上使用了人体扫描仪，当有体形在屏幕上移动时，消费者就能看到自己穿内衣的样子。该活动吸引了大量消费者的眼球，不仅推特上出现了 10 万多条相关推文，黛安芬的产品销量也随之增加。"自拍"风靡一时；不化妆的女性凭借自拍为慈善机构筹集到了大量捐款（但慈善机构不参与筹款活动）；男士也纷纷化妆自拍。由此看来，邀请消费者参与这样的促销活动的确是提高品牌参与度的不二法宝。

简报 7.1 关于电视和手机的使用现状是怎样的？

与电视相关的事实

"如今的消费者一边看电视，一边上网，一边查看新的电子邮件——尽管有 64% 的 55 岁以上的人表示他们从未有过这种习惯。"

——Trust PMS 机构

"普通家庭中通常拥有 10 种不同的设备，其中近 6 种（约 57%）能够连接互联网。家庭成员可以通过这些设备连接并使用第二屏幕，3/4（约 73%）的受访者表示，他们在看电视时会使用智能手机、平板电脑或笔记本电脑。"

——《互联网零售业》杂志

与手机相关的事实

"英国的家庭正在使用即时通信和视频通话在家里互相交谈。"

——微软广告研究

"近 1/3（约 30%）的受访者表示，他们会使用平板电脑和智能手机等设备，让其他家庭成员知道晚餐什么时候准备好（而不是在楼梯上大声喊叫），或者在做作业时寻求帮助。"

——数字化指导与策略顾问机构 Sparkler

"2013 年上半年，英国手机广告支出增长至 4.292 亿英镑，与上一年同期相比增长了 127%。"

——互联网广告收入报告

2012 年，英国 36% 的广告支出用于数字广告。这比 2007 年的 19% 有所上升。

——2013 年英国通信管理局（OFCOM）所做的《国际通信市场报告》

大约 27% 的在线销售额（价值 30 亿英镑）都来自人们使用移动设备购物。在这些通过移动设备达成的销售额中，82% 来自平板电脑，这个数字比去年同期增长了 131%。同时，通过智能手机达成的销量额增长了 186%。

——《互联网零售业》杂志

"据估计，美国移动零售销售额从 2013 年的 120 亿美元增长到 2016 年的 270 亿美元，仅在 36 个月内就增加了 150 亿美元。"

——福里斯特研究和咨询公司（Forrester Research）

英国的智能手机使用率已从 2013 年的 62% 上升到 2014 年的 68%。

——互联网数据咨询公司

"人们观看在线视频内容已经变得越来越流行，从 2013 年的 61% 上升到 2014 年的 66%。"

——互联网数据咨询公司

"2012 年 12 月，通过移动设备产生的支出是使用移动设备支出的 2 倍。该数字超过了英国互动媒体零售集团（IMRG）去年 1 月 12% 的增长预期。"

——《互联网零售业》杂志

未核实来源的信息

"事实上，手拿智能手机走过商店过道的人，其购买可能性要高出 14%。"

彩信的参与度是短信的 3 倍。

在美国，联邦紧急事务管理局（FEMA）提供了"短信庇护所"，一旦用户输入邮政编码，便可以将其引导到最近的飓风和地震庇护所。

社交媒体

社交媒体是一种直接向品牌提供反馈或投诉的手段。

"访问社交网络也越来越受欢迎（2014 年 72% 的杂志受访者表示赞同，而 2013 年仅为 64%）。"

——《互联网零售业》杂志

社交和移动技术的融合为餐饮业制作广告提供了完美工具，因为二者结合可以创作出趣味横生的视频，为餐饮广告锦上添花。

互联网、网站和电子邮件

现今，平板电脑比智能手机占据更多的网络访问量，因此可以得出结论：尽管智能手机更为普遍，但平板电脑提供了更为便捷的浏览体验。

"从更广泛的角度来看，2014 年，83% 的英国在线消费者每天都使用互联网，64% 的人每天使用几次。而 2013 年，这一比例分别为 75% 和 57%。"

——《互联网零售业》杂志

"30 秒或更短时间是指消费者花在阅读或收听在线营销传播上的平均时间。"

——企业广告软件商 Responsys 得出的报告

"2014 年英国在互联网上进行购买的在线消费者占到 77%，比 2013 年（72%）更多。"

——《互联网零售业》杂志

"2013 年上半年，在线广告商 6 个月的支出达到创纪录的 30.4 亿英镑，比 2012 年同期增长 4.35 亿英镑，增长 17.5%。"——互联网数字广告支出（IAB Digital Adspend）报告——该报告显示，增长的主要原因是快速发展的消费品行业对在线和移动广告的大量使用。

最新数据显示，2013 年，英国消费者在网上消费了 910 亿英镑。互联网零售市场全年增长了 16%。英国互动媒体零售集团预测 2014 年将增长 17%，并预计全年将在网上花费 1070 亿英镑。

——英国互动媒体零售集团凯捷电子零售 12 月销售指数
（IMRG-Capgemini eRetail Sales Index for December）

"据估计，目前21%的零售额都是在网上进行的。"

——电子商务贸易协会（etailing trade association）

"'线上购物＋线下提货'的订单增长了61.8%，从个人电脑到移动设备的流量转移占到约翰－路易斯公司官网流量的一半以上。"

——英国高级百货公司约翰－路易斯

"2013—2017年，互联网广告支出几乎翻了一番，在过去5年中增长了56.5%。"

——英国营销信息出版公司 Key Note 的预测报告

"消费者花费最多的时间与营销信息互动的渠道是电子邮件，50%的消费者平均花5～30秒的时间接收营销电子邮件。这表明，电子邮件的低调、选择性特点依然占据主导地位。"

——Trust PMS 机构

"通常（49%）的用户每天都会收到他们自主订阅品牌的2～10封电子邮件，几乎1/5（19%）的消费者每天会收到11封或更多的营销电子邮件，只有8%的消费者每天都在阅读他们收到的所有营销电子邮件，而43%的消费者阅读的电子邮件不到他们收到的一半。"

——Trust PMS 机构

"消费者最有可能在工作日的下午5点至晚上11点之间（23%）查看或阅读品牌的营销内容，其中32%的消费者喜欢脸书上的品牌，而只有12%的消费者声称在推特上关注了某些品牌官方账号。"

——Trust PMS 机构

"1/3（33%）的消费者希望品牌能在他们注册或订阅其网站或服务后的一天内与他们联系，给予相关的奖励和折扣。对于消费者来说，这不是一个不切实际的期望，他们深谙营销人员收集数据的事实。他们希望以此为基础，根据其与品牌分享的表现，从品牌那儿获得快速且相关度高的折扣、服务以及产品。"

2013 年，1/3 的英国互联网用户使用平板电脑上网，比上一年的 24% 有所上升。2012 年的数字是 2011 年的 2 倍。

给员工平板电脑有助于解决展示厅现象（showrooming）这一问题，即顾客在实体商店内看完某个商品后却不当场购买，接着却用电话购物、网络购物的方式，用更低的价钱买到该商品的消费行为。

简报 7.2　网站搜索服务针对移动设备进行了优化。互联网数据咨询公司的尤金昂（Eu Gene Ang）于 2017 年 6 月底解释说，搜索引擎结果页（SERP）现在是单独一列，目的在于使得移动设备和台式电脑上能显示相同的内容。这样一来，页面显示的广告数量减少到了 7 个。因此，如今最重要的是优化关键字和广告竞价。但是还有一个额外好处：可以利用更多空间吸引品牌、内部网站链接甚至是评论。对于企业营销人员而言，很重要的是要查看当前谷歌广告服务产品 AdWords 上发布的广告，并阅读谷歌 AdWords 技术支持网站上的附加信息。

简报 7.3　谷歌正在从"信息引擎"向"知识引擎转变"。现在，谷歌不再只是基于关键字显示搜索结果，而是旨在通过其更新的算法来了解每个用户的意图，并在首页上提供最佳答案。用户搜索某个信息，可以得到正常的搜索引擎结果页（位于左侧），但右侧也有一个"知识面板"，其中包含有关该主题的常用信息。营销人员应该重新审视关键词策略（称为搜索引擎优化），并确保他们没有擅自优化那些谷歌已经完善过的关键字词。此外，非移动优化词索引的更新频率不如移动优化索引更新的频率，因此应优先考虑后者。谷歌基于人工智能的一项新的搜索功能是人工智能算法 RankBrain，该功能优先考虑新鲜、引人入胜和具有深度的内容。

简报 7.4　谷歌多屏网站开发的十大秘诀

1. 确保搜索：确保移动用户可以通过检索轻松访问您的网站；

2. 注重速度：较小的图像和仔细的编码会有所帮助；

3. 关键任务设计：重新评估移动用户的关键任务并为其设计；

4. 明确用户需求：您的主页应该引导用户到达正确位置；

5. 在屏幕之间帮助移动：提供共享和保存内容的方法，以便在其他设备上重新访问；

6. 触控良好：用户从来不需要拖动鼠标指针进行缩放；

7. 简化信息校验环节：使用默认输入、用户数据以及网页错误诊断设计，以生成易于使用的网页表单；

8. 不要依赖鼠标：使用触屏设备的用户根本不会注意到鼠标和鼠标指针；

9. 保持自定义内容和功能：提供系统桌面的内容和功能，要允许用户对其进行自定义设置，但不要设置过多；

10. 即时电话功能：用户只需点击网页上的相应按钮就能打电话联系运营网站的公司或个人。

这种对兼容移动设备网页内容的期望显然超出了实际的网站体验。电子邮件营销公司乐仕码（Litmus）的调查数据显示，48％的电子邮件是通过移动设备被用户读取，但这需要收件箱能兼容不同设备，方便用户在不同的设备之间切换登录。考虑到电子邮件的编码限制，这可能会令人感到棘手。

社交媒体。主要的社交媒体网站有脸书、推特、缤趣图片和照片墙、雅虎网络相册（Flickr）、高清视频播客网站维密欧（Vimeo）、俄罗斯社交网站 VK、即时通信软件 WhatsApp、图片分享软件 Snapchat 以及云端存储服务工具多宝箱（Dropbox）。谷歌照片和油管也是。缤趣提供了可以与供应商和零售商软件包集成的应用程序，可以顺利地将信息传输到网站。消费者不用从网站购买缤趣软件。根据移动公司的说法，照片墙的使用量可能已经超越了其他软件，因为它可以使品牌最忠实的粉丝相互交流，通过真实的实时内容增强视觉效果，而且这些内容与消费者更相关。照片墙最初并非用于商业用途，而是给其他消费者提供生活方式见解，并且可以链接到品牌网站和脸书。瓦茨艾普已经实现了日常 10 亿用户的里程碑。

了解和区分积极反馈和消极反馈的社会情绪不仅有助于营销人员了解消费者的喜好，还可以让营销人员在随后的信息中吸收和使用消费者的"语言"。社交媒体是独立推荐或其他产品、品牌或服务的可信赖来源。更重要的是，用来发现消费者思维档案和消费印迹的六种媒体之一，可以将其与商标进行对照。社交媒体对消费者的影响是巨大的，营销人员需要以某种方式将消费者引导到产品的社交媒体网站上去。需要一个专门的团队能够随时回复消费者——既能挑选和使用消费者的点赞和推荐内容，又能纠正误解或错误信息。

社交媒体上的意见领袖，可能是名人，但往往是那些拥有大量粉丝的网红，他们每发一篇帖子都可能会影响他人的情绪和判断（想想卡戴珊家族和她们的粉丝）。

简报 7.5 网红效应。英国的营销商们愿意为在脸书上发布帖子的网红支付超过 7.5 万英镑的费用。相比之下，向油管和色拉布上的网红支付费用分别为 6.7 万英镑和 5.3 万英镑（乐天营销和莫拉尔研究公司对 200 名直接从事网红计划的营销人员所做的一项研究）。高端时尚营销人员愿意向脸书上的网红支付最高费用，每篇文章的费用将升至 16 万英镑以上。86％的营销商承认不知如何计算给网红的费用，而 38％的人无法确定网红宣传是否真正能够推动产品销售。尽管如此，仍有 75％的受访者表示，他们的网红支出将在明年增加，并且 35％的受访者预计，其网红支出费用将增长 50％以上。

简报 7.6 意见领袖。名厨擅长提高食材、器皿的销量。健康和美容专家推荐使用抗衰老面霜，他们认为使用博姿的产品是"最好"的。

海外的男性游客抵达英国后，总是受他们爱美的另一半的叮嘱，要采购大量博姿的美容产品。

移动技术的魔力。自适应设计的网站可以检测用户正在使用的设备，并为该设备提供特定网站设计服务。响应式设计是指电子邮件和网站具有响应性，可以根据可用空间进行扩展，收缩和重新排列自身内容。"移动优先"是一种用于设计网站和电子邮件的策略，鼓励首先考虑使用较小的屏幕。它带来的结果是非常精简的设计，其中内容和可访问性优于设计元素繁杂和令人眼花缭乱的设计。在移动收件箱中，以大屏幕查看时，某些移动优先的电子邮件显示超级紧凑、页面非常窄。最后，还有两个注意事项：

● **要积极主动。**要求移动用户注册才能接收消息。这些通常是为了向用户提供优惠条件。当用户接受优惠条件后，企业或营销人员应再提供进一步的优惠条件（实际上是为了吸引顾客回购）以保持用户参与度。企业或营销人员可以通过提供游戏或应用程序来引导用户完成注册。

● **要反应活跃。**无须注册即可回复消费者的疑问。

手机是向消费者发送信息的重要方式，消费者的智能手机和平板电脑一天24小时都在其触手可及的范围内。根据移动营销商的说法，"移动技术已经成为零售业搭建营销传播的关键工具，其极大促进了消费者与商家的快速沟通，使消费者从电话咨询或查询附近门店信息到进店购买一气呵成"。移动营销商还补充说道："（美国）的代理商并没有跟上步伐，需要分配预算，不仅需要移植个人电脑端网络创意，还要分配更多的资源。"卡特琳娜营销机构（Catalina Marketing）建议："通过结合店内位置、顾客的购买历史、购买意图、购买周期和许多其他因素，快速消费品营销人员在消费者做出购买决定之前，实际上有着巨大的能力影响他们。这听起来很酷，但这就是零售业的未来。"但是，对于营销人员而言，很容易陷入发送过多营销信息和骚扰用户的误区，譬如在跨移动设备的多个信息传播平台上传递相同消息给同一个用户。

二维码、AR 技术以及应用程序。这里要介绍这三种有用的技术。

● **二维码**是另一种"跨媒体"的信息传递工具。二维码（快速响应）是一种二维条形码，旨在让用户通过智能手机扫描该码来轻松访问相关信息。二维码在任何可拍照的媒体上都有，印刷品是最常见的形式，包装、海报、杂志和报纸上都有。它也可以在动态媒体上制作——唯一的要求是它能够被智能手机识别。

静态二维码是最常见的类型，用于向公众传播信息。创建者可以跟踪有关扫描代码的次数和所采取的相关操作的信息，以及扫描次数和扫描设备的操作系统。

动态二维码（有时被称为唯一二维码）提供更多的功能。创建者可以随时编辑代码，并且可以针对特定个人进行个性化营销。这样的代码可以跟踪更多特定信息，包括扫描设备的名称、电子邮件地址、用户扫描该代码的次数、网站上的跟踪代码以及转换率。

简报 7.7　二维码例子。在《星期日电讯报》上的广告中，有一则用于售卖花园树木的广告：用户只要扫描其中的二维码，就能跳转到订购树木的网站。网站商品页面中，每棵树图片的下方都有其适合种植地点等的描述。

● **AR 技术**不再只是用于增强广告宣传活动，而是具备更多实用的技术应用意义，可以帮助改善客户体验。用户只需开启手机的照相模式，就能通过AR 技术轻松看到屏幕上的图片及相关信息。

简报7.8　宜家（IKEA）应用程序。宜家增强现实应用程序就是一个例子。用户可以在苹果应用商店和谷歌应用商城中下载该程序，消费者所要做的，就是将商品目录放置在家里的任何地方激活应用程序，他们就可以在虚拟环境中看到宜家轻便书架或沙发是否适应实时场景。宜家指出，该应用程序"解决了14％的顾客买错家具尺寸的问题，而70％以上的顾客说他们真的不知道自己的房子有多大"。这对英国消费者特别重要，因为他们的房屋是西欧各国中最小的。该应用程序是由德国 AR 技术公司 Metaio 开发的，该公司还开发了大众和奥迪交互式车主手册应用程序，旨在取代笨重的纸质使用手册，从而节省车主的宝贵空间。该车类应用程序允许用户将其设备连接汽车的任何功能，并且可为任何信息查询提供快速帮助。该车类应用程序可以识别出 300 多个元素，并在三维显示屏上快速导出汽车维修指南。

简报7.9　拉耶公司（Layar）是第一家开发用于手机的增强现实应用程序并实现数字化购物的公司。以美国青少年时尚杂志《17》2013年9月刊为例，人们可以轻松使用移动设备扫描该杂志多达220页以上的内容，并将杂志介绍的任何商品直接添加到虚拟购物车中。拉耶公司还创建了一个应用程序内的情绪表达界面来锁定消费者喜爱的衣服或款式，在消费者扫描某些广告时解锁折扣，以及解锁奖励内容，如视频和播放列表。

简报7.10　扎帕尔公司（Zappar）与玛氏公司（Mars）合作，将 AR 技术应用到儿童年鉴的制作中。这一成功案例为 AR 技术在与消费者互动，以及帮助传统印刷媒体有效融入数字市场方面提供了令人信服的理由。

●**应用程序**是一种可下载的软件，它允许用户在不了解软件工作原理的情况下执行操作。示例包括可用于在超市中显示商品并允许用户下订单的应用程序。人们可以使用应用程序读取二维码。在当今激烈竞争的应用程序市场中，仅仅开发一个优秀的应用程序是不够的，还需要一个可靠的营销计划，以确保可以招募实现营销目标所需的用户。最好的方法是，通过测评和基准测试来验证您的营销策略。像移动营销技术提供商 Fiksu 这样的公司可以提供基准服务，该服务可以对您的应用程序市场进行评估并提供详细的报告，将您的潜在费用与应用类别中的其他费用进行比较后，提供具体的改进建议。

互联网网站和电子邮件

网站和搜索。 如今，搜索引擎对用户的搜索要求反应非常灵敏。现在有足够的专业支持来使网站成为出色的营销和销售站点，但本书无意描述网站的设置。此外，诸如谷歌之类的搜索引擎会把广告显示在搜索结果旁边以及网页上，按用户点击量收取广告费用。顺便说一句，海绵营销分析机构（Sponge）的研究发现，英国 78% 的零售商在店内不会向消费者提供免费的无线网络。确实有 50% 的商店正在收集有价值的信息，并从与消费者互动中受益，同时为消费者提供了一些有价值的东西。调查发现，消费者最佳体验来自约翰 - 路易斯百货商店和新西兰威尔豪斯零售店（Warehouse）；此外，英国德本汉姆百货商场（Debenhams）和英国连锁三明治咖啡品牌普雷特（Pret A Manger）能使顾客获得更多的互动体验。据瑞典数字体验服务和营销机构派瑟尔（EpiServer）介绍，德本汉姆在速度、关键功能和易用性方面满足了消费者的需求。每天有 1/10 的顾客登录德本汉姆商场内餐厅和咖啡馆的免费无线网络，因此那里存在着巨大的消费需求。

激发用户需求是关键。当有人选择参与网站互动和搜索信息时，意味着营销人员得到了机会，可以给消费者创造愉悦的客户体验。很多广告商出错的地方是制造了破坏性和不和谐的客户体验，迫使用户离开网站页面。所以，让用户留在页面上非常重要，这样他们就可以随时轻松地返回到原先关注的内容上。

电子商务似乎已经达到了临界点。新的数据显示，移动设备上产生的销售额落后于所有在线销售额的55%。电子商务交易协会（e-retail trade associations）分析发现，通过台式电脑完成的销售额一直在稳步下降，目前所有在线销售额的增长都是通过移动设备实现的。

简报7.11　英国汽车玻璃维修和更换领域的领导者Autoglass®于2010年投资了一个移动优化网站，旨在满足客户更多的需求，从而增加潜在销售对象的数量。总体而言，通过移动设备完成的订单量增长了11%，网站点击量同比增长了53%。

简报7.12　英国宽带和电话服务提供商Plusnet建立了一个网站，采用响应式网页设计，以方便所有设备上的网站页面自动转换，改善用户体验。该公司智能手机和平板电脑的在线业务销售额同比增长了10倍。

电子邮件。访问电子邮件时，也可以在电子邮件旁边放置广告。如果消费者同意，可以通过电子邮件向他们发送市场营销和销售材料的相关信息。这些通常是在用户注册之后再开展。企业不再需要专门工作人员回复电子邮件，而是设置电子邮件自动回复。潜在客户咨询服务和营销自动化公司DemandGen称，这种培育的潜在客户将使企业的销售机会平均增加20%。善于培养潜在客户的公司以33%的成本创造了50%以上的销售机会（来自福里斯特研究和咨询公司的调查）。跨境服务平台GetResponse发现，包含社交共享按钮的电子邮件的点击率提高了158%。Nucleus营销研究公司概述了营销自动化，指出电子邮件可以使销售生产率提高14.5%，使营销费用减少12.5%。

红眼人工智能营销自动化公司（RedEye）的报告称，应该将个性化的电子邮件自动化技术应用于用户注册、账号重新激活、一键恢复先前删除的购物车、网站流量转换、致谢回复、交叉销售以及社交媒体上的"分享"或"点赞"信息。红眼还建议企业的电子邮件发送频率应符合及时性原则，从而有效维持从获取客户、实现潜在客户转换为实际客户到建立长期客户关系的电子邮件沟通周期。销售和促销是另一个需要考虑的因素：电子邮件促销信息是基于客户的收发电子邮件行为的。现有技术可以将自动化扩展到网站方向、发送文本消息并接收来自呼叫服务中心的来电。现在，移动用户越来越多地使用移动设备来检查电子邮件，这使得营销人员必须确保其电子邮件的格式和内容也要进行优化。

> **简报 7.13　比利时德高集团（JCDecaux）希望其企业客户的营销总监知道**，即使在当今这样的时代，户外广告仍然是一种非常有效的媒介。但是，由于各公司营销总监非常忙碌，每天都会收到成千上万封类似的电子邮件，所以他们并不能每收到一封邮件就答应进行业务展示。然而，德高集团在未征得营销总监许可的情况下，将他们的照片、姓名、办公电子邮件地址都公开在他们办公室附近的广告牌上。
>
> 　　这些营销总监的反应完全符合预期：他们对此感到困惑、震惊，甚至还有点恼火，并且想迫切知道德高集团这么做的目的是什么。但德高集团的回复却是一封电子邮件，对因此给他们带来的任何不便表示歉意，并说道："我们只是希望您体验到户外广告的有效性。当您仅从一个广告牌上就获得如此多的回应时，请想象我们的整个关系网可以为您的品牌做些什么！"德高集团还在邮件中邀请各位营销总监报名参加该集团的业务宣讲……很显然，他们已亲身体验到户外广告的有效性。该案例获得了 2016 年整合营销传播金奖。

对营销人员的影响

消费者的反应。消费者对关注的品牌信息越来越挑剔，他们会在短时间内从一个设备切换到另一个设备。营销人员需要通过数字化传播渠道协调个性化的客户体验，为特定时刻提供最相关的服务。大众营销技巧不再奏效。消费者正在寻找与他们的需求高度相关的产品，并希望通过他们喜欢的数字化传播渠道获得快速、可理解的内容。

互联网和移动直销支出。威洛特·金斯顿·史密斯公司（Willott Kingston Smith）和直销协会（DMA）开展的三项年度调查显示，营销商每年很少更改其预算分配。英国采购贸易协会（UK Source Trading）已将其相关调查结果以表格方式呈现（参见表 7-1）。

表 7-1 营销商支出趋势

在线零售媒体的营销预算来源	未来 2 年	未来 5 年
相同预算	53.2%	43.3%
不同预算	21.3%	22.1%
混合预算	20.2%	21.7%
新预算	5.3%	12.9%

资料来源：英国采购贸易协会。

简报 7.14　社交媒体可靠性。一项针对 170 位数字营销和广告专业人士的调查发现，有 72% 的受访者表示，他们现在认为，与传统市场调研采用的焦点小组访谈法相比，社交媒体是更为可靠的公众情感数据来源。当讨论社交媒体作为研究工具时，有 11% 接受调查的品牌和代理商表示，他们认为自己的市场研究"非常彻底"。

简报 7.15　马丁·索雷尔爵士（Sir Martin Sorrell）在接受《哈佛商业评论》采访时评论说，他认为脸书和推特应该用于公关，而非用于广告。他认为两者应该用作品牌传播媒介，帮助企业长期发展品牌。即使有人在脸书上对某一品牌说好话，也可能并不意味着他们会立即购买该品牌的产品！

简报 7.16　**什么样的零售商使用什么样的社交媒体呢？** 互联网数据咨询公司对麦当劳公司社交媒体活动的分析表明，麦当劳并未使用谷歌账号，宜家和沃尔玛也是如此，而英国服装品牌 ASOS 和约翰 - 路易斯百货公司则每天都在谷歌页面上积极更新。麦当劳在缤趣图片分享网站上只有一个账号，但没有开展任何营销宣传，而且由于麦当劳在全球 119 个国家和地区开展业务，每个国家和地区的规则都不尽相同，因此麦当劳在社交媒体上并不是很活跃，麦当劳只是将其雅虎网络相册上的内容复制到缤趣上——其缤趣上只有 2000 名粉丝。相比之下，红牛和沃尔玛在缤趣上非常活跃。麦当劳在一些国家的推特很活跃，但在其他国家并不活跃。它发布了很多内容，但在美国本土的推特官方账号上每天只回复大约 20 条顾客投诉。脸书是麦当劳最活跃的社交媒体，但仅限在英国本地，其英国脸书账号拥有 50 万名粉丝；在全球范围内，每月平均只有大约 5 条帖子。麦当劳的"受欢迎程度"确实很高——可能是因为它是一家跨国企业。如果宣传的目的是要在人们的脑海中留下品牌印象（关于消费印迹，请参阅本书第 3 章），那么在全球各地关于麦当劳的广泛报道就已经证明该企业已达到这一目的。

针对客户或企业的移动营销

对于营销人员来说，通过移动设备进行促销是没有问题的——技术上已经允许这样做。如果不懂相关技术，就去找专业人士。想要让消费者注意到品牌和产品并对营销宣传内容做出回应，关键在于要真正让营销策划充满创意，并借助增值促销或降价促销的手段使消费者产生兴趣。然后，在后续活动中，都应再次使用创意营销策略激发消费者的持续性消费欲望，并辅以促销手段。案例 31 就是一个关于创意移动营销的成功实例。

案例研究 31：加拉科尔洛博彩娱乐集团（Gala Coral Group）主办的切尔滕纳姆节（CheltenHAM）迷你猪赛跑活动

新一代的在线和移动用户通常拥有至少两个博彩公司的账户，并保持着一定的活跃度。其中，科尔洛集团的社交媒体社群拥有较高的"活跃"客户比例。科尔洛集团策划的迷你猪赛跑活动的关键目的是：要带动有意义的社交媒体话题讨论，让顾客在下注时能将科尔洛集团作为"首要考虑"。其营销宣传的重点在于使消费者"切断"与其他同类博彩公司的联系，因为这些竞争对手也会参加英国一年一度的赛马活动"切尔滕纳姆节"。科尔洛集团希望人们只关注自己，并通过集团投注官网在手机上下注。

人们将迷你猪赛跑影片编辑成或长或短的视频，并分享到推特旗下的短视频社交媒体 Vine 上，内容包括安装在猪身上的摄像头（号称"小猪视角"）拍摄的视频以及关于比赛诙谐幽默的解说。这些视频很快充斥于科尔洛集团的官方社交主页上，比如即时电报、Vine 以及脸书，并配有"＃切尔滕纳姆"的话题标签，此外还包含相关帖子和照片。推特上的营销推广帖子极大提高了科尔洛社交主页上的点击率。该集团还通过促销活动进一步增强了宣传效果，该活动号召人们预测参赛的哪只猪会获胜，猜对的人将得到免费投注的机会。此广告系列中的号召性用语就是内容本身。观众是社交媒体上多产的分享者和评论员，他们积极寻找最有趣的片段、动图、语录和照片来分享以提高自己社交账号的受欢迎度。

科尔洛集团通过以上活动赢得了 28％ 的品牌声量份额，其次是必发博彩交易公司（Betfair）占 16％。切尔滕纳姆节期间，该活动使科尔洛官方网站的访问量增加了 478％，与前 4 个月的平均水平相比，移动设备上的下注量增加了 95％，总下注量同比增长了 62％（2014 年下注量为 65 万，2015 年下注量为 105 万）。由此可见，一个有趣的创意不仅可以娱乐大众，还可以激发消费者的想象力。在这家博彩公司一年中最繁忙的时候，它不仅表现出了巨大的影响力，还带来了实实在在的、可观的业务和品牌影响，而且活动预算较少，可谓事半功倍。这项营销活动获得了 2016 年英国促销学院最高奖。

营销人员面临的挑战是，由于移动设备是一种个人媒介，因此用户对消息的相关性和附加值有很高的期望。如今，营销渠道变得十分重要。互联网数据咨询公司的调查数据显示，46% 的消费者在实体店购物前会先通过智能手机对产品情况"做功课"，因此，62% 的公司认为了解移动用户如何研究和购买产品是非常重要的。

营销人员可以通过多种方法来解决这些问题，包括日益复杂的用户分析、提供客户背景以及广告中使用的传统方法。例如 A/B 测试，即为同一个目标制订 A 和 B 两个方案，让一部分用户使用 A 方案，另一部分用户使用 B 方案，再记录下用户的使用情况，看哪个方案更符合设计。与其他所有的直接营销策略一样，测试和学习是关键。营销人员面临的挑战之一是，如何使传播渠道与移动终端上的用户体验保持一致。营销人员需要将手机视为交互式的。1965—1980 年出生的一代人与千禧世代都是沉迷于快速和即时满足的群体，与他们联系的最快方式是短信——他们发送信息，就立马可以得到想要的东西。品牌经理和零售商需要确保能为消费者提供多屏功能。

横幅广告有效果吗？ 总体而言，横幅广告无处不在，但往往被忽视。尽管许多移动广告的效果不佳，但关于企业在移动广告投资回报率的研究表明，这些移动广告是为小屏幕打造的，允许用户选择是否激活广告、参与更多互动，因而能达到比标准横幅更好的效果。那么，问题在于，如何投放那些不受民众欢迎但其所含信息又恰恰符合传播媒介要求的广告？只有当读者不把广告当成广告时，广告才会有效。广告必须能被人注意，但又不引人注目，使目标受众在阅读或寻找某些信息时，不会因其中夹带的广告而心烦。要优化此类移动体验，对于营销人员来说存在着独一无二的挑战，其中最主要的挑战是显而易见的：与网络可容纳的巨大信息量相比，用户可以处理消化的信息数量实际上是微不足道的。单凭这点局限性就需要营销人员采用一种新的思维方式。对于出版商和销售商而言，移动通信既有挑战，也有机遇。聪明的人会试图想象未来会发生什么，并进一步去适应，而不是强加自己的意志试图去改变。在理想的情况下，移动广告应该是用户体验的一部分，实则是使用"网络超链接"这种精确形式向大众讲述一个个令人出乎意料的精彩故事。

消费者在潜意识中建立一个品牌和产品的"思维档案"，同时他们自身也充当起信息传递的一环，在购买产品前会通过社交媒体或口头交流向其他人寻求建议，这意味着品牌经理、供应商或零售商需要让消费者轻松点击或被引导到社交媒体相关页面。内容的真实性是必不可少的，试图人为影响评论（控评）的行为最终是会被消费者发现的。网站、应用程序或任何其他新技术的设计应该允许消费者浏览和发现产品或服务，而不是仅限于搜索和购买。

简报 7.17　网上时尚购物典范——Dressipi（私人时尚在线定制平台）。 对于时尚，您能提出什么样的个性化购买建议？Dressipi 的使命是"帮助零售商发展并保持相关性，给予客户信心，让他们看起来很棒、自我感觉也很好，消除购物体验中的所有麻烦"，其目的是改变女性购物和穿着的方式，提供一种轻松的体验，每个人都可以免费获得梦寐以求的"个人造型师"——Dressipi 将专有技术与专业造型师团队的知识相结合，使女性能够发现并完美搭配符合其身材、风格和个人喜好的服装、配饰和品牌，以及能够确定个人的时尚风格以及他们的穿衣场合，从而使她们在任何时候、任何场合都看起来很美。然后，在购买时，对于想要找到适合自己风格和尺码的女性，Dressipi 尺码查找器会帮助其确定每种服装品牌和款式的最佳尺码。目前，每天有 350 多万女性使用 Dressipi 服务来帮助自己做出更好的购物和穿衣选择。

案例研究

案例研究 32：联合利华旗下香肠品牌胡椒拉米（Peperami）推出的"世界杯粉丝吉祥物"（Fanimal）促销活动

● **目标**：在 2010 年世界杯足球赛期间增加消费者对胡椒拉米产品的试用量。

● **策略**：与主要目标人群——18 ~ 24 岁的观众建立联系，这群人喜欢酷炫的事物。同时吸引 16 岁以下的观众。

● **解决方案**：提供 1000 个一捏就会发出叫声的橡胶吉祥物，并附有一系列充满讽刺意味的俗语，内容是针对参赛的竞争球队，观众只需发送短信就能参加"赢家在线兑换的 1000 万礼包"的活动。

● **结果**：销量提升几乎是该品牌目标的 4 倍，参加活动的人数则增长了 50%。在竞争激烈的同类市场中，胡椒拉米的品牌渗透率从 13.6% 增加到 14.4%。该活动获得了 2013 年英国促销协会金奖。

总结

营销人员必须保持这样一个观念：技术变革的速度将持续下去。营销机构应雇用 30 岁以下（关于具体年龄段，仍存在争议）的人员，使其能在竞争中保持领先优势。显然，信息传播正在朝着以手机为主导的方向发展。不过，谁知道手机会不会一直占据主导地位？——谷歌眼镜、移动智能手表，甚至是一些穿戴式智能设备，都可能会取代手机。社交媒体提供的内容显然可以吸引下一代人关注并满足其需求，而这使得社交媒体上网友的推荐成为促使消费者购买产品的重要影响因素。这实际上与"消费印迹"、建立消费者的"思维档案"及他们从不同来源接收信息的需求非常吻合。

自学问题

1. 描述您的公司对于以下技术的新用途：

● 近距离无线通信技术

● 二维码

● AR 技术——下载 Blippar 和 Layar 并试用。

2. 为什么手机成为首选的通信渠道？

● 它的技术优势是什么？

● 它在与客户关系方面的优势是什么？

3. 电子邮件和短信的优缺点分别是什么？

第 8 章

体验式促销：与消费者建立积极情感互动

品牌体验、现场营销、面对面销售

荀子说："不闻不若闻之，闻之不若见之；见之不若知之，知之不若行之。学至于行之而止矣。"近几年，一些品牌通过戏剧和创意吸引观众，通过情感和感官的参与获得了观众的认可。这被称为现场品牌体验或体验式营销。尽管这样的现场营销（简称 FM）手段不是什么新鲜事，但实际上它是许多领域融合发展带来的产物。随着越来越多营销机构和公司选择专门从事现场营销或体验式营销方面的研究，这种营销形式也受到人们越来越多的认可。

定义：英国体验式营销委员会指出：体验式营销是一门实时互动的营销学科，可在品牌与其消费者之间建立积极的情感互动。

本章内容介绍的是如何向消费者直接提供营销和促销信息。有关支持供应商的信息，请参阅本书第 5 章。使用供应商的主要好处是他们了解此类促销活动的相关法律（详见第 15 章），例如《2005 年社区与环境净化法案》（*Clean Neighbourhood Environment Act 2005*）。这实际上是在告诫人们：不要随地乱扔广告传单。至于其他增加促销力度的营销传播，会吸引消费者的注意力，增加乐趣和兴奋感。本章第一小节介绍了主动促销活动。随后的商业简报和案例研究将从其他方面提供给读者有关开展促销工作的想法和灵感。

主动促销中的"主动"指的是什么？可以采用哪些辅助手段？

　　现场营销——外包全部销售业务。现场营销有许多子学科，它是传达信息的一种手段，本书特别探讨了这些子学科。英国约有 34 家公司在现场营销领域内开展业务——这是一项每年超过 10 亿英镑的重要业务。关于"现场营销"一词，人们存在着一些误解。严格意义上来讲，它指的是将销售部门外包。艾莉森·威廉姆斯和罗迪·穆林在《现场营销手册》中描述了如何外包现场营销。外包的具体内容包括销售、体验式营销、演示、产品试用、推销、审计，以及雇人装扮成普通顾客去检查商店及品牌服务品质的"神秘店访"环节。如果一家公司的主要目的不是销售，那么为什么不外包它呢？就像现在许多餐饮外包公司一样？而对于现场营销员工，需要他们具备完全专注于投资回报率、严守底线的职业操守。

　　如果不是全部外包，那么现场营销需要提供即时解决方案，为产品发布、品牌体验、管理价格变动、培训员工、事件管理、危机管理（比如针对安全问题的产品召回）等积极开展促销活动，在贸易展或专业展会上设置展位以展示品牌形象。信用卡公司雇用现场营销人员在行人需要支付搭乘英法海底隧道列车的费用时，鼓动他们签约注册公司旗下信用卡服务。诸如美国玛氏食品加工公司、英国电信以及 IBM 等企业则雇用现场营销人员销售其产品和服务。

　　一对一销售：体验式营销、路演、活动、展览。体验式营销、路演和活动的目的是，通过能够反映品牌形象和价值的产品试用、抽样和互动参与活动，以生动有趣的方式提高品牌知名度和客户忠诚度。这是一种将产品或服务置于公众视线中的娱乐方式，可产生积极的认知并推动销售。显然，这会对品牌在消费者脑中形成的"消费印迹"产生影响。这种生动活泼的营销方式，正在成为吸引消费者参与品牌并将其与享受联系起来的关键方法之一。有趣的是，在许多场所，现场营销人员已经使用多年，而且现在他们正积极寻找互动、生动的经营场所。作为令人愉悦体验的一部分，他们希望看到消费者受到款待、感到快乐。

体验式营销是一项非常有创意的活动，它能反映出消费者体验该品牌的效果。无论从概念、视觉、情感还是执行方式上，它在各个方面都具有创造力。显然，必须在活动可能产生的影响与物流和安全方面两者之间找到一个平衡点，而物流和安全方面在活动开始之前必须保证到位。再者，地点永远是能否吸引消费者成功参与的关键因素。

路演是指在确定促销活动后，在全国各地对其进行宣传。例如，当广播电台需要在夏天到不同海滨胜地进行营销推广时，这种形式就是路演。而公开活动则指的是不需要到处移动或变换地点的活动，可能是在购物中心、展览馆、停车场的促销活动，尽管类似活动也可能会在全国多个地点进行宣传，因此路演与公开活动的区别比较模糊。当路演和公开活动能吸引消费者、激发兴趣并让他们参与到品牌和活动中时，这才是真正的体验。

在哪里举行活动？无论是路演还是现场品牌体验，都必须在消费目标人群集中的地方举行，以便有更多积极的体验。例如，在音乐节和摇滚音乐会上举办的活动都是以年轻人为目标对象，在受欢迎的海滨度假胜地举办的活动则是以普通家庭为目标对象，在铁路大堂举办的活动则是以通勤者为目标对象。汽车经销商利用新车发布会为购买了以往车型的现有客户提供试驾服务，比如，将活动安排在赛道上举行以增加其兴奋感。

销售人员与消费者面对面销售。这不仅仅是"接单"，接单指的是一个人只需付款就可以打包带走其所购买的物品的行为。当销售人员与消费者接触时，为了获得消费者对自己的信任和信心，"售卖"便成了销售。受过良好训练的销售人员会判断消费者是否是认真考虑想要购买产品，同时详细评估消费者的消费需求。他们还会判断消费者处于购物过程中的哪一个阶段，以适时调整销售策略。只有当销售人员确认消费者已经准备好购买产品时，才会尝试"成交"。在专门的贸易展览会上，目标客户是买方或其代表，或者业主（如果他们是买方）；对于不同的客户，销售人员则要采取不同的方法。因此，销售人员的首要任务是对参观展位的人员进行分类。销售人员应准备好可以当场采用的促销手段。消费者往往会对销售人员保持警惕，因此，销售人员在使用面对面销售时应准确把握消费者需求，一击即中。

销售：产品试用和演示（室内或室外）。作为现场营销的范畴，产品试用和演示一直是面对面进行的。也就是说，营销人员现场指导顾客完成产品试用或演示过程，记录顾客的反应并做出回应。产品试用很简单，通常只是一个简单的味觉或嗅觉体验；演示则可能是一个更为复杂的练习，要向消费者展示该产品的运作方式。在进行产品试用或演示时，现场营销人员要描述产品或服务及其功能和优势，同时告知和教育听众。现场营销人员可以被视为品牌大使。产品试用和演示的主要区别在于，产品试用让顾客通过五种感官来参与，顾客往往需要亲自动手参与。

产品试用，即允许消费者试用产品或服务。食品饮料、香水、润肤液也属于产品试用类别，如巧克力棒、咖啡、洗发水、报纸等各种产品；而且英国有85%的商业活动来自服务业而非制造业，因此许多服务业将产品试用作为一种有效的体验手段。品牌大使通过给顾客提供或展示样品来介绍产品，解释产品及其创意理论的优点，提供试用以提高品牌知名度。在产品试用过程中，可以传达简短的品牌信息，并在适当的地方附上宣传单。试用活动越是令人难忘、越生动、涉及面越广，消费者对产品的印象就越好，消费者对品牌的亲切感也就越强。通过试用产品，顾客最终不仅可以了解该产品，还可以知道自己是否真正喜欢它。他们对该产品有了一定的了解之后，就有可能转化为未来的购买行为。

企业可以将非卖品分发给潜在的消费者使用，例如洗发水、报纸、印刷材料或软件。零售商应该准备分发两个样品，因为这样看起来很大方；如果第一个样品被顾客扔掉了，或者给了其他朋友，那么还有第二个样品可以使用。样品可以作为测试顾客是否接受和认可品牌商或零售商的一种手段。

演示，是指向消费者展示、解释和演示产品或服务。消费者观察并且有时可以操作演示的产品，例如手机、平板电脑、吸尘器或咖啡机。演示的意义在于让已经试用了产品或参与演示的人对该产品有了了解。因为人们总是在了解产品并对其感到满意的情况下才会谈论和使用它。

售后服务。在销售后的随访调查中可以发现，有关产品或服务的有效反馈，巩固了品牌与顾客之间的关系，加深了顾客对品牌的印象，并且能创造向顾客销售更多相关产品、服务和配件的机会。

推销。如果某个品牌不在货架上或很难被发现，那么顾客就没法购买它，这使得推销成为宣传产品或服务中的关键一环。要确保产品被放在显眼的位置、定价合理以及库存充足，只有这样才能满足顾客需求并促进销售。对于消费者而言，推销也是品牌知名度和购买环境中非常重要的一部分——毕竟，有70%的购买决定是在商店内做出的。推销的效果显而易见。以下方式可以帮助进行推销：

● 在专卖店放置买点吸引或卖点促销以促销产品；

● 在货架上放入足够数量和品种的产品，以及合适的产品表面装饰物，以便顾客可以很容易看到产品；

● 使用货架插卡为产品做广告；

● 设置辅助显示器，例如在过道中的独立式显示器，或在商店中吊架端部的显示器；

● 专门开展促销活动，并为活动安排好所有的传播沟通渠道；

● 与店内员工面对面宣传品牌，检查他们的订购程序，确保系统到位，避免缺货。

推销在销售中的作用。根据产品、位置和环境的不同，促销活动带动的销售量也会不同，但这点仅仅作为指导性原则。将同一产品放在超市货架的多个地方可以使销售量至少增加 25%，而且通常部分特定产品的销量会增加更多。推销可以是一种战术性或战略性的持久活动，定期更换广告和更新卖点，可以确保促销效果和品牌影响力。如果遵循以上内容，您就会明白设计一个周密的推销活动的关键要素及其在销售过程中的价值。

培训对于推销者的作用。然而，现场营销学科的范畴已经扩展，从某种程度上讲它是一门复杂的学科，借鉴了其他学科的部分要素，包括：

● 参观零售店，与零售商建立良好的关系，培训零售商的员工；

● 讨论零售商的品牌库存，品牌形象以及零售商可以从品牌中获得的利润（销售额）；

● 货车和汽车销售：向零售商销售部分产品，要么从销售商的车上，要么通过接受转单（销售）；

● 在零售商的货架上推销产品；

● 进行审计以突出此品牌在该门店中的地位——在入驻和退出时，确定一下访问成果（审计）。

作为战略合作的一部分，在同一家零售商销售持续销售混合型产品，可以加深合作关系，并且可以将更多的品牌或产品品种出售给零售商，从而扩大品牌的影响力。访问过程中包含很多步骤，可以最大限度地提高访问效果，从而有效利用推销者的时间并做出最佳预算。

积极活动的范例

简报 8.1　**戴森产品召回。**戴森召回了约 100 万个暖气机去安装安全罩。想想戴森需要多少额外员工才能做好一系列工作，诸如管理客服呼叫中心、发送包裹、接收退回的产品、修复安全问题、归还暖气机以及宣传此次召回活动？

简报 8.2 "令人难以置信"的百事可乐。2014 年，英国百事可乐公司和软饮生产商碧域（Britvic）为百事可乐"极度"系列开展了为期 3 周的产品试用活动。该活动通过电影院、电视广告、电子显示屏、市中心的创新性增强现实户外广告（鼓励粉丝提交六秒钟令人难以置信的视频）以及数字化传播等方式宣传。百事可乐以"令人难以置信的才华"为名发起了线上活动，人们纷纷上传视频来展现各自的"才华"，伦敦市中心的体验式感官特效展示屏也播放了活动中的精彩视频。该活动极为大胆且引人注目，目的在于鼓励消费者尝试百事可乐"极度"系列饮品。

简报 8.3 汤普森 / 途易数字假日商店（在蓝水购物中心）。该品牌体验活动邀请消费者前来体验大型触屏全球地图墙。消费者可以查看自己去过的地方和可能要去的地方，并选择他们的假期偏好以及所寻求的体验。屏幕上播放着相关旅游设施的视频，让消费者身临其境。如果消费者愿意，假日商店可以将假期计划通过电子邮件发送给他们，以备其日后真正旅行时使用。该活动已经收到一些反馈，假日商店发送了一些关于量身定制假期的顾客的博客（包括顾客的自拍照），这进一步鼓励了新的消费者参与活动。假日商店允许客户将量身定制的小册子带回家，而不是一堆产品目录（节省成本！）。触屏地图墙还模拟了以金黄色鸢尾花为座椅的泳池环境，其员工都是经过精心挑选和培训的，因而使这项活动充满乐趣，令人兴奋和充满爱心。因此，消费者对该品牌的好感度也得到提升。

简报 8.4 新杂志发布会。品牌大使邀请消费者到 6 个不同购物中心的展位上，由训练有素的按摩师为其进行肩足按摩。当消费者享受了愉快放松的按摩后，每人都收到了一份新杂志。很快杂志在消费者中口口相传，这本新杂志在当地的商店里存货充裕，从销售记录来看销售情况确实非常好。

简报 8.5　增加专业机构成员。某专业机构意识到潜在会员市场巨大，因此该机构在一个展览中的展位上配备了一个与观众直接沟通的团队，团队成员询问前来参观的人是否是该机构的会员，如果不是，团队成员就会向其解释入会的优点。最终，这项活动的投资回报评估很高。

简报 8.6　向拥有"饮酒需离店"许可的场所推销时代啤酒（Stella Artois）和田南特啤酒（Tennents）等品牌。一个由 22 名库存人员组成的团队每两个月访问一次分销网点，共拓展了 3200 个新的分销网点，其中设置了 26542 台银行刷卡机供顾客刷卡支付，6 个月共售出了 13951 箱啤酒。该活动目的是发掘以前没有针对相关品牌啤酒进货的分销商，使其意识到这些品牌以及产品质量。即使是那些拥有"饮酒需离店"许可证的销售点，其啤酒销量也从零增长到每周超过 20 箱。

简报 8.7　夏士莲（Sunsilk）产品发布。为了推出夏士莲修容霜，八名女性员工骑着四辆印有品牌标志的小型摩托车（带拖车）到访了 35 个城镇，并在 20 天内分发了 100 万个试用产品。这项宣传活动还包括相关的品牌广告，提高公众对品牌的认知度从而提高品牌认可度。此次活动让许多消费者开始对夏士莲这一品牌产生了印象。

案例研究

为学校提供免费烘焙工具、免费美容样品、为花费 75 英镑及以上的人提供免费礼物、免费饮料（比如一品脱苹果酒或运动饮料）、免费娱乐活动和免费 CD，这些都被用作与主动式媒介（Active media）相匹配的促销活动，正如以下七个案例研究所述。

案例研究 33：海加思创意机构（Haygarth）为索尼公司设计的"每日非凡"活动

该活动旨在让"技术成熟者"（年轻人，尤其是职场男性，精通技术并以拥有最新手机而自豪）尝试新款 XPERIA Z3 手机。对于目标受众而言，一个好的产品演示可以将其品牌好感度提升 250%。但是，由于空间限制，想要在手机商店中开展产品演示并与消费者互动是比较困难的。海加思创意机构给出的解决方案是：给消费者提供 90 天的购物中心之旅，这一活动实际上是为了打造寓教于乐的购物体验。

索尼模拟赛车是一种用于电子游戏的装备，在 XPERIA Z3 手机的配套使用下，消费者能身临其境，感受到赛车的极速刺激。消费者在游戏时，能更好地体验到索尼这款冒险游戏的乐趣：他们在游戏中赛车移动得越快，就越能沉浸到那种声效和 3D 图形无缝结合的特效影像所带来的快感中。

有 1100 万人观看了该活动，索尼公司总共进行了 9 万场产品演示（预期目标为 75000 场），是之前店内演示次数的 60 倍。活动期间，周边商店的销售额增长了 319%，即使在活动结束后的 6 周，销售额也增长了 244%。该活动为索尼总共带来了 430 万英镑的增量销售额，并荣获 2016 年英国促销学院金奖。

案例研究 34：由有何不可营销策划公司（whynot!）为爱氏晨曦乳制品公司（Arla Foods）策划的"为学校提供安客烘焙套件"促销活动

乳制品行业是价格驱动型行业，美国家居厨房品牌安客公司（Anchor）不得不降价以渡过难关。这次促销活动使安客在竞争中脱颖而出，达到了其成为目标群体"生活魔术师"的首选品牌——其目标群体是 25 ~ 45 岁试图平衡工作和家庭的父母。这次促销活动还成功说服了目标群体购买安客产品。

该促销主要是在各个小学开展烘焙实践，并提供免费的安客烘焙工具包，包括围裙、打蛋盆和汤匙。超过6000所学校报名参加（超过原定目标的20%），这些学校都收到了来自安客品牌的欢迎礼包，其中包含了海报、食谱卡片和现金券。活动提供支持服务包括创意包装、店内电子银行刷卡机、杂志广告、6张零售商表单、1个微型站点、每周可以赢得包括迷你烤箱在内的厨房用品的抽奖活动、教师门户网站及合作商家"妈妈网"会员福利。参与活动的学校有机会赢得价值5000英镑的学校厨房改造奖金。

这项活动使安客品牌的销售额增长了17%，销量增长了48%，渗透率增长了39%。该活动总共向英国各地的小学发送了92500套工具包，帮助了至少185000名儿童学习烘焙。活动获得了2016年英国促销学院金奖。

案例研究35: 由海加思为英国娇韵诗集团（Clarins UK）策划的"娇韵诗城市绿洲"活动

在嘈杂激烈的竞争环境中，娇韵诗品牌并不受英国千禧一代女性消费者的欢迎。这些年轻女性消费者尊重娇韵诗品牌的传统，但将其视为与现代生活方式脱节的老年女性奢侈品牌。在竞争激烈的百货公司美容产品区域，人们往往忽略娇韵诗的产品而青睐那些新推出的相关品牌。研究发现，千禧一代女性没有意识到她们选择的生活方式对皮肤有负面影响。

"娇韵诗城市绿洲"系列产品的促销活动通过3D纹理动画将其面孔投射到高清屏幕上，同时用画外音解释了城市生活中的污染、天气和疲劳对皮肤的影响，并将娇韵诗产品主打的温和细腻配方作为解决其皮肤问题的法宝。活动的参观者被允许在3个免费样品中抽取2个；第三个样品必须在附近的一家零售店领取。

活动结束后有42%的消费者立即前往娇韵诗品牌商店，该品牌销量暴增，几乎每分钟就会售出一件产品，其销售额增长了40%。该促销赢得英国促销学院金奖。

案例研究 36：公关公司 Pretty Green 为潘多拉（Pandora）推出的棱镜品牌（Prism）门店发布会

潘多拉凭借其创新的珠宝品牌棱镜在英国实现了惊人增长的成绩。2015 年，它开设或改建了共 88 门店；2016 年，目标是开设或改装 80 家左右门店，并采用一个新的沟通平台，"像您一样独一无二"。潘多拉在门店开业当天举办了一个促销活动，以"棱镜礼品墙"为核心，旨在提高平均销售额：消费满 75 英镑的消费者可以从墙上选择一个棱镜，并获得价值 35～125 英镑的免费礼品。

经过严格培训的人员负责管理每次开业活动，包括活动前的门店联络、着装以及当天的运营。每个门店开业都得到了脸书的大力支持——因为脸书用户可以通过其定位技术分享位于不同地点的门店的开业活动情况。

门店的营销活动以诱人的产品加量展示、礼品促销和服务环境中每个阶段的消费者参与度，为 80 家门店创造了可观的投资回报率，每 1 英镑的营销投资获得了 5 英镑的回报。这也展示了现场营销或体验式营销是如何真正实现回报的。

案例研究 37：由 TRO 公司为三得利有限公司（Suntory Limited）旗下运动饮料葡萄适（Lucozade）推出的"把世界杯带回家"活动

英国运动饮料以葡萄适（Lucozade）最为出色，占有 67％ 的市场份额。动乐（Powerade）是它最强劲的竞争对手。对于 2014 年巴西世界杯，葡萄适实际上没有拿下赞助权，但希望通过以科学为核心的相关品牌活动来吸引那些喜欢出身草根、作风硬派的足球运动员的粉丝群。

该活动目的是提供一个以体验营销为主的整合营销广告宣传，主要包含了位于金丝雀码头的品牌体验活动和位于葡萄适运动饮品"极端环境"体验专区的宣传活动，旨在"赞扬"所有参加的消费者和媒体，并鼓励他们尽可能地谈论和分享活动信息。该活动采用多渠道传播策略，在社交、数字化和传统媒体上有效发挥了宣传作用，该策略既可以使用公关媒体，也可以使用付费媒体。从开业前的活动到开业当日，葡萄适品牌"极端环境"体验专区模拟了一系列极端条件，比如导致人体脱水的极端环境，一个封闭的加热空间（类似巴西城市马瑙斯 32℃气温和 76%湿度下的环境），一个能容纳 3G[1] 五人制球场大小的建筑，还包括登记区、更衣室、科学实验室和媒体中心，模拟环境之真实令人惊叹。通过实时分析，玩家可以看到他们身体中的化学物质在激烈比赛中是如何变化的。近距离通信技术确保所有关键数据与脸书融合，让参与者可以与朋友共享个人信息。该活动收集到的数据显示，球员在体验专区的比赛中流失了 572 升汗水，这实际上模拟了英国足球队在马瑙斯参加世界杯比赛时可能面临的艰苦条件，同时让消费者意识到葡萄适拥有能在同类环境中使人体快速补水的特性。离开体验活动时，每位玩家都会得到一个葡萄适随身杯以及其他产品，以确保他们在回家的路上继续补充水分。由此，葡萄适运动饮料成了这些玩家的首选。

数位足球传奇人物、葡萄适运动品牌大使史蒂文·杰拉德（Steven Gerrard）、阿兰·希勒（Alan Shearer）、约翰·巴恩斯（John Barnes）以及史蒂芬·麦克马纳曼（Steve McManaman）也帮助人们进一步提高了对该促销活动的认识。杰拉德先生在该促销活动前期的宣传视频中出镜，随后该视频被网民疯狂转发。希勒先生是活动发布会当天接受媒体采访的主要发言人，他还与巴恩斯先生、麦克马纳曼先生参加了另一场为众多媒体而设的足球表演赛。

研究表明，三得利有限公司的这项活动激发了世界杯期间人们对葡萄适运动品牌的广泛讨论，与上一年夏天相比，该品牌销售额增长了 12%。这项活动获得了 2015 年整合营销传播金奖。

案例研究 38：Mediator 公司为伯顿集团推出的"戴夫男士专用椅"活动

目标： 以令人难忘的方式向公众展示由英国免费电视频道"戴夫频道"制

---

1 3G 全称为 Third Generation Synthetic Surface，即第三代人造草皮。——译者注

作的新节目片段。

策略：打造关于戴夫频道的品牌体验活动，并在目标受众的非观看时间里展示频道新节目，从而成功吸引受众注意力。

解决方法："戴夫男士专用椅"表达了男性对逛街购物的厌恶，并为英国各地的男性提供了一个休息区，让他们从逛街购物的考验中解脱出来，并享受戴夫频道提供的一些新的、世界级的娱乐节目。这些椅子被安置在伯顿男士服装集团的15家旗舰店中，旁边摆放着一台平板电脑，其中包含戴夫频道的独家节目、赛事转播、智力比赛节目和播客，让男性顾客完全沉浸在戴夫频道的娱乐体验中。

结果：该活动方式为业界首创，在6个月内，戴夫频道的新节目在全国各地的伯顿集团旗舰店内获得了大量关注，频道的视频观看次数达到7万，参与者人数达9万，16～34岁的英国中产及上流社会的男性观看次数增长了33%，每年创造的媒体价值为140万英镑。其应用程序上的节目表现比广告位平均值高出90%。此活动获得2013年英国促销学院商业合作营销奖。

案例研究 39：Mediator 公司为经典 FM 全球广播电台推出的"早餐节目"启动仪式

目标：向新听众介绍经典 FM 全球广播电台的节目片段，宣传其新的早餐时段节目，提醒现有听众收听。

策略：挖掘目标受众生活中古典音乐与环境和活动相辅相成的时刻。

解决方法：Mediator 公司与杜文酒店（Hotel Du Vin）达成了合作伙伴关系，共同宣传著名音乐主持人约翰·苏切特（John Suchet）新开播的"早餐节目"，活动包括在杜文酒店旗下14家分店的早餐时间段宣传新节目。在为期两个月的活动中，早餐时间在餐厅和酒店大堂播放一张专门的混合 CD，并在客人入住期间作为礼物免费分发给他们。房间里的电视也被调到了经典 FM 电台，目的是吸引新入住的客人。经典 FM 电台和杜文酒店都通过各自的客户关系管理沟通策略推动了这项宣传活动的发展。

结果：新节目覆盖群体达到了 180 万人，投资回报率为 6：1。接受调查的所有受访者都表示会把 CD 带回家听，而 97％ 原先非该节目听众的受访者则表示他们现在更有兴趣收听这个新节目。在 Mediator 公司和杜文酒店合作伙伴关系开展期间，2011 年 1—3 月，报名参加有奖竞赛的人数达到 17000 人，比平均水平高 70％，电台听众人数增长 6.6％。（资料来源：Rajar/Ipos-MORI/RSMB）

总结

从营销计划（详见第 3 章）的角度来看，主动促销的需求将会出现。主动促销包括让消费者体验产品或服务、观看产品演示、试用产品小样或额外的销售支持。主动促销也可以被视为一种应急措施，即一种应对危机的计划。请考虑一下如何才能完美地完成主动促销活动，以及您想让谁做什么？——创意是吸引消费者的关键因素（详见第 4 章）。切记也要吸引有远见的消费者，例如关键意见领袖等人（参阅第 2 章中的商业简报），然后基于这些考虑，制订任务安排。第 11 章的通用指导原则可能会有所帮助。接下来，要考虑是否需要供应商（现场营销或者品牌体验机构——详见第 5 章）。此类额外的专业销售服务将帮助您解决人员配备限制问题。这些专业销售人员拥有丰富的从业经验，您可以从中受益。另外，本章案例研究也具体展示了促销活动是如何与赛事、路演和其他体验活动相匹配的。

自学问题

1. 写下您公司可能需要主动促销的原因。您的目标群体是谁？如何主动向他们进行促销？

2. 您会主动在以下哪个地点进行促销活动？

● 车站大厅

● 赛马场

● 花展

● 赛道

● 购物中心

3. 为什么推销对于促销来说很重要？

第9章

好的促销可以在任何场景下
增添趣味

促销的关键在于，它在营销推广组合中的每个部分都可有效，并且可以用于优惠组合中的每个部分。如果用得好，它可以为营销沟通中 6C 优惠组合的任何部分增添趣味。

营销推广组合中的促销

促销是如何与其他营销推广方式搭配的？营销推广组合描述了可用的六种营销传播备选方案。要记住，所有的营销传播都要建立在消费者大脑中"思维档案"的基础上（参见第 3 章）。如今越来越多的营销人员和机构意识到，要将品牌形象根植于消费者的潜意识中，这点是非常重要的。因为消费者可以据此形成对品牌和产品的"消费印迹"，一旦看到或感受到任何与品牌相关的信息，他们就会立马在脑海中回想起品牌的全貌。品牌形象蓝图实际上是品牌总监希望看到的消费者大脑中对品牌的理想印象。下面让我们简单回顾一下相关内容。

1. 让消费者知晓品牌

a. **广告**：在广播、平面媒体或新媒体（网站、互动电视和手机）购买版面或时间段，此外还有其他付费传播方式，如宣传材料可以以视频或音频的形式呈现给消费者，目的是告知、教化消费者，并在其脑中建立思维档案。促销活动会额外增加刺激感和乐趣，也可以作为消费者接受网站或社交媒体营销宣传的反馈。

b. **公关可作为广告的补充或替代方案**：由第三方提供的有关您的产品或服务的信息和意见。如果您可以得到第三方支持和"背书"，这对消费者来说是非常有说服力的。企业开展公关需要支付一定代理费用，以引起公众注意。促销加公关的推广组合效果令人难忘。

c. **直销**：向现有顾客或潜在顾客进行销售。顾客通过填写优惠券、收集贴纸、联系呼叫中心、发电子邮件、使用新媒体（互动电视、短信和电子邮件在内的移动广告）等方式购买，都属于直销。促销本身就是用行动号召式活动——请记住55%的优惠券促销都会获得消费者回应！

2. 消费者使用社交媒体和浏览网站

a. **社交媒体**是"免费的"，但它是以消费者为主的宣传手段。品牌经理 / 零售商 / 供应商 / 企业可以通过社交媒体发布那些能让消费者印象深刻的品牌宣传帖，激发其消费欲望，或是回复消费者的诉求。促销可以刺激社交媒体活动，例如，消费者可以分享优惠券给他人。

b. **网站**。消费者访问品牌或企业网站时，能够浏览、学习、调查产品和服务的相关信息，企业可以通过网站进一步说服消费者进行购买或完成退货流程。企业还可以通过促销手段奖励和激励消费者再次购买产品。

3. 体验式营销

面对面的个人销售是指向顾客、潜在顾客或中间商进行产品或服务的展示；通过商店、展览会、演示会进行，允许消费者试驾汽车、试用产品和服务，或在客户场所进行个人销售和推销。促销活动可以增强客户体验，改善消费者对品牌的认识，所有这些都能增强他们决定购买产品的信念。

4. 本地媒体

放置在商店入口处的标牌、本地广告，以及本地报纸等营销材料都会令本地顾客对品牌和产品印象深刻。如今，移动技术可以使本地知名品牌利用 GPS 定位搜索附近的消费者，企业可以通过移动设备向他们发送营销信息，目的是实现更多的品牌声量份额。企业还可以通过提供给消费者免费参观其营业场所的机会，增强促销的效果。

5. 销售点／卖点（在零售区域使用促销时，称为销售推广）

a. 卖点材料。货架、天花板、周围环境、特殊的架子或箱子、陈列柜等都可用于产品周边促销，这些形式也可用于美发、美甲、按摩等服务行业，以说服消费者决定购买。

b. 包装。产品包装或商标等作为强化消费者对品牌印象手段，必须具有独特性且易于识别。促销也很容易添加到产品包装中。

6. 促销（市场营销工具中的"工具6"）

促销增添了乐趣，使产品、服务和品牌区分开来。适用于上述任何一种情况。

营销推广组合在许多方面都很有帮助。它大致定义了每种手段能够为组合本身起到什么作用，并帮助企业确定哪种手段在实现特定营销目标方面最有用。

比较不同类型媒体的效果可能会对您有所帮助，表 6-1 和表 6-2 应该至少可以给您带来一些思路。当然，移动营销的效果取决于顾客是否接受。表 6-1 显示，电影广告最能引起人们的注意，也最受年轻人的喜爱，但这种影响并不持久；互联网和移动营销目前领先于其他媒体，这反映了当前现实情况。表 6-2 或许说明了体验式营销为什么做得这么好。这两个表格（如果没有其他说明）旨在让您考虑受众群体以及计划的促销在不同媒体上的效果。至于促销效果如何，表 6-3 阐释了添加促销时的区别。促销到底能够为企业或品牌起到什么作用?

12 个核心促销目标

促销通常能达到 12 个目标:

1. 增加销量;

2. 增加试用量;

3. 提高重复购买率;

4. 提高顾客忠诚度;

5. 扩大使用范围;

6. 制造产品兴趣;

7. 打造 / 提高品牌知名度;

8. 转移对价格的关注;

9. 获得中间商的支持;

10. 对顾客价格歧视;

11. 在操作客户账户失误后, 恢复品牌形象, 并转移顾客对投诉的关注;

12. 挽救因服务不佳而受损的品牌形象。

在以下各段中将更深入地介绍这些内容。

1. 增加销量

从长远来看, 产品或服务销量取决于一系列基本的营销因素, 用顾客的话说, 就是优惠组合。以增加销量为目的的促销活动永远无法克服深层次的产品缺陷, 但在满足短期销售和战术性的业务需求方面却有很大的价值。公司在短期内需要增加销量的原因有很多: 在推出新产品之前, 加快周转旧款产品的库存；在财政年度结束之前，减少库存；在竞争对手推出产品之前，增加零售商的库存量；以及将产量提升到一个更高水平。以增加销量为目的的促销活动总会吸引来边际买家，即那些只有在产品或服务优惠时才会购买的买家。许多公司认为这些边际买家是"墙头草"，不是产品的忠实用户。但事实上，人们对某一产品类别购买次数越多，越有可能尝试不同品牌。因此，在某种程度上，消费者都是"墙头草"。增量促销可以吸引来边际买家，让他们长期使用产品或服务，最终成为忠实用户。

几乎所有的促销活动，只要提供了购买动机，都会有助于提高销量。降价促销曾被认为是短期内最有效的促销方式，但经验表明，情况并非如此。低价促销可以面向试用者、老顾客或新市场，也可以着重于中间商或终端消费者，并运用本书介绍的一系列优惠组合。但无论如何，激发购买动机的促销必须真实有效。而保本赠送虽然给人感觉是在搞促销，但其实对销量提升没有任何帮助。本书介绍了两个非降价增量促销案例：美国咖啡品牌麦斯威尔（Maxwell House，案例研究 42）和英国的费伯出版社（Faber & Faber，案例研究 73）。

每种增加销量的技巧都有自身缺陷，所以最好明确增量的来源。这意味着，增加销量的目标应与下列其他目标联系起来。

2. 增加试用量

增加销量的一个主要途径就是吸引那些以前从没有使用过产品或服务的顾客。对于零售商来说，就是那些从没有来过店面的人。增加试用量对于任何企业发展也十分重要，因此也是促销的目标之一。

潜在试用者，顾名思义，就是还没有产品或服务使用经验的消费者。他们可能正在使用竞争对手的产品或服务，或者根本没有用过相关产品或服务。在吸引更多试用者方面，一些优惠活动特别有效。

● 提供免费样品或试用券，可以鼓励消费者试用产品或服务；

● 提供额外福利，让产品或服务比市场上同类产品或服务更有优势；

● 提供短期资金支持，比如优厚的信贷利率等，凸显产品或服务性价比；

● 策划一些与众不同、富有想象的活动，比如开放日或特殊庆典，为日常销售增添亮点。

本书中关于试用促销的例子有肉汁酱品牌保卫尔（Bovril）的"保卫尔就是棒！"尝鲜活动（案例研究43）和英国饮料品牌坦格（Tango）的"坦格狂欢"活动（案例研究47）。这两个活动都侧重于给刚接触（或暂别）品牌的人提供尝试的理由。诸如额外赠送、批量购买等优惠手段不太可能吸引到潜在试用者。毕竟，在确认自己喜欢之前，他们不会大量购买。

3. 提高重复购买率

复购促销活动与增量促销活动有很大的重叠性，因为现有的客户本来就准备定期采购，只不过有活动的话就干脆批量采购。复购促销可以有效地实现其他营销目标，例如破坏竞争者推出产品，让顾客养成只使用自家产品的习惯。这在酒吧等市场上尤其重要，因为人们会习惯性地使用不同的品牌，每天都会在不同的品牌之间来回切换，这种模式被称为"尝鲜购买"（repertoire purchasing）。

以下是一些在增加重复购买方面特别有效的优惠：

● **产品优惠券**，如为下次购买提供折扣优惠；

● **多次购买奖励**，如"买三送一"；

● **集卡促销**，如集齐10张卡片，免费送商品或小额现金退款。

麦斯威尔（案例研究42）和盖尔氏蜂蜜（Gale's honey，案例研究57）都是富有想象力的提高复购率的促销活动。不太适合提高重复购买率的促销活动包括上门派送优惠券和打折抢购。这些促销活动只给了普通消费者单次折扣，并未要求重复购买——单次优惠对购买者很友好，但对促销商没有任何帮助。

4. 提高顾客忠诚度

相较于重复购买，对产品或服务忠诚是一种更主观的个人品质。一个产品可能物美价廉，所以顾客会定期购买，但这并不意味着顾客是该产品的忠实消费者。另一个产品就算不物美价廉（也许是暂时的），您也会持续购买下去，这就是忠诚。

忠诚的一个例子发生在 20 世纪 80 年代初，福特用塞拉（Sierra）车型取代了科蒂纳（Cortina）。早期塞拉遇到一些刹车问题，在市场上输给了沃克斯豪尔（Vauxhall）的科沃兹（Cavalier）车型，但由于福特在车友和车队中的高忠诚度，因此损失程度有限。套用温斯顿·丘吉尔的话说：得势之时，万人相随；患难之际，知己相助。

英国大多数超市都采用了忠诚促销模式，这么做是为了实现个人对公司产品或服务的高度认同感和参与度，而不是单纯积分。这种促销模式可以显示出企业长期经营的决心，以及希望消费者能将其视作首选的产品或服务。在建立忠诚度方面，有很多类型的促销活动都很有效：

● 长期集卡促销。现在许多产品或服务都有类似的集赞活动（如麦当劳和迷你兵团模型玩具）；

● 加入会员俱乐部，获取会员福利——这对儿童产品特别有效；

● 工厂参观、路演和其他直观了解产品的促销活动，让消费者直面产品或服务背后的人。

壳牌公司推出的加油卡（案例研究 52）就是一个很好的忠诚促销例子，雅各布俱乐部和个体零售店分别带来的"为学校带来音乐"促销活动（案例研究 77）也与提高忠诚度有关联。它们以不同的方式与消费者建立起紧密的利益联系。

对会员进行忠诚促销活动，就不能再给非会员折扣。这么做的目的是通过长期福利取代眼前优惠。这也是增值促销的主要方式之一，有助于提升长期品牌价值。

5. 扩大使用范围

一种产品或服务可能有许多种使用方式，但很多时候我们只用到了其中一种。例如，极少有家庭拿蜂蜜做调味品，只有少数家庭将其作为烹饪原料大量使用。因此，告诉人们如何在烹饪中使用蜂蜜，是蜂蜜加工企业的一个重要目标。有时，公司必须扩大产品或服务的使用范围，因为原来的用途正在迅速消失。当轮船不再是主要的交通方式后，跨大西洋航运公司就不得不说服人们，将轮船看成一种度假方式。促销可以通过以下几种方式有效扩大产品或服务的使用范围：

● 将产品或服务与新的使用范围中的其他产品或服务联系在一起，例如，将试用样品与该产品一起发放。

● 提供本身有价值的书籍或小册子，解释新的产品或服务的使用方法，例如"用蜂蜜做菜"的食谱。

● 通过优惠券或与其他公司的联合促销活动，与新的使用范围中的其他产品建立理念联系，如旅行社提供的冬季滑雪用具的优惠券等。

要扩大使用范围，基本上就需要与广告、公关等促销手段相结合。这往往会遭到消费者的强烈抵制，比如把玛氏巧克力棒放在冰箱里，或者将雪利酒（sherry）调制了再喝，这些想法都会遭到反对。李派林公司（Lee & Perrins）的辣酱油促销活动（案例研究 58）就是一个很好的例子，它将一个特色产品的使用范围扩大了。

打折及其他与金钱相关的促销手段对扩大使用范围无效。得当的增值促销可以鼓励消费者跃跃欲试，尝试产品或服务的新用途。只有先照做了，他们才会相信确如广告所言。

6. 制造兴趣

这似乎是一个空洞的目标，所以经常被忽略。人们倾向于一些看起来更具体的目标，比如"增加销量"。在许多成熟的消费市场里，产品差异性有限。人们购买的是这种产品而不是那种，可能仅仅是出于兴趣和冲动。

我们用节日、赶集和各种活动来点缀一年的生活，这并非偶然。如果日子每天都是不间断地重复，生活会非常乏味。购买产品和服务也是如此。纯粹出于无聊，人们就可能疯狂购物或去到远方。通过促销可以创造对产品或服务的兴趣，能让消费者一直围绕在身边。所以，首先要做出改变，不断提供新鲜感，才能让产品"人声鼎沸"。

成功的企业家早已悟透了这个道理。以一己之力将父亲创立的博姿公司转变为英国药品零售巨头的杰西·布特（Jesse Boot）的一位同事回忆起 19 世纪 80 年代博姿连锁药店的早期情况："布特先生总能让人们三句话不离博姿。"维珍的理查德·布兰森同样让人们对他的公司议论纷纷，因为他的公司总能推出令人瞩目的创意、噱头、优惠和促销活动。

幽默、新颖、独具一格又具有话题性的增值促销活动总能引起人们的兴趣。这方面的例子包括：

● 作为促销品，首推行业新产品或服务；

● 与名人或相关慈善活动联系起来；

● 找到一种全新的方式去做人们喜欢做的事情。

7. 打造 / 提高品牌知名度

对于新产品或重制产品，打造品牌知名度是一个关键目标。与成熟品牌所面临的挑战不同，（翻）新产品的目标是吸引消费者的兴趣。人们通常认为，打造品牌知名度是媒体广告者的工作。但事实上，一些促销活动就能有效提高产品认知度：

● 与另一个在特定市场上的知名产品或服务联合促销（例如，以家庭为单位缴纳电费就能免费获得电热水壶）；

● 与企业形象相关联的慈善机构或志愿团体建立关系；

● 为学校和公众制作书籍或教育材料。

打造品牌知名度是一个合情合理的商业目标，尤其是在购买频次不高和新品牌不断推出的行业。例如，美体小铺（Body Shop）、哈根达斯（Häagen-Dazs）和斯沃琪手表（Swatch）等大牌主要都是通过促销发展壮大的。美体小铺引导顾客积极参与反对动物试验的运动；哈根达斯在高档餐厅和精选艺术展进行陈设；斯沃琪在建筑物上悬挂巨型手表，并很早就建立了顾客俱乐部。此外，还有"坦格狂欢"活动（案例研究 47）；命运多舛的独立电视数码台（ITV Digital）通过向订阅者赠送猴子公仔，也大大提高了品牌知名度，这个公仔现在可能成了非常有价值的收藏品。

之所以这样看待促销，是因为人们对广告的关注是有选择性的。在英国，光媒体开支分析公司（MEAL）记录下来的广告品牌就超过9500个。您能说出几个的名字？很多人加一起顶多能说出几百个。而那些能说出名字的促销活动大多是跳过选择性的关注，能直击人心的。

8. 转移对价格的关注

过于迷恋低价促销非常危险，很容易导致价格战，对公司的利润产生破坏性影响。价格战会导致两败俱伤，许多行业不时陷入价格战，互殴互虐，直到彼此疲惫不堪、陷入困境，才会回到更合理的竞争方式。

广告的目的是让消费者更加关注质量、品牌、性能和忠诚度，不要太在意价格。这样一来，企业既能高效竞争，又能获得诱人的利润。

降价和增值促销都是企业宣传时可以利用的手段。要想卖出高价，关键在于能为消费者带来好处，要不就降价到同等产品水平。比如，如果您的产品价格比竞争对手高10便士，但您无法用产品内在的品质说服消费者接受这个差价，那么您就可以通过降价10便士来实现同等价格，或者可以提供额外的具有吸引力的福利，并将额外成本控制在9便士以内。

一系列促销优惠可以达到这个目的，主要有：

● 多样化的降价方式，包括"下次购买减价""买三送一"、现金回馈和现金分成等优惠，这些方式看起来比直接降价更有价值；

● 通过加量不加价、短期促销多件包装、联合包装、免费赠送部分产品或服务等方式转移对价格的关注，使价格不那么突出；

● 长期集卡促销活动，如壳牌的加油卡促销（案例研究52），这些活动比降价更有趣。

SMP 营销策划公司对盖尔氏蜂蜜的促销（案例研究 57）就是转移人们对品牌蜂蜜溢价关注的典型例子。2007 年，蜂蜜短缺预期似乎有可能进一步推高蜂蜜价格，因此更需要转移对价格的关注。这对蜂蜜制造商来说是一个持续性的挑战，特别是在零售商自有品牌的产品已经占据了相当大份额的市场中尤为困难。舒洁面巾纸过去 10 年中大获成功的部分原因，正是源于积极的促销活动。而促销也在一定程度上限制了便宜的自有品牌面巾纸的市场份额（案例研究 74）。

9. 获得中间商的支持

有些产品和服务在很大程度上依赖批发商、分销商、代理商、零售商和其他中间商的支持；有些则直接面向最终用户销售，依赖其他企业支持和推荐的程度较低，但它们仍然可以从中受益。每个企业都能从顾客口碑和推荐中受益，只有依赖程度之分。这些顾客也可以看作"中间商"。

中间商的重要性是从"绝对"到"一般重要"，所以，企业应该利用一些促销技巧来获得他们的支持。其中最关键的是：

● 针对批发商、零售商、代理商和分销商制订方案，争取分销、陈列和合作广告优先权；

● "会员拉会员"计划，奖励介绍新人入会的会员：英国董事协会（Institute of Directors）就是这样做的（以葡萄酒为例）；

● 面向媒体和其他决策层的宣传活动。

对于制造商来说，通过零售商、批发商、分销商或其他中间商进行销售，获得优先陈列是其促销活动的核心目标。促销确保优先陈列，往往能带来额外的销售。

陈列有多种形式：额外的货架空间、置于货架末端、橱窗广告、门贴展示、收银台货柜、堆头、专用陈列架和宣传柜等。这些陈列方法都是为了让产品或服务获得额外关注。

以下是获得优先陈列的有效手段：

● 对店长和销售助理采取激励手段，免费赠送产品给负责摆放顺序的人，给摆放最有效果的柜员一份个人小礼品；

● 价格优惠，提高中间商的利润率；

● 量身定制各种能够吸引和说服中间商的优惠促销组合，让中间商相信有利可图，只在一个门店群中进行尤其有效。

零售卖场和顾客促销有着密切的联系。如果一个促销活动成功打入卖场，就算缺乏顾客支持，它也可能成功，因为背后有零售商的陈列和数量加持。但反过来就不一样了：一个促销活动无论多受顾客支持，如果不能打动中间商，绝对不可能成功。

针对中间商的促销范例包括消化疾病类药品品牌"善卫得75"（案例研究75）和电器制造商伊莱克斯（Electrolux）X8的促销活动（案例研究64）。

10. 对顾客价格歧视

许多酒店、航空、铁路和娱乐等领域企业，都面临着三大无法避免的市场因素：无论顾客多寡，他们都有较高比例的固定成本；不同时期的客流量也大相径庭；此外，消费者的服务承受力和出价意愿也各不相同——这一点在航空行业中表现得尤为明显。

但也正是由于最后一个因素，企业能够利用需求波动盈利。比如，航空公司机票的价格受航班时刻、日期、改签灵活度、提前预订时间、座位类型、会员忠诚计划和预订渠道等影响。航空公司以及类似行业企业的共同目标是将每个座位的收益最大化，也就是所谓的"一分钱一分货"。有需求的就给予最好的服务，没有需求的就享受不到。

对于这些企业来说，促销思维是市场策略的核心。因此，它们采用了一系列促销手段：

● 顾客有自主优惠选择权：想要优惠的，选择提前预订或通过特定网点等方式进行预订；对价格不敏感的，则不会在意这些方面。

● 区别商务和休闲旅行。想要享受休闲旅行折扣，就必须选择周六晚上出行；而公务出行人士选择休闲航班，则可享受特别折扣。

● 某些特定群体可获得其他群体无法享受到的特殊福利。例如，普通火车乘客不能享受家庭团购和老年优惠价（尽管这种情况正在改变）。

从逻辑上讲，企业通过对不同类型顾客价格歧视，可以为顾客开发特定的产品、价格、分销和促销方案。但一定要对顾客明确界定，防止被原本打算支付较高价格的用户"薅羊毛"。这反过来也说明，优惠往往需要刻意缩短时间，设定门槛。只有最有意愿获得的消费者才能享受得到。

11. 在操作客户账户失误后，恢复品牌形象，并转移顾客对投诉的关注

一些比较精明的金融服务机构、银行、公共服务机构和通信公司等通常会自动按月扣费。这些公司正在寻找新的方法来处理客户投诉，比如使用一些促销优惠。从顾客的角度出发，投诉往往有理有据。而"系统自动操作"通常是企业为自己开脱的理由。比如，顾客刷了100英镑账单，一旦账户（和信用卡）漏缴了几便士，就仍然会产生全额的滞纳金。企业的理由是电脑自动扣费。再如，如果一家移动通信服务公司提供前三个月的免费保险，三个月之后系统就会自动续期。由于终止保险需要提前一个月通知，所以客户最终至少要被迫支付两个月的保险费。因为在客户购买时往往只提到了享受免费保险，并没有明确需要接受的相应保险条款。又如，电信公司在结算电话费时，对人工

缴费用户加收手续费，或者在不告知缴费截止日期情况下，自动加收滞纳金。所以，顾客往往是被蒙在鼓里的弱势一方。还有一些银行和第三方会一道推出联名信用卡，殊不知，这样既损害了第三方品牌，也毁了自己的品牌。

当客户投诉时，企业可以用促销来安抚客户（尤其是为了避免招惹上金融服务管理局、通信管理局、英国公平贸易署或英国通信管理局），促销手段包括低价提供额外优惠服务（如只向新客户提供的优惠）。当参保产品出现意外挤兑时，无论客户退出与否，只要客户未来一年内再次光顾，就可以得到经济奖励。这对维持品牌形象非常有帮助。关键在于，企业要平衡处理投诉的时间和资源。通过某种形式的促销活动，可以让投诉人平息怒气。同时，还可以省去一大笔长期品牌建设费，挽回顾客对未来品牌可能产生的不良印象，弥补供应商的某些过失，以及补救处理不当的投诉。

12. 挽救因服务不佳而受损的品牌形象

合同约定的服务与隐含或预期的额外服务两者之间的界限越来越模糊。火车取消车次，乘客希望得到退款；航班延误，航空公司提供免费饮料和食物；为了吸引顾客，修车厂提供代步车。但是，如果修理厂代步车不够用了怎么办？其实，还可以通过别的方式来吸引顾客的注意力，比如提供优惠券，让顾客免费参加活动或者免费参观景点，以此来维持顾客好感。面对抢劫或灾害等突发事件，可以设计不同的促销应急预案，并培训员工应急反应能力，来挽回顾客对品牌的信心。

增值促销与降价促销

关键词——"增值"。"增值促销"本质上就是给予额外福利。增值促销的方法包括免邮、抽奖，特别包装以及其他超出正常产品服务范围的福利。这些福利往往会对品牌价值产生积极的影响。

减价形式的促销活动被称为"降价促销"。这类促销活动以降价方式传递理念,主要包括打折、信贷消费、购物优惠券等优惠手段。这样做可能会出现价格战,还会对品牌价值产生负面影响,严重破坏多年广告宣传所积累的品牌价值。一项研究表明,大多数降价促销虽然在短期内见效,但最终会降低人们对品牌的价格预期。很多广告主认为,降价促销虽然短期内能解决问题,但有损于长期的品牌建设。降价促销好的一面是,可以朝自身有利的方向改变顾客行为。在促销期间,顾客会放弃使用竞争对手的产品,转而体验您的产品。

增值促销包括:

● 免费抽奖;
● 邮寄赠品;
● 特别包装;
● 有奖竞赛等。

降价促销包括:

● 折扣优惠券;
● 打折抢购;
● 买一送一;
● 加量不加价等。

一些人也许会对上述促销活动分类有所疑问,比如,有些人认为加量不加价("额外赠送 1/3")应该属于"增值促销",而不是"降价促销"。这样想的一定是个慷慨的人。要知道一旦加量不加价,消费者就不愿再以原价购买不加量的产品了,这相当于降价了。

增值促销的标准十分明确,那就是不仅有助于短期销售,也有助于长期品牌价值。"关爱花粉热患者"活动（案例研究 74）就是一个增值促销的典型案例，但要找到一个降价促销的优秀案例就比较难了。而且一些业内知名人士对降价促销持批评态度。

那么，企业为什么还要用降价促销来损害品牌价值呢？原因是市场竞争。20 世纪后半叶的大部分时间，洗涤剂制造商宝洁公司和联合利华公司陷入了一场激烈的鏖战。他们都一心扑在产品功效广告上，希望突出主打产品的优势，比如将汰渍洗衣粉和其他洗衣粉洗过的衣服进行并排比较，这一度被认为是电视广告的标准形式。产品创新因此显得既令人兴奋又残酷无情。

这两大日化巨头在降价促销上也花了大价钱。20 世纪 60 年代初，宝洁公司和联合利华公司 95% 的洗涤剂包装上都有各种降价促销优惠，从打折抢购到下次购买折扣，双方的市场竞争到了近乎疯狂的地步，直至汰渍推出了购买就送塑料玫瑰花的促销活动（案例研究 62）才休止——数百万家庭在随后的几年里，为了收集塑料花而购买汰渍产品。然而，到了 20 世纪 70 年代末，大多数洗涤剂的包装上再次出现了打折抢购和优惠券。零售商也在降价和增值促销之间游走。案例研究 56 回顾了乐购 20 年来的促销活动，它就在两者之间摇摆不定。令人难以置信的是，2014 年乐购又发起了一场价格战，莫里逊紧随其后。

有时候，降价促销对公司来说可能是灾难性的。1996 年，英国电器零售商科密（Comet）向其竞争对手英国通信公司 Norweb 发出收购要约，但 Norweb 却狮子大开口，惨遭科密公司的拒绝。之后，Norweb 开始为消费者提供零首付分期付款优惠。（有关零首付促销，请参阅第 10 章）。科密公司决定不跟进。相反，每当顾客问起分期问题时，它就让顾客去找 Norweb。这样，科密公司保住了利润率，而 Norweb 却因此而陷入困境。没过多久，科密公司就以比以前更低的价格买下了 Norweb。

这些故事告诉我们：降价促销可以将一个企业或整个行业拖到"穷困潦倒"的境地。但是，它并不是造成这一现象的原因，而是激烈降价竞争的结果。由于竞争实在过于激烈，以至于企业为了生存，会利用一切可以利用的手段，即使有些手段会导致自我毁灭。降价促销并不是理想的竞争方式，但在市场上有时不可避免。因此，我们更应该了解它们是如何运作的，以及在什么情况下，其破坏性会更小。研究表明，尽管价格在榜单上名列前茅，但降价并不是消费者的主要动机。在下一段中还要考虑汽油战。

值得注意的是，民调显示，人们喜欢降价胜过其他任何形式的促销。企业在广告中有时也会利用这一点。在1986—1987年的汽油促销活动中，Jet公司在一系列的海报广告中打出了"98%的司机更喜欢便宜汽油"的口号。Jet公司宣称："我们不搞那些花里胡哨的噱头，我们只提供更优惠的价格。"与此同时，壳牌公司通过"赢钱的好机会"促销活动获取了巨大的市场份额。人们可能会说，司机更喜欢便宜的汽油（态度），但他们往往会因为促销活动而购买更贵的汽油（行为）。壳牌和埃索公司在1997年分别采取了增值促销和降价促销两种不同促销方式（案例研究52）。有趣的是，Jet公司也在积极开展增值促销活动，它的非降价集卡促销活动获得了欧洲促销大奖。

清楚意识到增值促销和降价促销的区别，对理解促销至关重要。促销的核心是想要立马影响顾客的行为，而这两种方式都能办到。促销还可能有助于改变态度，但这不是主要任务。因此，我们还可以这样看待：促销是在战略框架内设计的一套特定时间内的降价和增值技巧，旨在改变优惠组合，以实现特定目标。

简报 9.2　促销与社交媒体。Atom机构的研究报告指出，联合利华重新评估了其营销方法。因为联合利华发现，其在店内的促销活动使联合利华的投资回报额提高了50%，超过了在社交媒体宣传上的投资回报率。尽管联合利华已将大部分品牌宣传预算转移到了社交媒体上，但实际上，也正在开展更多的店内促销活动！譬如，联合利华开始推广代金券、优惠券和折扣码等店内促销活动，使顾客可以在实体店消费时直接受益。这一行为证明了 Atom 机构此前对联合利华调整其营销投入的研究发现。信息咨询机构伟乐思的一份针对英国境内 86% 的优惠券活动的调查报告也证明了店内促销活动的有效性。该报告显示，由于零售商发行的优惠券超过了制造商的赎回额，赎回额同比上升了 14%。（第三部分有更多关于促销的内容，描述了促销的实施方法，详见第13 章。）

案例研究

以下六个案例展示了本章的核心内容：促销与优惠组合的关系，以及促销如何改变优惠组合。

案例研究 40：汉高公司即兴演出活动

汉高收购右后卫品牌（Right Guard）后，成了该品类的领军企业。它的目标客户是年轻男性。为了让更多男性体验产品，增加销量，右后卫利用了音乐重塑品牌形象。右后卫与雅虎音乐合作，通过举办专注在线内容和社交网络的即兴演出，输出独家品牌体验。同时，右后卫还举办了比赛，参与者可赢取音乐节露营车位。右后卫获得了 2009 年英国促销学院金奖。评委们称赞其借助音乐这种独特和创意的方式重新定位了品牌。

案例研究 41：万事达世界杯酒吧刷卡活动

万事达希望利用世界杯热潮，增加酒吧刷卡量（改变行为）。尽管万事达看似和酒吧关系不大，但它成功地招募到了 903 家酒吧。通过酒吧的高曝光度，万事达鼓励顾客使用旗下信用卡进行支付。每五张卡片中就有一张可以赢得一份与足球相关的奖品（包括泡沫摇手、脸部彩绘、"垃圾队"的书籍和世界杯 DVD）。无论中奖与否，顾客都可以通过短信将自己的详细信息发送给万事达，参与另一个抽奖活动——赢取为期两周的假期，并有机会现场观看欧洲五大顶级体育场举行的足球比赛。此外，万事达通过电视屏幕和洗手间媒体广告进行宣传，提高了产品知名度。

最终，万事达刷卡量增加了39%。42%的顾客表示，未来可能还会在酒吧使用万事达卡。在一份神秘报告中称，有58%的参与酒吧达到了百分之百的曝光要求。万事达卡荣获了2007年英国促销学院金奖。

案例研究 42：由促销代理机构三角传播公司代理的麦斯威尔

在雀巢咖啡主导的速溶咖啡市场上，麦斯威尔占据了一席之地。然而，该公司仍然逃脱不了行业老二的命运。如何说服那些尝鲜的消费者成为固定顾客呢？如何吸引现有用户多买呢？

其促销代理机构三角传播公司给出的答案是，在英国举行一场大型宣传活动。宣传涵盖包装、电视，以及配套促销活动，宣传口号是"意外之喜"。促销活动基本形式为免费抽奖。麦斯威尔邀请顾客通过包装上的代金券或白纸（那些没有购买过产品的人也可以留言参与）参与活动，赢取50万英镑的现金奖励。电视主持人诺尔·爱德蒙斯（Noel Edmonds）从麦斯威尔热气球上给100名中奖者打了电话，告诉他们天降意外之喜。这些电话以现场对话的形式出现在电视广告中，让观众有机会听到中奖者获得2000～10000英镑现金奖励后的反应。与此同时，热气球还到访全国各地的促销活动现场，让品牌、气球和优惠组合之间建立了直接联系。这个新颖的免费抽奖活动为品牌带来了广泛的关注和报道。该活动共收到50万人报名，品牌也取得了6年来的最高市场占有率。在促销期间，麦斯威尔市场占有率比前一个月增加了50%。这是一次大规模的免费抽奖活动，但其形式本身却很简单。

活动的亮点在于诺尔·爱德蒙斯的参与、新颖的中奖联系方式、现场对话式的广告，以及与品牌广告形象的关联。该促销活动获得了两次欧洲促销协会金奖。

与花费相同金额的主流电视广告相比，麦斯威尔促销活动的优缺点是什么？

案例研究 43：代理保卫尔品牌促销的公司促销策划集团

大家都知道保卫尔肉酱汁。它是那种让您过目不忘的品牌之一。如果品牌不容易记，人们就不会买。多年来，保卫尔的策略一直是让人记住"冷了、困了，来一瓶保卫尔，立马让您精神振作，充满能量"。广告能让这类信息根植于顾客脑海中，只要来一口就立马能激发联想。

代理保卫尔促销的公司促销策划集团（Promotional Campaigns Group）在467个寒冷潮湿的篝火晚会上提供保卫尔试尝活动。保卫尔公司还与本地广播电台和慈善机构合作，并在晚会上免费提供肉酱小食、罐头和宣传资料。慈善机构可以通过回收罐头盒筹资。当地广播电台在大型晚会中提供路演机会，并以 DJ 插播和付费广告的方式对活动进行跟踪报道。

共 200 万人次参加了保卫尔赞助的篝火晚会，广播电台报道覆盖超过 500 万人。52 万人试尝了保卫尔产品，而其成本仅占上门推销方法的一小部分，销售额同比增长了 4%。保卫尔不用创造篝火之夜，它早就有了。这个促销活动的精妙之处在于时机。在一年中最完美的时刻进行促销，又在促销中，联合慈善机构和广播电台，扩大活动影响力。随着时间的推移，保卫尔促销活动成了传统年度节目。

保卫尔公司试图改变消费者什么行为，促销是如何实现这一改变的？

案例研究 44：促销策划集团为英伯瑞"书包"策划的促销活动

促销能直接影响消费者行为，但有好有坏。英伯瑞的"书包"促销活动就是一个既实现商业目标，又满足社会和环境需求的例子。英伯瑞面临着两个毫不相关的挑战：一是，它需要提高对家庭的吸引力，追赶上竞争对手的步伐；

二是，它每年需要花 2000 万英镑，解决发放近 1 亿个购物袋而带来的财务和环境问题。面对这些挑战，促销代理机构促销策划集团发起了一项促销活动，既让有孩子的家庭来购物，又可以重复使用手提袋。

形式很简单：顾客在结账时，每重复使用一个购物袋，就可以获得一张"书包"代金券。学校可以用这些代金券来换取设备，集 120 张代金券换一盒蜡笔。该活动在商店、电视和报刊上进行宣传，学校只需通过直邮即可报名参加。

这次促销活动取得了全面成功：英伯瑞超过 10% 的购物袋被重新使用，节省了 90 万升油料和 200 万英镑的成本；共有 12000 所学校（约占全国总数的一半）和 100 万个家庭参加了活动。活动形式保证了参与热情，人们为了获得代金券而重复前往英伯瑞购物。而学校也从中受益，它们获得了大约 400 万英镑的设备。

该促销一举多得，简单易行，很容易通过多种媒体进行传播。

英伯瑞"书包"促销活动如何体现英伯瑞的核心价值？

案例研究 45：英格兰烈性苹果酒品牌 Scrumpy Jack 的乡村度假活动

由于竞争对手的新产品进入本领域，Scrumpy Jack 苹果酒的市场占有率受到侵蚀。因此 Scrumpy Jack 开展了一项典型的包装附赠促销活动。该活动强化了其优质的品牌形象，因此获得了 2009 年英国促销学院小成本促销金奖。Scrumpy Jack 的包装里有促销码，顾客通过短信或上网发送代码，就有机会赢得周末度假奖品。另一项现场消费的创意活动控制了促销成本，而借助每个度假胜地的美景，又相当于免费打了广告。该活动实现了 37.1% 的投资回报率和 26.3% 的商超销售增长。

总结

促销主要是战术性的，但也可以成为长期战略的一部分。企业必须从满足顾客的产品功能、经济利益和心理需求等方面来理解促销活动。促销是改变行为的一种手段，可以影响营销组合的每一个部分。

本章阐述了如何通过促销，建立差异、形成优势，化解商业核心挑战。促销注重通过降价促销和增值促销两种方式来改变行为。

企业需要对某些类别的促销活动非常警觉，因为这些活动非但没有提升品牌价值，反倒破坏了品牌形象。乏味和不诚实的促销活动对于建立长期客户关系没有好处。如果管理者了解促销在公司战略中的地位，将有能力控制好多种促销技巧结合使用。

第 10 章描述了 5 种常见优惠手段，第 12 章描述了如何运作促销。

自学问题

1. 促销能达到的 12 个促销目标是什么？您的企业达到了多少个？应该能达到多少个？

2. 假设您是一家报纸零售商，在五月切尔西花展外的展台上销售报纸，当时的天气可能又热又干，也可能又冷又湿。您会考虑在卖报的同时提供哪些促销活动作为应急措施？（这是个真实案例！）

3. 在您的企业中，顾客最常抱怨的是什么？您可能会提供哪些促销活动来恢复品牌价值？

第 10 章

五种常见优惠手段

针对不同的促销目标，有五种常见优惠类型可供选择。甚至出现了专门为企业定制优惠手段的行业，比如，优惠券市值约为 50 亿英镑（英国促销商品商会 2014 年数据）；代金券是一种印刷或电子形式的"储值或预付促销手段"，这些通常用于旅行、旅馆、剧院、主题公园、电影和保险等领域。但是，给消费者发放的福利与促销商由此产生的成本往往不成正比。比如，对顾客来说，价值 50 英镑的福利，可能只需花费促销商 1 英镑的成本。

当然，49 英镑的差价必定事出有因——此类优惠设计巧妙，其中很多成本都是由第三方承担。所以说，优惠手段必定有好有坏。运用不同类型的优惠手段之前，必须了解它们的运作原理、提供优惠的人能得到什么好处，以及使用它们的条件是什么。

一、直接优惠

本章介绍了企业可以使用的主要现成优惠手段和使用注意事项，以及如果有人告诉您某个优惠机不可失，您应该当心什么。遵守这些建议，您可以获得最满意的优惠条件，避免造成顾客失望和愤怒。请记住，促销活动形式千变万化，因此在使用任何特定优惠之前，自己要先行调查研究。

免费住宿

优惠组合 酒店免费客房优惠的历史可以追溯到 1971 年，此后一直发展强劲。这个概念很简单：促销方从酒店运营平台购买了大量免房费的优惠券，然后赠送给顾客，顾客凭该券可免费入住指定酒店。免费住宿的门槛不尽相同。过去，消费者需要在酒店购买早餐和晚餐，面对价格过高的酒店餐食，人们犹豫不决。因此，现在的优惠往往是"买一晚送一晚"。民宿品牌爱彼迎（Airbnb）的兴起可能会影响此类优惠，具体取决于人们的体验感受。

如何开展？ 这种优惠手段背后有很强的商业逻辑。酒店的固定成本较高，无论入住率高低，他们都必须支付投资成本和员工工资。空荡荡的房间永远是收入的损失。"免费客房"的概念刚好可以满足酒店的需求，为酒店增添人气。如果顾客满意，说不定以后就算全价也会选择入住。

当然，如果一家酒店向所有人提供免费客房，那么它很快就会倒闭。所以，这种优惠必须仅限于对其他优惠方式无动于衷的、真正的"额外顾客"。因此，免费客房优惠往往由酒店订购平台来提供，这些平台集合了全国范围内的优惠酒店，并将该类优惠作为促销工具。新开业的酒店也可能会提供非常便宜或免费的客房，特别适合那些有钱又闲的人（一般为 55 岁以上人群）。例如，世家（SAGA）会员就是理想的客户群体。

需要注意什么？ 有些平台的确提供实在的优惠，但部分黑心商家却使得"免费客房"的名声不好。这些都会对使用该类优惠的企业造成负面影响。但它们理应受到责备，无知不是借口。解决方法是选择一家信誉良好的平台，这种平台要对免费住宿优惠驾轻就熟，对酒店的运营情况进行良好的控制和定期检查，并且有长期且专业的合作态度。

区分平台优劣的特征很简单：

● 是否有统一的预订系统？

● 在提供免费住宿优惠之外，是否还提供其他优惠？这些其他优惠会不会让免费住宿不再吸引人？

● 是否推荐（并坚持）符合《促销实务守则》的促销说明？

● 有没有证据表明，平台已定期检查和更新酒店名单？

小型连锁酒店通常愿意给予 2 晚的免费住宿，中型连锁酒店则能够给予更长的住宿优惠。一些商家还提供"会员"服务，虽然成本更高，但会员可以在 12 个月内享受任意数量的 3 晚住宿优惠。

还有一些平台则推出值 500 英镑或 1000 英镑的"假日债券"。顾客可在很长一段时间内，累积兑换相同数额的房费。促销商订购数量大，所以提供所有这些优惠的成本都大幅降低。免费住宿优惠已成功运营多年，银行、汽车制造商等企业都采用过这种促销方式，并取得了巨大的反响。优惠券的使用率通常高达 30%，这表明消费者对优惠券的评价很高。包括此优惠在内的大部分现成优惠，它们的成功秘诀在于与促销目标的完美匹配。

假日优惠券

优惠组合 几乎所有顾客在预订假期套餐时，都会用假日优惠券来节省开支，比如现金折扣、购物券或任何其他等值的优惠。特价航班、网络预订以及爱彼迎的兴起可能会降低这类优惠的使用率，但对于很多人来说，假日优惠仍然为度假提供了很好的机会。

如何开展？ 顾客首先将旅行社宣传册背面的预订表格填写好，然后连同假日优惠券一起邮寄给指定的专业旅行社才可以享受到优惠。旅行社再从假期旅游总额中扣除优惠券所抵扣的费用。

需要注意什么？ 这种优惠几乎没有缺点。大多数人都能收集旅游宣传册，从中挑选并填写背面的报名表。大多数网站上会将景点的景观、住宿、环境设施以图片、视频和360°全景图的方式呈现出来。因此，旅行社必须对该景点有独到的见解，否则就几乎没有任何咨询服务可言。另见汤普森简介（简报8.3）

选择合作企业需要注意以下六件事：

1.是否有英国旅行社协会、国际航空运输协会和航空旅行组织者证书等相关旅行社资质？

2.有无运营经验？——缺乏经验的企业很容易入不敷出，无力自保，对顾客不管不顾。

3.这是最好的折扣吗？——这需要通过一些简单的计算来确定优惠的折扣水平。如果折扣不够大，顾客可能提不起兴趣。

4.参与条件是否实际？——有些促销活动要求至少两个成人预订，这可能会限制独自旅游的顾客。有些促销则要求顾客购买假期保险，那么应检查保险价格是否合理。

5.需要预付多少钱才能参加活动？——不同活动之间差距很大，但始终应与顾客所获得的优惠额度成正比。假日优惠券业务商折扣幅度越大，向促销企业的要价就越高。当然，有些业务商索取了高价，却把大部分钱装入了自己的口袋。

6.是否所有目标群体都囊括在了宣传册目标读者中？——每个促销活动都会给主要目标群体提供宣传册，但如果市场目标包括年轻人，就应该专门针对他们设计宣传资料。

折扣券

优惠组合 折扣券最早以手册的形式出现，随后逐渐没落。近几年又在西田集团购物中心流行起来。几家公司联合制作并宣传折扣券手册，手册中汇集了一系列主题公园、餐馆、电影院、干洗店和冲洗照片等服务的优惠券，其中一些是现成的。优惠券在旅游传单和小册子上屡见不鲜，游客咨询处更是如此。将自己的品牌和产品以手册的形式出版，并打印上千本，这十分经济。以前，直线保险公司（Direct Line Insurance）通过上门推销，投放产品的优惠券手册。

不同册子的优惠形式各异，主要包括：打 9 折、减 3 英镑、儿童免费、全价门票买一送一、两人套餐中一道菜免费。具体的优惠形式由每个参与活动的商店根据自己的需求来决定提供何种优惠。

与超市和日用商店的优惠券不同，折扣券手册不可兑换，同时与储值礼物卡和商店券又有所区别（两者均在后文介绍）。

这些折扣手册大多以娱乐和休闲为主题。例如，巴克莱银行希望鼓励 16～18 岁的年轻人开户，提供名称为"学生现金代码"的优惠。该优惠是与英国时尚品牌"红色与死亡"、富士达啤酒、英国连锁便利店 WH 史密斯、青年旅舍协会、派乐特时装、索尼音乐、深盘比萨、华纳兄弟影院公司等联合提供的。红石郡啤酒（Ruddles）推出了"与朋友畅饮"主题，并印制了一本 12 张代金券的折扣手册。如果在超市一次性购买四打红石郡啤酒，总共可以节省 200 多英镑。这些代金券可以在冰雪世界、伦敦地下城和美国冒险主题公园等地方兑换。这个促销活动的单位成本约为 20 便士。销量大时成本更低，至今仍是如此。

《金融时报》和《每日电讯报》举办了一次"五英镑午餐"的促销活动，覆盖了许多热门餐馆。从本质上讲，同样的优惠虽然针对的是完全不同的生活方式，但折扣券对于高低端市场同样适用。

随着线下上门或邮寄的成本不断上升，线上优惠券成为不错的选择，品牌经理和零售商一定不能忽视手机和互联网的作用，以此瞄准新客户并鼓励他们进店购买。

如何开展？ 折扣券是双向促销手段。消费者获得商家提供的各式各样的折扣，而商家得以招揽新顾客。

比如有人因为一个折扣优惠，专门在度假时寻访某个餐馆或博物馆。活动各方都感到满意，促销商只需花很少的钱就能制作折扣手册，参与商家多了一桩生意，顾客节省了一笔开支。

需要注意什么？ 需要注意一些小细节：一个大门类目录可能只包括顾客居住地附近的几家餐厅，也可能对一周中哪几天可以享受优惠有限制；有的商家可能会优先使用自己的优惠，顾客的优惠就成了次要选择；还有对信用卡使用限制等令人厌烦的规定。当然，并不是所有人都希望围绕优惠券来计划自己的闲暇时光。

消费者当然希望这些折扣都是实打实优惠的，但也可能导致这些优惠贬值，因为他们会认为这不过是看似诱人的营销骗局罢了。比如一个"立省100英镑"的优惠，结果需购买1000英镑的邮轮旅行才能享受，而且要集齐数十张10便士折扣券，才能享受额外90英镑的折扣。折扣券最重要的是确保任何折扣优惠券确实可以为顾客省钱，而不是夸大其词、虚假宣传。

航班买一赠一

这种优惠方式以前很流行，后来由于瑞安、易捷、弗莱比等航空公司的网络预订热潮扼杀了这一促销活动。浏览各大廉价航班网站可以订到更便宜的机票。航空公司复杂的规矩有时也会影响此项优惠，比如优先登机权、座位预定、每件行李托运费、行李托运延误，甚至在一些机场，还需要支付快速安检费用，非快速安检通道的旅客要接受更严格的检查。这种促销方式可能会在新型航空旅行模式到来时再次流行，例如预计 2024 年出现的超音速飞行（从伦敦到悉尼将仅需 4 小时）。

步行街代金券

优惠组合　与常见的特定金额优惠券不同，消费者可以随时随地使用这种步行街代金券，甚至可以用在员工身上，它有时比真金白银更有激励作用（请参见案例研究 69，在阿斯达超市这种代金券比现金更有价值）。

200 多家零售商和其他供应商将代金券用于礼品兑换和促销。代金券概念始于 1932 年，当时推出了图书代金券，紧接着又是唱片代金券。自 20 世纪 70 年代以来，代金券已发展成为一项专门的业务，只有图书和园艺行业还使用通用券。根据英国礼品卡和代金券协会的数据，每年代金券使用价值高达 50 亿英镑，其增长速度是整个零售业的 2 倍。

如果采购量小，代金券的折扣可以说小到几乎可以忽略不计。如果商品总价值超过 5 万英镑，代金券的折扣可以达到 5%。有些代金券只能在一家店使用，比如最受欢迎的是玛莎百货和博姿的代金券；而另一些代金券则在各种商店中通用。

如何开展?　代金券是现货产品（off-the-shelf products）。若采用代金券方式，促销方就要花费等价或接近于相应产品票面价值（face value）的成本。这一点不同于本章中讨论的其他促销方式。那么，促销商为什么要采用这种方式呢？原因是这种代金券体现了零售商的品牌价值。如果给消费者 10 英镑的现金优惠，现金只能用来支付账单。但如果是给一张能在大型商场兑换的 10 英镑代金券，那么消费者就会期待一次愉快的购物之旅，这是其他优惠组合无法给予的先验体验。

需要注意什么？代金券可代替现金使用。获取代金券的渠道很多，因此需要谨慎管理。代金券可直接从供应商、生产商或各种零售业代金券的结算公司购买。

现在很多百货公司都为店铺或会员举办促销之夜。例如，德本汉姆百货为邮寄名单上的会员举办"折扣之夜"活动，专享全场八折优惠。其他公司也纷纷效仿这一做法，例如，大本营公司为邮寄名单上的顾客提供折扣和优惠券；但是，它现在仅提供花蜜积分卡（Nectar）。

> **简报 10.1　英国天空广播公司、纪念日礼品体验公司和维珍航空代金券优惠**。如果顾客介绍一位朋友来，天空广播公司则会送出 25 英镑的玛莎百货代金券。纪念日礼品体验公司和维珍航空提供体验券。

保险优惠

优惠组合　每位车主或按揭贷款人都有义务购买相关保险。房屋财产、法律费用、人身意外、旅游等不同门类的保险投保率差别很大，但都处于较低水平。每种保险都可以作为促销赠品，但是越小众的保险越受欢迎。越来越多的网站在提供保险优惠方面游刃有余，这也说明了汽车行业利润丰厚，例如许多银行向其主要客户推销旅行保险。

保险参与人数越多，保费越低。法律咨询、宠物护理、旅行或者家庭维修的咨询服务热线也是同样的道理。提供这些咨询的成本（通常通过电话热线咨询）取决于实际使用人数所占的比重。例如，宠物主人可能对早餐麦片的好处感兴趣，那么这家麦片公司就可以提供免费的宠物健康保险或者宠物护理咨询热线。两者都是用户越多，成本越低。

如何开展？ 专业保险经纪公司能将一些领域的保险产品进行打包促销。这些保险套餐能为消费者带来高附加值，而且以量取胜，比消费者从保险公司和中介手中单独购买保单便宜得多。

例如，如果从经纪人那里购买保险，1000英镑的便携式摄像机需要支付80英镑的保险费。但如果是促销商购买，成本就低得多。促销商会从以下五个方面为保险公司节省成本：

1. 除去中介的销售成本，保险公司的管理和营销成本，实际的保险成本仅为30英镑。

2. 投保成本也部分反映出，通常情况下，高风险人群受益最大。如果每个人都投保，那么平均成本就会降低到高、低风险客户都能接受的水平。

3. 允许保险公司再次推介保险产品。在享受第一次保险优惠后，顾客大多会继续享受其他保险优惠。这样可以为保险公司带来潜在新业务。

4. 在产品或广告中宣传保险公司，费用可以从他们的广告预算中补贴。

5. 改变理赔方式，用新产品而不是现金赔付。这样可以减少欺诈索赔的可能性。

所有这些措施都有助于降低保险成本。促销商仅需不到10英镑的购买成本即可为顾客提供80英镑的保险，因此，低成本的"免费保险"才有足够吸引力。英国国民威斯敏斯特银行提供了为期一年的1000英镑的免费人寿保险。为了鼓励用户续费，作为对老用户的回馈，保险公司将第二年承保范围翻倍，并以此类推。各方都能从中受益。

> **简报 10.2 《每日邮报》宠物险。** 有时，保险公司可以向促销商免费提供保险试用。《每日邮报》举办活动，只需提供一定的购买凭证，就能换取 3 个月的免费宠物健康保险。大约有 3 万人参与了这一活动，

并且由保险公司承担所有因此产生的索赔费用。最后，7500 人转化为保险长期客户，保险公司不日就能收回成本并获利。

　　简报 10.3　保险产品可以定制化，以适应多样化的产品和服务。劳埃德银行就为车贷和装修贷免费提供相应保险福利。车贷用户可享受道路援助险，装修贷用户可享受房屋修缮险。

　　需要注意什么？像任何其他保险单一样，需要仔细审查这些专业保单，查看限制其实际使用效力的免责条款。最好聘请专业保险经纪公司，他们了解保险和营销，确保优惠真正惠及消费者。并且至少保证保险和正常渠道购买一样好，而且因为规模效应，价格实惠很多。

　　● 保险公司一次性提供 1 万份保单，尤其是低成本保单，从而实现规模效益。

　　● 将已获得免费保险的人都列入邮寄名单，以便于保险公司向其销售相同或相关产品，然后保险公司再对此予以补贴。

　　● 大部分顾客购买的一次性保单保险额度相当低，往往不会有恶意理赔；再者，保险受众面广，保费就可以由高、低风险消费者共同承担。

　　● 保险公司希望提高知名度，并与龙头品牌挂钩。

　　保险公司注重签单量，但实际这种促销方式更适合大企业而不是小企业。不过小企业也可以联合起来一起做优惠保险。保险促销已广泛用于电器产品、汽车贸易、手机、信用卡和自行车等产品中，还可以更广泛地应用到其他领域。

　　英国消费者杂志《Which?》对电器产品保险的调查也值得关注。调查发现，消费者使用洗衣机等"白色家电"的前 6 年中，很少出现故障，但经常被推销购买超过国家法定一年的附加保修保险。所以《Which?》认为这是欺骗消费者的骗局。本书读者可在社交媒体上查看与保险优惠相关的最新骗局。

优惠套餐

优惠组合 免费住宿、航班买一送一、折扣电影票、主题公园半价门票、餐厅优惠卡、半价家庭保险以及有数百英镑折扣的精选假期，这些优惠加起来怎么样？您能享受来自超市、银行、移动电话公司和汽车制造商提供的优惠套餐。

这种套餐由消费者忠诚计划专家设计，由多家供应商联合提供。促销商也可单独提供这些优惠，但是已经商定好的套餐显然更节省成本。

如何开展？ 优惠套餐促销手段着眼于让消费者成为长期忠实用户，重点为从提供短期购买理由转变成为建立长期关系打基础。通过定位目标顾客的生活方式和愿望，就可以准确地定制套餐内容。而套餐中所包含的酒店、航空公司、主题公园和餐厅等福利，也可以相应发展各自的长期客户关系。这种以生活方式为主题的套餐能为不同公司提供一个平台。不同的公司可以在此平台上接触到各自的顾客，借以提高知名度，以达到互惠互利的目的。英国网络电信公司为英国电影院连锁集团电影世界（Cineworld）提供买二免一电影票，为英国餐饮集团玛尚诺（Pizza Express）提供买二免一餐券。

花蜜积分卡和航空里程会员计划（以前叫作飞行里程积分）用于消费者促销、贸易促销或者奖励员工。采购量小的小公司可以购买至少 25000 英里[1] 里程，每英里成本约为 20 便士。这些里程可以发给员工或者商业伙伴。当购买里程达到中等以上时，价格下降，可获得大额专有优惠。

---

1 1 英里＝5280 英尺＝1.609 千米。——译者注

需要注意什么？ 建立长期激励机制是一项重大投资。一个大型套餐的成本可能占营业额的3%。因此，除非十分有把握这能吸引目标受众，防止顾客被竞争对手的低价策略抢走，否则这是不值得的。案例研究52讲述了荷兰皇家壳牌和埃索针对汽油市场采取的不同策略。

包装上附赠的优惠：电池、数码印刷品（原胶片）和模型车纪念品促销

优惠组合 纪念品优惠作为现货促销盛行多年，例如商家以模型车（以及较早的免费胶卷冲洗服务）和盆栽植物作为赠品。对促销商来说，这些优惠的处理和兑换费用很固定。进入数字时代后，胶卷变成了电子打印，并且不需要冲洗了。回溯过往的优惠组合，了解其背后的原理，依然很有意义。

如何开展？

1.首先，计算最大参与人数，将优惠包装数量除以参与所需的购买凭证数量。比如，共有100万优惠包装，并要求兑换起点为5个购买凭证。因此，最多可以兑换总计20万卷零售价值为70万英镑的胶卷。

2.然后，估算出预计兑奖率，也就是实际享受优惠的人数。这一数字变化很大。在没有具体信息的情况下，假设为5%。以此数字计算，最终兑换数量就是1万卷零售价值为3.5万英镑的胶卷。

3.此外，还可以跟进这一优惠，向享受这个优惠的顾客提供二次优惠。收到免费胶卷的消费者还会收到冲洗公司的一封信，内容是他们还可以邮寄胶卷，享受冲洗折扣。冲洗公司因此获得了收入，所以应该补贴第一次的免费胶卷优惠。

加上冲洗公司的管理和冲洗成本，例如参与人数为20万、每人6便士，

就可以得出促销活动的固定成本是 47000 英镑。这样一来，促销商就能算出每个参与者的促销成本，或者，优惠价格应该定为 4.7 便士每卷。但是与 9 折优惠相比，这会减少每卷的利润。

一旦促销商接受了这个成本，就不用担心了。冲洗公司会提供胶卷，接收申请，送出优惠并处理所有相关问题。兑换波动也由该公司承担。无论是 500 人还是 15000 人购买电池、汽车等，对促销商来说成本都一样。

需要注意什么？ 这是一种总成本固定的促销方式。相较于促销商，参与人数对供应商（胶卷冲洗公司）的利益影响更大，因此促销商的成本反而降低了。

在这个例子中，模型车是成本固定促销活动。促销的关键点就在于供应商提供的二次优惠活动。现在，公司提供免费加工、免费相机、免费太阳镜、免费紧身衣、免费模型货车、免费电池或其他任何形式的纪念品。比如赠送模型货车，激发消费者收集更多模型的兴趣。

当第一次优惠和第二次优惠密切关联的时候，很容易看到商业利益。生产商也愿意补贴促销成本。但当两次优惠之间的联系不紧密，商业利益不明显，情况就大不相同了。例如，免费胶卷的活动换成赠送一副太阳镜。

然后，固定费用促销成为一种促销保险，详情见第 4 章内容。如此一来，促销商就无须担心额外的促销兑换。另外，也可以将整个促销活动以固定费用形式转包给代理公司，特别是公司没有时间亲自去处理赠品的时候。固定收费的促销代理公司提供这种服务。

但是，这可能比自己组织、处理赠品和购买促销保险的成本要高。成本固定促销的商业逻辑在于供应商根据回购力度给予促销的补贴额度。

简报 10.4 压铸模型巴士在 2016 年的售价为 1.99 英镑，邮寄与包装费用另算。当然，每件产品的价格和部分手续费和配送费用也随之降低。一份包裹可以同时寄送多个压铸模型巴士。

案例研究

以下提供两个成功使用旅行和活动促销案例，以及一个失败的促销案例。它们形象地阐明了本章讨论的问题。阅读结束后，请回答文后的自学问题。

案例研究 46：TLC 市场营销咨询公司为德国大陆集团（AG Continental）推出的免费酒店住宿活动

在竞争激烈的市场中，德国大陆集团通过经销商为传统男性提供优质轮胎，该品牌知名度低，购买力不强，因此促销的关键在于经销商。大陆集团需要建立品牌亲和力，吸引女性并加强与经销商的关系。

研究表明，比起产品本身，人们更注重旅行或驾车体验，因此，大陆集团的旅行指南介绍了英国 12 条最壮观和最具挑战性的道路，并以此为卖点，融入了更多有情怀的因素。消费者购买两个或两个以上的大陆轮胎，就能免费入住豪华酒店。网站设计有吸引力的公路旅行内容和兑换机制，有应用软件、广播广告、线上广告、公关活动，以及经销商的销售终端和酬金，这才是一个综合性营销活动所包含的。

该活动促使轮胎销量较目标增长了 25%，兑换了 16000 多间酒店住宿，比目标高出 60%。兑换群体中有 43% 是女性，比目标高出 7.5%；与之前相比，女性的品牌参与度高出 115%。95% 的经销店参加了此次活动，比计划目标高出 33%。该活动在 2016 年获得英国促销学院金奖。

案例研究 47：坦格饮料

坦格饮料形象时尚新颖、面向年轻群体，已成长为最成功的软饮料之一。它主导果味碳酸市场，这主要归功于它在广告、包装和带货方面采取的激进手段。

根据目标，特奎拉首选代理公司（Tequila Option One）制订了两大阶段的促销活动。第一阶段要求消费者从坦格包装中收集16个积分，然后就可以获得一本免费体验手册。获奖者可以从手册中的30项活动中任选3项进行体验，活动包括蹦极、帆板、音乐工作坊和卡丁车等。饮料包装风格各异，包装大小不同，所含的积分也不同。促销期间，坦格的销售额增长了20％。

第二阶段始于当年8月，在苏格兰、诺丁汉和伦敦分别举行了为期一天的系列活动，该活动名为"坦格狂欢"。这些活动与当地的广播电台合办，顾客可以在HMV唱片行以6英镑的价格加上一张购买凭证换购入场券。门票收益全部捐赠给了王子信托基金会。活动邀请了知名乐队和时尚大师，会场有各式活动和演唱会，吸引了3万多人参加。

这种促销格局一定要大，而且要找到合作伙伴。坦格将收益捐赠给王子信托基金，这也让名人和媒体更愿意参与。但坦格之所以能独具一格，还在于它调动了现有的网络和资源。

在传播媒介方面，几乎每种可能的媒介都运用到其中：本地电视、媒体广告卖点宣传、名人带货、运动连锁店内的视频、广播、伦敦地铁广告和路演。这些活动还为产品销售和媒体报道提供了场景。这种促销有利于创建品牌属性，是传统促销的一次成功创新。

为什么这一系列活动安排特别适合坦格？

为什么坦格将促销活动分为两个阶段？既有活动手册，又有一系列户外活动，这样做的内在逻辑是什么？

案例研究48：《太阳报》

每年1月是更换报纸或停止订阅的关键时期，也是人们预订假期旅行的黄金时期。《太阳报》在1995年推出了一项促销活动，成功留住了现有读者。太阳报首先相中了全英140个人流量中等或偏低的度假公园，然后在其报纸上制作了 12 页抽拉式宣传册，并以 22 万英镑的电视广告作为后盾。读者需要连续 6 天内收集 6 个代金券，然后将其邮寄给《太阳报》参与活动。如此一来，读者仅需花费 8.5 英镑购买报纸，即可兑换奖品——4 天假日旅行。

活动最终大约有 110 万人参与兑奖，《太阳报》也因此成为英国最大的英国旅游运营商。该报在促销周期间多卖出了 18 万份（占销售额的 3%）。该活动获得了英国促销学院金奖和英国旅游业杰出贡献奖。此后几年中，该促销活动不出所料地一再被重复。

这种促销方式规模大，因此不适用于所有品牌。但是，它的核心要义很简单。顾客深信自己享受到了福利，度假营地也卖出了大量门票，而《太阳报》则借此留住了读者，三方都受益。

除了英国的折扣旅游以外，还有哪些活动适合《太阳报》读者？

如果您经营一家度假公园，您将采取什么举措，以便从《太阳报》的促销活动中获得最大利益？

案例研究 49："通向未来"活动

"BT 狂购"（Bt.spree.com）是英国电信旗下的在线购物网站，它希望通过一个强有力的在线促销活动，鼓励顾客注册并回访网站。P&MM 营销代理机构为此次促销进行包装和实施。该活动必须具有较高的感知度，并吸引尽可能广泛的客户群。最终目标是在促销期结束之前，用户注册量达到 5 万，并创建一个注册顾客数据库，便于"BT 狂购"在未来定期推出更有针对性的促销活动。

解决方案

前 5 万名在"BT 狂购"网站注册的用户将获得 14 张价值 2000 英镑的包括产品和服务折扣的线上代金券，以电子手册形式发放，其中包括：

- 150 英镑的主题公园门票折扣；
- 从英国旅行社协会和航空旅行组织者证书认可的旅行社中任选一家，获得双人7日游25英镑折扣；

● 莫特堡酒店（Moat House）买一赠一；

● 价值60英镑的UCI电影院代金券。

代金券在注册后可立即在网上兑换，也可以在兑换截止日期前兑换优惠券。

传播媒介

传播方式包括由电视名人卡罗尔·斯米利（Carol Smillie）出席的高端发布会、定向直邮、全国广播和新闻广告以及网络横幅广告。此外，P&MM营销代理机构还提供专门的在线查询服务，而且客户还可以从安全的信用卡支付系统中受益。

评价

该公司不断创新，以吸引更多的受众。这种促销活动的成功在于投其所好。在线促销的优势在于消除了像邮寄之类的准入门槛，访客可以在线注册，领取优惠券并立即进行兑换，而无须人工参与。

案例研究50：胡佛公司（Hoover）

1992年秋天，美国美泰克公司旗下的胡佛欧洲分公司在前9个月亏损了1000万英镑，需要通过促销以摆脱销售困境。因此，它推出了一种促销活动，凡是购买任何胡佛产品超过100英镑的顾客，都可以免费享受两趟飞往美国的航班。没想到这项促销活动却让胡佛公司陷于困境。

几周之内，零售商就报告说，胡佛产品被疯抢。为了享受优惠，有人甚至一次性购买了两台吸尘器。负责该促销活动的旅行社报告说，到1992年年底，共有10万人参与。这一数字是预期的2倍。该促销活动的弊端也越发明显。消费者反馈说，航班兑换总是拖延，兑奖非常困难。业内专家也在质疑，胡佛公司怎么可能用 100 英镑的销售利润来资助两趟免费飞往美国的航班。

1993 年 3 月，英国广播公司电视台《消费调查》(*Watchdog*) 节目的一名调查员潜入了该旅行社的电话销售部门。原来，胡佛公司利用优惠下面的一行小字来搪塞那些想要预订免费机票的人。想要获得免费机票，消费者还需预订至少价值 300 英镑的住宿、租车和保险。一些消费者认为这是个优惠欺诈，并将胡佛公司告上法庭。直到 1997 年，胡佛公司仍在向那些县级法院提起诉讼的人支付赔偿金。

与此同时，美泰克公司已将公司转卖，并花费 2000 万英镑收拾这个本不该提出的优惠。这次促销在许多方面犯下了愚蠢的错误。它从没考虑过经济效益，天真地认为赎回率很低，促销处理程序不够完善。此外，当局面明显失控，濒临灾难边缘时，胡佛公司做得太少、太晚了，没能及时纠正错误。

您将如何避免陷入胡佛那样的混乱局面？

您认为胡佛营销失败的案例使公众对促销的信心有何影响？

总结

本小节所介绍的优惠手段可能让促销商和消费者都感到既惊奇又担忧：有些似乎很神奇，价值 50 英镑的商品只需 1 英镑；有些优惠似乎是在耍花招，以至于有的人会上当。事实其实很简单，一些既诱人又不花钱的优惠是由于以下三个因素：

● 这些优惠能让第三方获益——酒店商家可以降低空房率，数码胶卷或冲洗公司得以招揽新顾客；

● 利用某些行业（特别是旅游和保险业）的特殊折扣体系，获得了普通顾客无法获得的省钱机会；

● 由行业内具有丰富经验的专业优惠公司创造和不断寻找新的优惠推销，

其中部分最优秀的公司已经有 25 年以上的历史。

促销商遇到问题时应当头脑清醒，不受那些看似千载难逢的优惠所惑，才能避免上当，降低风险。令人生疑的优惠会降低商业信誉，这么做十分不值得。同样，将其他所有优惠都一竿子打死也让人惋惜。如果本小节中的任何一个优惠都让人觉得好到不容错失，那么要更加小心。所以，切记不要贸然确定一个优惠组合，然后再去找它的使用途径，一定先从促销目标开始。

自学问题

1. 免费的酒店客房如何提供服务？

2. 如果使用折扣券，您需要考虑哪些问题？

3. 为什么促销活动中的保险价格可以比消费者从中介那里购买的低很多？

二、联合促销

建立互惠互利的伙伴关系。大多数的促销活动都会以折扣、低息、比赛奖品或赠品等形式出让部分利润。促销带来的额外销量也许能冲抵这部分损失，但无论如何都要有前期投资。联合促销意味着共担费用。无论哪家公司或慈善机构与您合作，都是希望有所回报。联合促销的秘诀是建立互惠互利的伙伴关系。

请注意，联合促销非常适合初创企业。新的服务或产品"傍上"品牌认可度高的大公司的成熟产品或服务，双方都能从这种关系中获益。双方可以共享客源（未来也可以继续共享），利用已有品牌进行背书，并吸取合作伙伴的专业营销经验。这种方式能够使初创企业快速打入目标市场。

联合促销由两个决定因素定义：它将不同市场的组织机构聚集在一起，而这些组织机构又有共同的客户群；它能给合作双方带来真正的商业利益，每一方都急于为另一方实现这些利益。本小节内容讲述企业应该如何建立和推动联合促销活动。任何企业都可以采用这种促销手段，而且这是增长最快、最有益的促销形式之一。其中包括合作原则和联合促销的四种主要类型：样品试用、导流优惠券、慈善合作和会员奖励。最后，介绍一种"影子合作模式"，即在没有正式合作协议的情况下，利用公众话题进行炒作。

合作原则

大多数公司致力于开拓自己的市场和客户，所以自然会从自己的商业角度以及与竞争对手的关系来思考。想要确定联合市场就需要从更宏观的角度思考顾客——既要考虑竞争对手的顾客，也要考虑还有哪些商家瞄准了这个群体。策划联合促销的关键就在于对现有顾客的准确描述，其中"圈层营销"的关键要素包括：

- 群体数据：年龄、性别、社会阶层、地理分布；
- 与促销产品的关系：购买频率、购买价格梯度、顾客忠诚度；
- 他们的需求、兴趣点和期望：他们购买的其他产品，以及生活愿景。

信用卡公司是最早发现这一点的公司之一。它们在 20 世纪 80 年代就推出了联名信用卡。现在，英国几乎所有大型慈善机构和政治团体都拥有或曾经拥有品牌联名信用卡，并且使用这类信用卡通常会给相关组织返还 1% 的消费金额。

许多联合促销活动都想达到提高试用量之类的短期目标。这也同样适用于B2B市场。企业人员也和消费者一样，属于不同的圈层。有的人喜欢打高尔夫，有的人赞赏慈善工作，还有的人只关注商业利益。因此，只有找到志趣相投的合作伙伴，才容易联合起来促销。

联合促销成功的最大障碍就在于如何使其发挥作用。主要是因为贪婪、误解和怀疑。无论客户群体多么合适，如果您的目标合作伙伴不与您开诚布公，一心只想自身利益最大化，那么这种建立在欺骗基础上的合作注定是灾难性的。

寻找合作伙伴时，要尽可能就彼此的目标达成共识，坦诚相待，共克难题。即使双方最初看起来都很有热情，前期基础打得很好，但同样会出现很多意外因素，破坏联合促销。因此，确保以下几点至关重要：

● **让所有人都参与进来**。如果活动涉及公司的其他人员，需要他们了解友商的产品细节，那么向他们充分解释促销活动，认识到此次联合促销的重要性，他们才会下功夫。高层管理人员参与联合促销活动尤为重要。

● **保证承诺真实可信**。每个人都喜欢夸大顾客和人脉的数量，所以最好一开始就保证承诺的数据真实可靠。

● **避免无准备的改变**。公司的情况可能出于各种原因变化。管理层必须从一开始就做好准备，把风险降到最低。

● **建立良好的联络**。一旦启动了项目，就很想快速推进下去，因此双方必须建立良好的联络。联合促销成功的关键是让公司各个层面的人都参与到整个促销活动中来。

● **合理讨价还价**。每一方都想获得最佳利益，并据此进行商讨。双方必须在就活动的成本达成一致意见的情况下，为了实现双方利益的最大化，进行价格协商。

● **积极主动参与**。总有人觉得，提出最初方案的一方应该承担更多责任，负责所有的运作工作。这种想法是错误的。合作双方都应该积极主动参与进来。

潜在合作伙伴是否具备联合促销所需的素质，检验的唯一方法就是沟通。每一方都必须能够满足促销活动中一项或多项需求：

- 让使用对方产品或服务的顾客试用自己的产品或服务；
- 让目标受众在心里，将自己和对方的产品或服务联系起来；
- 促销优惠吸引顾客同时保证低成本；
- 向您的客户解释使用您的产品或服务的新方式；
- 把产品置于潜在顾客可能会看到的场景中；
- 共享策划，以降低活动成本。

样品试用

优惠组合　当顾客购买 A 产品时，会获得 B 产品的样品。这往往发生在顾客经常购买和使用 A 产品，或者两种产品的使用有明显联系的情况下。

如何开展？样品试用的一个著名例子是购买洗衣机免费赠送一包洗衣粉，这肯定是洗衣机制造商认可或者默认特定品牌的洗涤产品。其他例子还包括雀巢咖啡与霍布诺布燕麦饼干（Hobnob）打包销售，建立共同使用场景，明确品牌之间的联系。

需要注意什么？这是提高试用量的最有效的方式之一。相较于上门赠送样品等方式，如果合作伙伴选择得好，这种促销手段非常划算。不过，赠送完整样品成本很高，通常还需要加入一些重复购买的激励手段。由于样品试用成本和潜力兼具，所以需要事先谨慎测试再做决定。

导流优惠券

优惠组合 人们购买 A 产品，会收到一张优惠券，可以用来抵扣购买 B 产品的费用。导流优惠券也被戏称为"甩炸弹 / 王炸优惠券"，这个名字就暗含一锤子买卖的意思。尽管活动没有名字那么具有爆炸效果，但这个名字沿用至今。同一公司的非竞争品牌之间经常采用导流优惠券促销。

如何开展？ 一个典型例子是"儿童免票"活动。该促销活动最早由宝莹洗衣液（Persil）和小厨师快餐（Little Chef）于 20 世纪 80 年代中期联合推出。现在，与儿童相关的家居品牌与家庭饮食和休闲企业经常联合举办此类活动。

需要注意什么？ 导流优惠券的优点是，它比样品试用的成本低得多，但顾客缺乏使用样品的体验。导流最重要的好处之一就是，不需要特殊的包装，就可以知晓引流人数。如果多家销售互补产品的公司之间能够合作，导流效果将非常好。

慈善合作

优惠组合 慈善合作促销，也称"善因营销"。尽管形式多样，但其核心依据是，顾客更愿意购买对社会和环境有贡献的公司产品。这是一种互惠互利的商业关系：慈善机构需要资金、新的支持者和更广泛的宣传；企业需要促销活动，来营造品牌价值，并与消费者建立联系。

公益组织面向的市场也应与促销商的目标市场一致。因此，选择目标客户市场时，需要有一定程度的发散思维，思考以下几个问题：

● 什么样的慈善机构和志愿组织能够吸引顾客？

● 他们想参与什么样的项目？

● 什么样的慈善机构和志愿组织与自身的产品或服务相关？

● 在接下来的几个月中，哪些慈善和志愿活动有可能获得最高的公众曝光率？

回答出这些问题，您就可以拟定出适合领域的清单，例如体育、艺术、儿童组织等。笔者建议从慈善援助基金会（Charities Aid Foundation）入手，找出哪些组织在您选择的领域内。

如何开展？ 慈善促销活动种类多样。出现较早的是集卡促销，消费者收集并邮寄产品包装纸或附带优惠券给促销商，慈善机构就能借此换取一定额度的捐款。促销商将寄来的包装纸进行清点，然后将等值金额的捐款捐赠给慈善机构。通常情况下，慈善机构会要求一个最低保证金，以保证自己的名声没被滥用，同时也让促销商充分估计兑换水平的难度。如果能鼓动学校和青少年组织收集包装纸或优惠券，那么与慈善机构合作举行的集卡促销将会产生巨大的反响。

> **简报 10.5　再见电话卡！** 英国电信希望从流通中淘汰一批老旧的预装芯片卡，为此举办了优惠活动：只要用户交回旧电话卡，它就会给庇护所组织捐款。这项活动既回收了大量电话卡，又为庇护所募集了10万英镑。
>
> **简报 10.6　伦敦马拉松。** 范登伯格食品（Ven den Burgh）不仅赞助了伦敦马拉松赛，还免费赠送装有旗下花唛黄油（Flora）的运动包，并承诺每领取一个运动包就向英国心脏基金会（British Heart Foundation）捐赠 1 英镑。直到 2009 年他们最后一次赞助马拉松比赛，再次使用了这种促销活动，马拉松、花唛黄油和预防心脏病之间的联系在消费者心中进一步得到了强化。

慈善促销活动还有其他丰富的形式，比如奥秀厨具（Oxo）和巴纳多联合评选年度冠军儿童，捷豹和全国儿童之家在阿尔伯特音乐厅联合举办皇家晚会。

需要注意什么？ 与联合促销的合作原则类似，慈善促销活动的原则也适用于与志愿组织和协会组织（如体育和艺术协会）合作的促销活动。此外，还有四点原则是非营利组织所特有的，在了解它们的需求时，需要加以考虑。其中一些不适用于大型国家慈善机构，因为他们有自己的营销部门，但在与小型组织合作时这些原则非常重要。它们分别是：

1. **确定优先目标。** 大多数非营利组织都有无限的需求和愿望。企业需要时间和耐心深入了解，才能找到合适的优先目标。

2. **确定决策者。** 非营利组织通常由委员会管理，内部流程复杂，所以您必须了解这些流程，找到决策部门，以及明确所做决策的约束和影响。

3. **建立信任。** 营利性组织和非营利性组织的思维方式并不相同，一开始怀疑和不信任是可以理解的。为了建立信任，必须关联价值和愿望，以此鼓励非营利组织人员。

4. **尊重他人。** 实施任何非营利组织促销活动，必须尊重受捐赠者。要时刻牢记，筹款不是以牺牲自尊为代价。

如果促销活动以这种开诚布公的方式进行，公司就可能与慈善机构和其他非营利组织坐下来好好协商，达成满足双方需求的交易。

会员奖励

优惠组合 从加油站、航空公司到超市，会员奖励随处可见。大规模的会员奖励经常涉及联合促销活动。会员奖励期望满足顾客方方面面的生活需求，但事实上，任何一家公司的产品范围根本无法满足。研究发现，有70%的商务和休闲顾客表示，是否持有酒店或航司的会员卡是决定选择与否的关键因素。会员奖励向消费者提供的优惠既简单又变化无穷：注册会员，填写购物喜好，提供个人信息，获取会员卡并开始积分。从营销管理的角度来看，这个概念同样简单：制订适合自身业务的会员方案，并开始实施。但是您有奖励方案吗？（请参阅第1章）。

如何开展？ 营销人员对会员奖励的有效性和实质性看法不一。其中，批评最强烈的人指出，有证据表明消费者购买某类商品越多，就越有可能尝试不同的品牌。举个例子，您越常坐飞机旅行，就越有可能选择不同的航空公司。您常在超市购物，就会倾向尝试不同的超市。

如果每个地方都有会员奖励，为什么不都加入呢？市场份额之所以发生变化，是因为总的用户数量增加了，不变的是您的产品或服务中两类用户的比例。事实也确实如此，通过对几十个市场的调研发现，忠实用户的比例是不变的。根据以上这种说法，会员奖励完全是一个错误的名称。还请阅读关于用户黏度的内容（请参阅第3章的结尾）。

因此，问题仍然悬而未决：价格、便利性、商店布局、结账速度等因素会影响消费者选择在哪家超市购物，其中，会员奖励扮演着什么角色，可以从6C优惠组合角度来思考这个问题。会员奖励的支持者往往跳过了一些反例。20世纪90年代，阿斯达超市虽然没有会员卡，市场份额依旧客观；而英伯瑞超市推出了会员卡却也没能阻止市场份额的下滑。

需要注意什么？ 要知道会员奖励并不是让消费者忠于自己，而是给出客户回购产品或服务的理由。其中涉及许多促销技巧，最主要的一个就是积分促销。在此基础上，利用各种短期激励手段，鼓励消费者参与有奖竞赛和特别活动。这些活动的缺点是成本高、操作复杂，而且有可能忽视对产品和服务质量的关注。最好的办法就是对会员奖励进行分解，不要对方案进行整体评价，而是对每一次活动进行评估。会员奖励想要发挥作用，就必须每个活动都达到效果。

就像 20 世纪 70 年代末的绿盾集邮活动一样，现有形式的会员奖励也将逐渐退出历史舞台。英国超市推出会员奖励几个月后，促销媒体就预言了它的消亡。到目前为止会员奖励还存在，但促销活动确实是有周期的。在案例研究 56 中，乐购过去 20 年的促销经验说明了这一点；在案例研究 62 中，宝洁公司在 20 世纪 60 年代的经典促销方式也提供了例证。

促销商应该明白，如果每个活动都清楚地回答了"我想让谁做什么？"这个问题，那么用会员奖励拴住顾客也就没有必要了。如果单个活动不能吸引消费者采取行动，那么任何形式的会员奖励都没有用。在目前的会员奖励浪潮退去之后，还会有新的名字来包装"买一赠一"、打折之夜、集卡等经典促销手段。

"影子合作"

优惠组合 不是每个人都能找到理想的联合促销伙伴，例如世界杯和奥运会。这时，"影子合作"可以助您一臂之力。

如何开展？ 虚拟合作伙伴是在不违反版权法的前提下，与热门事件建立联系。世界杯期间，麦当劳开展了"上下半场"的促销活动，赠送足球相关商品和比赛门票；汉堡王在赞助英格兰、苏格兰、威尔士和北爱尔兰队的基础上，也进行了即开即中的促销活动，还提供足球相关商品和比赛门票。割草机制造商弗吕莫（Flymo）免费赠送品牌足球和精选割草机，并在卖场和电视广告中展示踢球的小天使。如果苏格兰队或英格兰队获胜，消费者就有机会获得 50英镑返现（比赛越到后面，返现的可能性越大）。本章中的案例研究 53 描述了赛勒塔普胶带和国家彩票之间类似的影子合作关系。

需要注意什么？如果企业疯狂暗示本就不存在的合作关系，那就等着版权律师铺天盖地的律师函吧。如果暗示与某慈善机构建立了合作关系，当公众知晓真相后，企业形象会遭受毁灭性打击。然而，要想与某个活动关联起来，同时不侵犯版权，是不太现实的。对于小心谨慎的促销商来说，如果希望将自己的品牌与公众心目中最重要的事物联系起来，影子合作不失为一个理想的选择。请记住，侵犯版权将受到严厉的惩罚，例如 2012 年奥运会的法律规定。

案例研究

下面三个案例反映了三种不同类型的联合促销：B2B 市场促销，长期会员奖励和影子合作促销。本书中其他相关案例研究包括保卫尔的样品试用活动（案例研究 43）、英伯瑞的"书包"促销活动（案例研究 44）以及雅各布俱乐部和个体零售店"为学校带来音乐"联合促销活动（案例研究 77）。

案例研究 51：英国国民威斯敏斯特银行与英国电信的合作促销活动

英国国民威斯敏斯特银行与英国电信合作，提供了三项电信优惠。作为开立小企业账户的回报，客户可以获得一部免费的商务电话，传真机可减价 35 英镑，答录机可优惠 15%。该促销活动市场反响热烈，超额完成了增加新账户这个主要促销目标，新开户数量比预定目标高出了 52%；还实现了次要目标，表明英国国民威斯敏斯特银行了解小企业的需求。简单明了的优惠组合让销售人员能够有的放矢、全力以赴。该促销活动获得了英国促销学院金奖。活动的理念简单、执行清楚，并为合作伙伴英国电信带来了实际利益。

到 2014 年，英国国民威斯敏斯特银行还可以与哪些企业合作以吸引初创企业？

除此之外，还能采用什么样的促销手段将优惠带给顾客呢？

案例研究 52：壳牌公司和埃索公司

这是一个经久不衰的传奇！在 1997 年，司机加油一度非常纠结：从超市购买汽油，价格低廉，因此占据了 21% 的英国市场份额；但缺点是加油地点往往不是很方便。埃索石油公司有"全网低价"优惠，顾客还可以享受 3 英里范围内的最低价。而壳牌公司等大多数加油站则大力推销各种优惠卡方案。

壳牌"加油卡"于 1994 年推出，本打算做 5 年时间，但最后一直持续到了 21 世纪。特奎拉首选代理公司在策划促销方案时，考虑得很周到：壳牌是市场领导者，但由于缺乏长期的会员奖励，逐渐流失了市场份额。壳牌需要在保持高溢价的同时扩大销量，并且面向所有驾驶者，尤其是对长途司机重点出击。因此，它既需要一个长期的方案，又要适时进行程式化促销。

壳牌加油卡的推出，有第三方的参与，该促销活动的优惠包括即时兑换、长期优惠、第三方产品和目录产品购买、慈善捐款和个人福利等。它通过多种方式进行了促销宣传，如电视广告、上门推销、促销助理、加油站推销、地方电台宣传、直接邮寄和慈善杂志广告植入。壳牌加油卡既可以保证每张卡的积分安全，又可以详细分析以往交易信息。一年之内，壳牌的持卡人就达到了300 万。壳牌加油卡的表现超出了所有预期，因此获得了英国促销学院金奖。随着合作伙伴的不断变化，它也在不断发展。2007 年，壳牌重新推出了新的卡片品牌和奖励方案。

埃索公司采取了降价促销方式。据估计，这种方式使埃索公司的市场份额增加，获利颇多，可以与超市匹敌。事实上，汽油公司的利润来源是销售其他商品和服务，以及将加油站网点授权给连锁超市等，这就导致汽油零售商几乎是在亏本经营。任何公司都要权衡好市场份额和利润率。与超市相比，汽油零售商面临一项艰巨的挑战：他们的炼油和石油勘探方面固定成本很高，而超市无须任何此类投资即可在"现货市场"上采购。因此，对于超级市场和汽油零售商而言，利润计算方式大相径庭。联合经营加油站也许是一种富有想象力的合作方式，可以将彼此的业务结合起来，共同受益。壳牌公司在一段时间内坚持使用加油卡，埃索公司坚持使用"全网低价"策略。这表明在汽油市场上，积分促销和降价促销可以并存，吸引不同优先级用户。

请调查目前加油站的促销活动，分析每个公司对"我想让谁做什么？"这个问题是怎么回答的？

案例研究 53：赛勒塔普胶带（Sellotape）

赛勒塔普胶带既是胶带市场的代名词，又是高端品牌的领导者。胶带属于日常用品，买它的人不是终端消费者。赛勒塔普胶带是如何向这些消费者展示其品牌领导力的？1994 年英国国家彩票的推出让特奎拉首选代理公司找到了答案。赛勒塔普胶带组成了一个"辛迪加彩票组"，代表提交购买凭证的终端用户购买了 1 万张 1 英镑的彩票用于开奖。参与者需要提交公司证明，并将其奖金用于慈善事业。这样可以确保促销符合当时的英国广告标准局守则。活动还鼓励采购人员与部门经理一起讨论选择赛勒塔普胶带，而不是其他廉价品牌的原因。

辛迪加彩票最终没获得什么大奖，但在运营的 6 个月内，促销活动使其销售额增长了 40%。这样的成果可复制吗？因为法律规定，也许现在没法借助彩票了，但是借助其他重大活动，依然可以用小成本撬动大收益。

您认为当前和即将举行的哪些活动可以提供像赛勒塔普胶带与彩票（现在的大乐透）这样的影子合作机会？

请看案例 33，它讲述了《太阳报》如何经营与彩票相关的促销活动。赛勒塔普胶带要如何确保辛迪加彩票这个活动安排不会让顾客觉得言过其实？

案例研究 54：沃克斯食品（Walkers）"英国之旅"活动

为宣传原料 100% 选用英国土豆，并在竞争激烈的市场中保持领先地位，沃克斯举办了名为"英国之旅"的包装附赠集卡活动，该活动联合 32 个英国主要旅游组织举办，是当时英国最大的休闲旅游促销活动。虽然沃克斯不愿意利用网络平台促销，但这确实是促销的好渠道，消费者可以通过知名合作方的网站，了解旅游优惠详情。该活动刚好符合 2008—2009 年的英国国情，在经济衰退和信贷紧缩的大环境下，赢得了英国促销学院金奖，也是实至名归。该活动借助电视广告、媒体以及网络等渠道，活动期间售出了 9 亿包食品。促销网站的访问量也因此达到 400 万人次，超过 60 万人注册"英国之旅"账号，创造了 500 万英镑的利益。

案例研究 55：家乐氏"动物园管理员"活动

该活动构思巧妙、奖品特别、注重环保、摆脱了授权商品限制，深受消费者喜爱。因此，该活动以全票（史无前例）荣获 2009 年英国促销学院最受观众喜爱奖。家乐氏想通过"儿童参与，妈妈批准"的包装附赠促销来设定标准，通过与水族馆和动物园合作，家乐氏提供了无法用钱买到的赠品——成为一天动物管理员，不仅可以免费入场，还可获得免费动物知识介绍和动物铃声。这次联合促销为消费者带来了价值 380 万英镑的奖品，家乐氏的销售额也增长了 76 ％。

总结

联合促销是宝洁、联合利华和家乐氏等公司的主要促销手段。各种规模的公司都可以效仿。但是，必须记住，联合促销应该建立在互利共赢的商业伙伴关系基础之上。而检验促销活动是否成功，就是看双方是否愿意再次合作。如果您深思熟虑，最终确定了目标市场和合作伙伴，并且以共赢为出发点参与活动，联合促销才会奏效。否则，您最好不要采取这种促销方式。

与慈善机构和其他非商业组织的联合促销，宣传效果好、反响巨大，并且能与客户的重要价值联系起来。这种促销活动必须承担社会责任，尊重所帮助对象的需求和感受，但本质上还是一种商业行为。

三、降价促销

把降价作为一种促销手段，不设置固定价格，是营销战略中最困难也是最敏感的部分之一。所有其他促销技巧都涉及成本问题，而降价促销会直接影响利润。鉴于前文的促销案例，要知道价格不再是决定性要素。消费者潜意识里可能认为"便宜没好货"。大多数情况下，市场营销是为了让公司摆脱对完全竞争的依赖，尤其是针对产品。因此，要花费大量的精力提供优质产品、树立品牌形象、强化分销实力、按需设置优惠、建立独特客户关系。

降价促销并不明智，所以为什么还要选择它呢？ 反对者认为，降价促销有损品牌形象。考虑到目前的市场环境和消费者的认知，降价促销实属吃力不讨好。品牌经理在进行品牌定位的时候，不建议采用降价促销。如果产品或服务的确定价过高，将会发生两件事：消费者的购买力将下降，您也将见识到社交媒体的影响力。这时，只需降低价格即可。而这不过是权宜之计，以增加销量，让社交媒体为您所用。

全部降价促销。 最近，几乎所有牛津街和摄政街的商店都在进行降价促销，折扣力度高达 50%——博姿与荷柏瑞（Holland & Barrett）除外。对于消费者而言，这些品牌都是一样的。这太疯狂了！品牌不需要创新，也没有真正考虑"想做什么"，大幅简化了购物流程。

打七五折怎么样呢？ 十个零售商（由作者统计）询问了降价营销对其品牌的影响。其中一家公司问，"打七五折是否会影响品牌？"——这根本不能盈利，当然会影响。更讽刺的是，第三方研究表明，该公司的顾客根本不需要折扣，他们不买是因为其服务质量差、物流慢、现货少等。那家公司从未进行过客户调查，也没有专业营销人员，经理们也没有接受过营销方面的培训。该公司打折是为了顺应潮流。如今，这家店铺已经倒闭了。

本节介绍了企业对降价促销的不同看法，以及降价促销的多种实用技巧。不同的定价思维阻碍了许多关于降价促销的讨论，所以重点讨论了定价细则和价格细分。

如何定价？ 竞争以及供需变化都会影响价格。一些公司根据自身定位，从不搞降价促销，比如服装零售公司普里马克（Primark），以及此前的玛莎百货、阿斯达超市，以及服饰与配饰零售商 FatFace。只要一家公司打折，其他公司觉得有必要做出应对措施。大多数国家和地区都有法律明令禁止生产商联合垄断价格。有的企业通过提高生产效率来降低供应成本，这样价格上低于竞争对手，企业也能盈利。压低供应成本是竞争差异化的主要策略之一。此外，需求变化也会影响价格。例如，上午 9 点前的车票价格是 9 点后的 2 倍以上。

促销不能只考虑产品或服务定价，对终端用户和中间商的正常售价、产品包装、分销渠道等因素也应该考虑在内。公司的定价策略在很大程度上决定了降价促销的方式，以及公司如何体现正常价格与促销价格之间的差异。是否使用降价促销的分歧，基本上出于人们不了解两种基本定价策略的差别，没有考虑到顾客需求。

在"成本导向定价法"中，价格是以产品成本为基本依据，再加上预期利润来确定的。预期利润有时根据公司预期资本回报率计算得出，有时参考行业内平均回报水平。以成本导向定价的人总认为，打折等于将利润拱手相让，但果真如此吗？价格高，无人问津，损失的最终还是自己。而在"竞争导向定价法"中，定价方式的出发点是竞争对手，而不是成本。价格参照竞争对手的收费而定。成熟的公司都着力在竞争和成本之间取得平衡，更强调定价策略的第三个要素需求。需求导向定价法主要包括：

1. 心理定价策略——基于价值决定价格理念。企业往往以高定价来维持高品质的形象。香水通常不打折，因为高价格凸显了消费者的高品位。心理定价策略适用于"缝隙市场"，即瞄准了追求极致品质、对价格不敏感的目标群体。这类企业认为降价促销不适合他们——这样想是很正常的。这点迎合了现代消费者对高品质生活的追求。例如"您值得拥有"和"宠爱自己"等营销文案也强化了这一点。

2. 价值定价策略——基于物美价廉理念。如果一家公司的产品销量大，足以让生产成本降到最低，那么就适合价值定价策略。它的目的在于提供持续的低价，扩大销量。美国沃尔玛和英国的阿斯达、庞德、奥乐齐、历德等通过"每日低价"（everyday low prices, EDLP），让顾客认为物有所值。降价促销是价值定价策略的一部分，但不是核心。

3. 细分市场定价策略——降价促销真正发挥作用的定价策略。这种策略强调消费者的个体差异性，有些人对价格敏感，有些人则不然；有些人会货比三家，有些人只认准一家；有些人会为了享受服务或得到产品而等待，而有些人则不会。这种策略的核心观点是，价格应根据细分市场的需求来确定。

直到19世纪连锁商店开始"统一定价"之前，买卖双方是可以讨价还价的。在某些市场（例如，股票交易所的股票价格或商品交易所的商品价格）依然可以如此。细分市场定价规模大、内容新颖复杂。

顾客细分定价

什么是顾客细分？请参阅第 3 章。营销人员说细分顾客的方式五花八门。按照顾客的职业和收入分类，可分为 A、B、C 类；按照顾客的生活方式分类，第 4 章案例中有抱负的年轻专业人士在年龄和收入上，与啤酒迷足球迷相似，但他们花费时间和金钱的方式却大相径庭。此外，还可以根据顾客的不同的生命阶段来划分，从依赖父母的孩童，到还未成家立业的青年，再到组建家庭的夫妇。甚至，还可以根据消费者的态度细分市场。从理论上讲，总有一个市场与您的产品相匹配，就像手套一样。但事实上这很难做到。

> **简报 10.7　米特兰银行将顾客分为两类：**矢量账户（Vector）针对老年人，果园账户（Orchard）针对年轻人。但这种细分方式失败了，因为银行和客户都不了解其中的差异。米特兰银行也因经营不善，被汇丰银行（HSBC）收购。

要想促销定价发挥作用，细分市场必须真实可信。相比于休闲旅客，商务旅客为了省时便利，愿意花更多的钱，这种细分在机票售卖中得以体现。但是，商务旅客和休闲旅客在飞机上或机场的餐饮需求是否不同呢？有研究表明，就餐饮服务而言，有两个截然不同的细分市场：赶时间的旅客和不赶时间的旅客。他们当中既有商务旅客也有休闲旅客。

有三个经验法则可以判断一个细分市场是否足够真实、定价是否有效：

1.不同细分市场的顾客必须对价格的敏感度不同，也就是说，他们必须准备好为同样的服务或产品支付不同的价格。

2.高、低价格敏感度群体之间必须有一些物理空间、产品构成或时间成本上的区分，防止本来愿意出高价的人"搭便车"。

3.市场细分必须拿出真凭实据，这样消费者才不会心怀不满和反感，并且商家也能看出市场细分的钱没有白花。

最常见的细分原则包括：

1.**时间。**在旺季旅行或打电话，比在淡季要花费更多。圣诞节前买玩具比节后买成本更高。买最新发行的 DVD 比之后买更贵。

2.**位置。**位置优越的商店、酒店和餐馆收费更高。

3.**购买方式。**批发比零售便宜；年费会员比单买剧院票或杂志便宜；提前预订比当天购买票价低。除非是最后填空缺的剧院票。

4.**版本。**高级版的费用比标准版高。想买安心，买放心，那就多交钱。虽然产品或服务本质上是一样的，但不同的版本或包装，就可以有不同的价位。

促销商最关心的是促销的特定时段和地点、以规定的购买方式购买某些指定版本的产品。这也是精心策划的降价促销与一味地自杀式打折的区别。

即时折扣

即时折扣是指在购买产品时，可立即享受相应折扣。虽然有六种形式（请参见下文），但其共同点都是让消费者花更少的钱购买一定数量的产品。即时折扣有许多显著的优势。每个人都喜欢打折，不管是线上还是线下，因此即时折扣能极大地刺激消费者的购买欲。70% 以上的消费决定都受到即时折扣的影响。

但是，即时折扣的弱点也非常突出：首先，打折会迅速演变为价格战。大型超市奥乐齐和利多之间的价格战已经重新开始，但这并没有阻止利多提高其市场份额。竞争对手很容易复制这种折扣方式。其次，打折往往无法区分真正需要折扣与没有折扣也会购买的消费者。折扣的成本也非常高，消费者打折得到的实惠都需要由促销商来承担。并且折扣也会降低产品或服务的价值。商品回到正常价格后，就无人问津了。通过降价促销所获得的市场份额，很少有维持长久的。这就像强效的药物一样，即时折扣的威力很大，见效迅速，但副作用也很大。最后，促销企业还必须了解价格折扣的相关法律，合理限制扰乱市场行为，禁止利用价格误导消费者。

季节性折扣

优惠组合 季节性折扣是为了提高淡季销量、清仓过时产品线、避免积压库存、鼓励超前消费，以及改善现金流。

如何开展？ 人们最熟悉的店铺"清仓大甩卖"现在已经成了常态化的季节性促销活动，远远背离了季节清仓的初衷。一些零售商连续几年都打出"关门大甩卖"的旗号，游走在违法的边缘。旅游休闲企业也经常搞季节性打折，淡季、平时和旺季之间的价格差异很大。

需要注意什么？ 季节性折扣的关键是如何划分季节，过度使用促销会让消费者将购买推迟到下一次促销到来。

多买多送

优惠组合 多买多送是指消费者买得越多，能享受到零售商（由制造商资助）的产品折扣越大。"BOGOF"由"买一送一"变形而来，在促销包装、货架或报纸广告上经常可以看到。在撰写本书时，主要的超市已经不在采用多买多送促销，更倾向直接打折。

如何开展？ 多买多送通常通过扫描条形码，商店的柜台系统会统计出带有特定条形码的商品数量，并自动打折。多买多送越来越受到重视。有一家行业领先的洗涤剂公司提高了多买多送促销的开销，将促销总成本的比例从 20% 提高到了 65%。

需要注意什么？ 多买多送促销方式简单易上手、市场反应快，也很好量化成果，是击败竞争对手的强有效方法。与此同时，多买多送的成本高。一些消费者已经习惯了这种方式。伦敦商学院的研究发现，95% 的多买多送产品被 27% 的家庭买走。他们普遍家庭成员多，经济条件较好。多买多送活动可以让品牌的销售增长 50% ～ 200% 不等。促销活动结束后，这一批消费者看到竞争对手的多买多送活动，同样会簇拥而上。

多买多送如果使用得当，是去库存的好方法。消费者把商品囤在家里，其使用率大幅提升。并且，在没有用完存货之前，消费者不会购买竞争对手的产品。然而，这却让生产商成了池鱼笼鸟，完全无视其他促销形式。而且，优惠的功劳还往往不属于生产商。56% 的消费者认为是零售商给的优惠。

在零售市场之外，多买多送还广泛应用于其他领域，比如杂志订阅时间越长越能享受优惠。

捆绑式包装

优惠组合 捆绑式包装的优惠形式多样，但核心理念是：将两个或多个同类产品捆绑在一起，或放在额外的包装中，以便消费者一起购买。

如何开展？ 饮料和糖果品牌通常以各种形式捆绑销售，比如 12 个、24 个或更多个产品打一个包装。通常来说，数量越多，价格越低。

需要注意什么？捆绑式包装需要考虑包装成本，还需要额外的生产线进行包装生产，以及额外的仓库存储不同包装的产品。捆绑式包装的好处是，消费者知道是生产商在促销，它们往往较少受到零售商的控制。捆绑式包装可以增加产品在商店里的展示空间，并鼓励消费者囤货。捆绑式包装能有力刺激消费者大量采购。

货架展示折扣

优惠组合　货架展示折扣是最常见的降价促销方式。在打折商品的货架下方贴有标签或海报。需要注意的是，商店可能会因为天气或竞争对手的策略变化，不定时改变商品价格。

如何开展？如果将1英镑的商品便宜25便士出售，则可以通过多种方式标识："原价1英镑，现价75便士""仅需75便士""优惠25便士""专属价75便士""立省25便士"等。这种标识在服装店、耐用消费品零售店、食品店和药店司空见惯。

需要注意什么？原价的可信度十分重要。自转售价格维持终止以来，先在产品标上虚高的建议价，然后再打折出售，已经没有任何意义，同时也是违法行为。更普遍地讲，货架展示折扣既简单又有效，但它无法区分目标群众，降低了消费者全价支付的意愿。

削价处理

优惠组合　削价处理直接在包装上亮出优惠内容，比如"立省10便士""大减价"等。不同于货架展示折扣，它的优惠宣传直接印在包装上。

如何开展？ 生产商在包装上印制优惠价格，不等同于所有零售店都会以此优惠价格售卖。优惠产品需要额外的生产线、库存和单独的包装。现在许多零售商拒绝接受这样的产品，他们越来越多地要求获得原价利润。

需要注意什么？ 对于消费者而言，削价促销十分诱人。对生产商来说，可以控制终端销售的价格。但是，就利润和包装而言，这种促销活动成本高，与连锁店合作的难度越来越大。频繁使用可能导致产品贬值。它的可复制性强，很可能出现行业同类产品几乎齐刷刷跌价的情况。

加量不加价

优惠组合 加量不加价包装上常标有"免费增加25％"或"550毫升的量，到手仅需440毫升的价格"的字样。与削价促销不同，加量不加价，售价不变，只增加数量。

如何开展？ 加量不加价主要吸引的是现有顾客，他们可以用同样的价格获得更多的产品；同时也可以吸引其他消费者购买更大尺寸的包装。但是对生产商来说，成本会增加，包括对原包装重新设计并印刷以及准备额外的产品库存。对于一些零售商来说，货架重新排布以及腾出额外空间也有一定的困难。

需要注意什么？ 与其他降价促销方式相比，加量不加价能让消费者更多感受到产品的价值，一定程度上忽略产品生产成本。分量提高的成本有时比改变包装的费用还低。然而，它的可复制性也很强——去看看酒类专营店，仿佛每个窖藏啤酒品牌都是加大号。

入店折扣

优惠组合　入店折扣是指消费者在商店或购物中心入口处，可以抽取一张优惠券的促销形式。这些优惠券包括不同商品或门店的优惠，消费者可以在购买特定商品时使用。例如，美国的美妆店和珠宝店经常使用这种优惠。机场免税商店也可以见到这种方式（如泽西机场）。入店折扣完全由零售商控制。

如何开展？ 入店折扣是否能增加销量，取决于客流量大小、与顾客沟通是否高效。消费者可以把这种促销活动分享给朋友、家人和同事。有的顾客灵机一动，不断进出商场，直到抽出大额优惠券。入店折扣的确让购物体验更加有趣。

需要注意什么？ 控制优惠券的数量和额度是很重要的。

延时折扣

延时折扣是指顾客在购买时不能立马享受折扣的促销形式。一般来说，顾客必须在购买后有所行动，才能享受优惠。延时折扣经常用于超市和零售商促销活动中。延迟折扣的关键在于，购物结束后，不是所有人都会为了优惠有所行动。每个人都遇见过"下次购买立减 20 便士"的优惠券——原本打算好好利用这张优惠券，结果几个月后才在厨房的抽屉里找到，找到的时候发现已经过期了。这就是延时折扣背后的原理。

延迟折扣可以设置优惠门槛，这样更容易找到目标群体。不能退货让促销商能够给出更大、更吸引人的优惠。相较于即时折扣，延时折扣可以更加有创意。

延迟折扣的缺点之一是缺乏即时性。俗话说得好：二鸟在林，不如一鸟在手。延迟折扣还可能额外增加促销商和消费者的售后和寄送负担，寄送一张

10 英镑的代金券很可能会增加大约 2 英镑的成本：促销商和消费者的快递费、包装费、兑换和处理优惠券的成本。这对快递公司当然是好事，但却有损促销商本想提供的实惠。延迟折扣流程复杂，可能让参与者望而却步。想要提供优惠，就必须直截了当。

延迟折扣的主要形式是可用于下次购买的优惠券。这些将在"优惠券"一节详细介绍。其他常见形式还包括现金返利、瓜分红包和回购优惠。现在超市也提供限时优惠，不同产品，优惠力度也不同。

现金返利

优惠组合 现金返利是指顾客收集包装里的优惠券，再邮寄给生产商，即可获得现金返还。这种促销也可以看作"买一送一"的衍生形式，所得优惠券可用于购买其他的产品。现金返利的门槛和金额不定，例如"全套购买，返利10 英镑"。

如何开展？ 现金返利需要消费者和生产商来回邮寄，大大增加了成本。在消费品市场上，现金返利已经被多买多送所取代，但在商品价格较高和柜台系统尚未普及的行业，现金返利还是很有效的。它们在金融服务行业中特别受欢迎，例如"办理抵押贷款，立返 500 英镑""购买新车，立返 100 英镑"。

需要注意什么？ 生产商先假设每个人都会兑换，从而计算出优惠幅度小于500 英镑。而生产商的返利成本其实取决于实际兑换的人数。消费者会对优惠活动感兴趣，但不一定会采取行动，因此可以设计更诱人的优惠形式。返利多少应该把邮费和手续费考虑在内。在金融服务市场上，现金返利是一种非常有效的促销手段，因为顾客是用自己的钱来回馈自己。

瓜分现金

优惠组合 瓜分现金是指消费者提供购买产品或服务的凭证，即可瓜分一定数量的奖金。因此经常可以看到"只需 5 张购买凭证，即有机会瓜分 10 万英镑大奖"这样的宣传口号，有时还演变为"返还不限数量的购物凭证"。

如何开展？ 瓜分现金促销需要精心计算兑奖率，确保参与者获得合理的现金奖励，通常奖金应与他们在现金返利优惠中获得的金额相当。

需要注意什么？ 瓜分现金的好处在于可以控制奖金总数。这的确很吸引人。但是，这种促销需要大量邮寄费和手续费，管理成本甚至可能超过奖金数额。

回购优惠

优惠组合 回购优惠是指消费者购买诸如冰箱或高保真音响等耐用品，生产商承诺在未来特定时间（通常为 5 年）回购该产品，其价格等同于消费者购买价。还有一种方式是低价以旧换新。

如何开展？ 乍一看这种优惠会导致生产商破产。但它主要考虑到三个因素：

1. 很多人会忘记 5 年后申请回购；
2. 通货膨胀会导致货币贬值；
3. 那些要求回购的人基本上都是忠实的回头客。

需要注意什么？ 回购优惠需要精准计算并投保，低通货膨胀率大幅减弱它的吸引力。"天下没有免费的午餐"，顾客完全不相信商家会全额回购。但是，以这种方式提高售价，增加了消费者对产品的感知价值，因此在购买周期超过5年的市场上还是有优势的。

优惠券

优惠组合 优惠券用于向消费者或中间商提供产品或服务的即时或延迟折扣。优惠券的分发方式、兑换率和受欢迎程度各不相同。优惠券使用范围太广，因此本节对其进行单独探讨。与延迟折扣一样，使用优惠券的关键在于兑换率的高低，以及拿到优惠券和实际使用优惠券人数的差距。电子优惠券越来越受欢迎，因为消费者在手机或网站上看到优惠信息，填写优惠码，即可获得优惠券。然后在付账时，出示优惠券二维码，即可享受优惠。许多会员卡也在开发优惠券功能。其背后的原理都是一样的：制造商或零售商向顾客补贴现金，用于兑换特定商品。

错误兑换是指消费者并没有购买产品或服务，却错误地兑换了优惠券。生产商每年要花2000万英镑为这种行为买单。而英国促销学院发起了一项制止这种行为的活动。信息咨询机构伟乐思正在提议一种新的解决方案 VERSO™，这是该公司的实时全方位兑换方案。

如何开展？ 一般来说，开展优惠券促销很简单：首先，促销商打印优惠券，规定下次购买优惠金额，或者吸引消费群体在网站下载电子优惠券；其次，分发优惠券；最后，零售商或者中间商在产品或服务售卖时接受优惠券，垫付款项，随后促销商对其进行补贴。如果没有中间商参与，就更简单了：促销商可直接用优惠券抵扣部分付款。

优惠券很像我们平常使用的钞票，其流通数量也很大。进行优惠券促销，关键是要考虑好分发、兑换和形式的问题。

分发优惠券的主要方法有八种：

1. 附带在产品或服务上；

2. 上门发放；

3. 报纸张贴；

4. 杂志张贴；

5. 直邮；

6. 店内发放；

7. 通过网站打印；

8. 通过短信/App 发送。

这些不同的优惠券分发方式，业界人士称其为不同"媒介"。它们在优惠券总数中占比不同，兑换率也截然不同，从不足 1% 到超过 20% 不等。请注意，每种媒介的年兑奖率差异也很大。因此，不仅不同渠道的兑奖率差异明显，不同年份同一渠道的兑奖率也有相当大的变化。

那么，促销商如何决定以哪种方式分发优惠券？这取决于促销目标。不同的优惠券"媒介"用途不同、风格各异。

1. 附带在产品或服务上的优惠券：主要用于鼓励重复购买和奖励忠诚用户。它也可以用于品牌延伸，比如试用新产品。它同样可以吸引新客户。

2. 上门发放优惠券：只针对特定的区域，例如商店附近。它可以有效地获得新用户，特别是与样本促销结合使用时。

3. 报纸张贴优惠券：这显然很浪费，因为高达 99% 的人不会参与兑换，但这一数字与报纸高发行量有关。

4. 杂志张贴优惠券：与报纸张贴优惠券类似，但市场定位更精准。杂志还允许将优惠券粘贴到杂志内页。

5.直邮优惠券：成本最高，也是最有针对性，并且兑换率最高的。

6.店员发放优惠券：实用性必须加以测试，以确定它是否真的为产品或服务带来了额外的业务，或者它只是为那些无论如何都会购买的人提供一个便利优惠。

正确设置优惠券的格式至关重要，因为优惠券可以当钱用。食品杂货行业的优惠券设计、结构和组织都有明确的指南，任何优惠券活动都需要兑换规则。如果促销商自己负责兑换，就需要先制订内部的兑换规则。如果经销商负责兑换，就需要确保所有经销商都接受这些优惠券，并对于兑换过程中产生的麻烦给予应有的补偿。最好的方式是，聘期专门从事优惠券兑换业务的处理商。该行业的领军者是伟乐思公司（Valassis），它负责处理英国85%的优惠券业务，经验丰富，能够帮助促销商避免踩雷。

需要注意什么？ 任何优惠券活动都可能产生以下三大问题：

1.**恶意兑换。**恶意兑换是大规模的欺诈性兑换。例如，零售商剪下一批报纸上的所有优惠券，然后拿到其他零售商那里兑换。应对该问题的方法有很多，业务处理商在这方面最有发言权。

2.**错误兑换。**与恶意兑换不同，错误兑换是指消费者并没有购买产品或服务，零售商却错误地为其兑换了优惠券。没有零售商的支持，几乎是不可能实行的。

3.**诈骗。**网络优惠券就是一个例子。因此，应该给优惠券加上防伪二维码，这样骗子才不好作假。

伟乐思公司的 VERSO™ 的方案应在很大程度上解决这些问题。

尽管面临着上述困难，但优惠券仍是一种促销常用手段，是提供价格优惠的一种好方法，而且不是每个商品都需要优惠。实施优惠券促销的秘诀是要有创意，要针对悉心遴选出的目标顾客，并详细计算兑换成本与额外增加的业务。

信贷消费

优惠组合　零首付是一系列减息优惠的翘楚，已被广泛应用于汽车行业、家具和耐用消费品行业，并且发展势头强劲。美国 NextCard 信用卡公司就因为采用了零首付优惠而成功吸引了大批消费者，为其股东获得红利。在通常的减息优惠策略中，消费者需要拿出一大笔钱来支付。

如何开展？ 如果一家公司借出的钱少于它所支付的贷款利率，就必须在其他地方补足差额。虽然分期付款的原理相当简单，但其形式却千差万别。分期付款主要有四种形式。

1. **生产商和金融机构之间的信贷交易**。这种融资方式常见于通过经销商销售的大型制造商，比如汽车贸易行业。它们以 8% 的利率借了一大笔钱，然后为顾客设计了一套贷款方案。这些方案的利率从 4.1%（首付 50%，12 个月还清余款）到 6.5%（首付 20%，48 个月还清余款）不等。经销商和客户以往常的方式确定汽车的实际价格。然后，客户按照选定的利率偿还所欠的净额。生产商将向金融公司支付客户实际支付分期金额与 8% 利率借款之间的差额。

2. **经销商和金融机构的信贷交易**。金融公司一般只喜欢与大厂商进行信贷消费合作。如果想说服他们为小企业提供资金，就必须了解他们的贷款条件。主要包括：

- 贷款标的物应该经久耐用、容易识别、易于搬运（DIM）。因此，如果未清还债务，则可以拿该产品作为抵押物。汽车、轮船和机械产品显然符合这些要求。

● 如果债务人确实无法偿还贷款，金融机构将被迫收回抵押物，抵押物转售价值应该高于未偿还欠款。因此，最好首付金额高，还款期限短。

● 企业必须诚实可靠、值得信赖。

如果满足上述条件，外加其他技术性的条件，就应当与金融机构接洽，达成信贷消费协议。

3. 个人贷款交易。 像家具、地毯这类不耐用、不易识别、不便搬运的物品，金融公司不会提供资金，原因是这些物品本身没有足够的担保价值。一种解决方法是让顾客抵押房产，以获取个人贷款资金。然后，生产商或零售商按照与金融机构交易相同的方式，补贴顾客的房贷利息。许多信贷机构都可以做这方面的业务。

4. 无抵押贷款。 最后一种信贷补贴形式是生产商或零售商直接提供信贷，无须借助任何外部资金。家具零售商通常使用这种方式。

假设一家家具零售商以零首付、零利息的方式销售一套三件套家具。家具售价为 1040 英镑，消费者只需每周支付 10 英镑，两年时间还清。家具零售商利用现金流贴现法计算分期还款的折现价值，然后得出销售当天的产品价格。此计算方式主要需要考量两个关键因素：公司对未来两年利率和通胀率的预测，以及公司未来坏账水平。假设预测合理，就可以从损益方面确定销售产品的真实价值。此后，问题就变成了如何维持还款现金流。

如果计算失误，或者对坏账水平的预估过于乐观，这种提供信贷补贴的方法必将导致企业破产。只有最坚定、最有经验、现金充裕的企业才会想到这种方式。

需要注意什么？大多数营销人员不需要成为消费金融领域的专家。但是，涉及零首付或其他信贷优惠，营销人员就需要充分了解金融体系的潜力和陷阱，以及整体经济状况。如果熟练掌握这些算法，并对金融体系有深入研究，回报也许相当可观。即使如此，最好还是委托专业人员来做这项工作，至少也要经过他们的检查。同时，必须密切关注《消费者信贷法》和其他法律法规的要求。

渠道促销优惠

吸引零售商但不吸引消费者的促销活动可能仍然奏效，吸引消费者但不吸引零售商的促销活动从一开始就会受阻。"推广式促销"（旨在通过零售商将产品推向消费者）和"吸引式促销"（目的是通过零售商吸引消费者购买产品）两者的区别并不完全绝对，大多数促销活动都需要推广和吸引并存。吸引力不够，产品都没机会上架推广；而推广程度不够，就不会吸引消费者关注。本节将探讨优惠背后的推动要素——利用降价促销获得中间商的支持。渠道促销优惠有五种主要形式：

1. 置换

优惠组合　供应方和采购方在年初约定好置换折扣，如果采购方在年末达到了既定目标，供应商就给予相应的折扣。

如何开展？　置换目标通常规定的是一年的销售目标，但也可以包括陈列、分销和其他业务目标。如果没有达到既定目标，则不能置换折扣。食品生产商、汽车制造商以及旅行公司等零售商大多使用这种模式。一些汽车经销商的大部分利润都来自置换折扣，在客户享受正常折扣的基础上赚取差价。

需要注意什么？　一些采购专业人员不喜欢置换折扣，理由是供应商的成本只是被重新计入价格中。供应商也不喜欢这种方式，因为随着时间的流逝，这些目标可能会变成常态，采购商会理所当然地认为应该拿到置换折扣。但是，置换折扣广泛存在，并且在某些市场中必不可少地成为交易的筹码。关键是要保证在年度谈判中，设定合适的年终目标，让谈判双方都能获益。

2. 陈列和广告补贴

优惠组合 这是零售商协助制造商进行某些促销活动而获得的补贴。补贴适用于媒体支持、堆头（stack ends）[1]、传单、优惠券、橱窗广告、陈列等形式的零售支持。

如何开展？ 从堆头到橱窗广告，促销形式多样。大多数零售商对几乎每一种形式的促销支持都有一个收费标准。越来越多的零售商还要对产品上架收取费用，在零售商的内部杂志上打广告也是必要投资。过去补贴数额都由制造商自行决定，而现在越来越多地由零售商来决定。电子收银系统的发展使店铺可以准确定位每个位置的产品销售量，即使是中型零售商也能根据这一数据向制造商收取相应的费用。

需要注意什么？ 制造商需要密切关注每个零售商中每个产品线的总利润，即刨除给零售商的补贴、置换折扣、销量折扣以及其他贸易折扣的总和，得到净售价，再从净售价中减去制造和促销成本，才能算出每条产品线在该零售商那里获得的利润。通常，补贴应该尽量达到特定的效果，比如额外的陈列和广告效果。在与特定零售商打交道的过程中，包括补贴在内的成本核算越来越复杂，这种情况屡见不鲜。此外，还需要一个同样复杂的财务系统来计算这么做

---

1 堆头是指超市中商品的陈列方式，有时是一个品牌产品单独陈列，有时是多个品牌的组合。——译者注

是否值得。

如果是中小型零售商，可以通过补贴来增加利润。大型零售商都拥有先进的电子收银系统，可以提供详细的销售信息，这些数据为其服务收费提供了依据；而小型零售商在获得这些数据方面还有很长的路要走。

3. 批量购买奖励

优惠组合　批量购买奖励是制造商给零售商的短期奖励。其中，按箱奖励是指每购买一箱产品所获得的额外折扣。按量奖励是指比平常购买数量更多的产品所给予的额外折扣。有些批量购买奖励有固定的套路，比如，买 12 箱再额外送 1 箱。

如何开展？　制造商利用批量购买奖励来拓宽贸易渠道，挤占竞争对手库存，鼓励零售商提供货架展示折扣。在一些行业里，这还是规模陈列和鼓励促销的一种手段。

> **简报 10.8　巴斯啤酒**（Bass Brewery）。巴斯啤酒在全国各地的酒吧中成功举办的"巴斯之夜"就是依靠这种机制。活动酒吧获得了巴斯啤酒提供的一套由海报、问答游戏、奖品和其他物品所组成的促销包，并利用该促销包举办主题欢乐夜。巴斯啤酒为了鼓励多多举办此活动，每举办一次"巴斯之夜"的活动，酒吧就能获赠一桶啤酒。不仅消费者乐意参加这样的活动，而且酒吧也获得了额外收益。

需要注意什么？　为了增加产品销量，最简单的就是向经销商提供优惠；但经销商总是希望压低出厂价，提高折扣比例。因此，除非确认能获得相应回报，否则批量购买奖励不能常用。但由于大多数行业的零售商话语权越来越大，这说起来容易，做起来难。这也是促销商寻求其他促销机制的主要原因之一。其他机制不会让品牌在经销商或消费者面前掉价。

4. 清货折让

优惠组合 "清货折让"这个名称来自销售人员在库房日常清点货物时的叫法，清点的是货物原来的数量和现货数量之差，换句话说，就是已售出的产品数量。现在，大多数企业都可以利用电子收银系统计对货品进行盘存，但背后的优惠原理是一样的。

如何开展？ 清货折让将制造商的折扣重点放在了售卖给消费者的产品数量上，才能保证零售商不只是进货，而是要真正卖给顾客。

需要注意什么？ 大型连锁店基本上用多买多送等促销手段代替了清货折让，因为这两种方式所达到的效果基本一致。而在其他领域，清货折让不仅给零售商打折，增加了其利润，还能刺激产品销售。

5. 信贷优惠

优惠组合 与消费信贷一样，为零售商提供信贷优惠同样重要。为经销商提供更优惠的信贷条件，可以鼓励它们更早、更多地进货。

如何开展？ 许多零售连锁店很大一部分利润和现金流都来自顾客的预先消费，连锁店在两个月或更长时间之后才会给供应商结清货款。在这种市场上，制造商是主要的资金来源。而在其他付款周期更短的行业，制造商可以调整付款期限。这对季节性业务（如园艺公司）尤为重要。

需要注意什么？ 渠道促销的信贷成本计算方法与消费信贷促销相同，也需要注意坏账风险，并且明确自己有财力承担延迟付款。如果能做到这一点，信贷优惠就是渠道促销的有力手段。

案例研究

本小节三个案例中的第一个案例讲述了乐购促销战略中，降价和增值促销的长期交替使用；另外两个是价格促销的例子，说明特定品牌的降价促销可以设计得更为精巧。

案例研究 56：乐购

20 世纪 70 年代中期，乐购成为杂货品行业内绿盾集邮活动的最大践行者。这些邮票由第三方制作运营，颇像技术含量较低的航空里程计划。消费者在结账时获赠邮票，并将其贴在一个本子上，然后在一个相当于爱顾商城礼品店的地方换取商品。除了乐购，零售店和加油站均可获得这些邮票。绿盾集邮活动是乐购提高顾客忠诚度的核心战略。但是，绿盾邮票的成本已经占到了营业额的 2%，而且还在急剧上升。随着邮票的普及，换购成本还在翻倍。

之后，乐购宣布停止绿盾集邮活动，取而代之推出了"结账行动"活动。但这一新活动立马让杂货品行业陷入了激烈的价格战。其他零售商因此也被迫做出相应回应。价格战一直打到 20 世纪 80 年代初，极大地提高了大型连锁店市场份额，与此同时，也压低了自身利润，并被迫出现了一波关闭、合并和优化的浪潮。乐购的市场份额从 8.5% 飙升到 12%。20 世纪 90 年代初的经济衰退促成了新一轮的价格战，各家零售商通过开发价廉物美的自有品牌产品，与折扣店和来势汹汹的仓储式超市展开竞争。随着 1993 年经济好转，折扣店的威胁也被证明比评论家预期的要小。2014 年事情重演了！

乐购在 1995 年 2 月推出的"会员俱乐部卡"再次震撼了杂货品行业。起初，它的优惠是消费满 10 英镑，立减 1%。此外，还有一系列的产品优惠。会员俱乐部卡很快就吸引了超过 500 万顾客。活动第一年，乐购的市场份额就提高到 18.5%，销售额增长了 16%。竞争对手迅速跟进。2002 年，英伯瑞放弃航空里程计划后，乐购立即接手。有人会说，这完全回到了绿盾集邮时代。但是，促销的乐趣就在于，一切都瞬息万变。40 年前过时的东西，现在看来，依然有可取之处。

乐购在网购方面的巨大投资也获得了回报。它符合顾客在时间和生活质量上的要求。研究表明，乐购 43% 的顶级（高净值）顾客对乐购有百分之百的品牌黏性，他们甚至不考虑在其他地方购物。"品牌黏性"是"会员忠诚度"的新说法。但自 2012 年以来，乐购已失去市场。它知道自己已不被推崇。乐购下一步棋会怎么走？——再次大幅降价。2013 年，乐购给人们的印象看起来很糟糕（参见《购物者经济学》这本书）。在 2014 年和 2015 年乐购遇到了真正的麻烦。它了解刻板印象的力量，并积极回应以弥补人们印象中描述的不足。乐购正在恢复。

案例研究 57：盖尔氏蜂蜜

雀巢公司的老字号蜂蜜品牌盖尔氏蜂蜜受到其他品牌的威胁。这种事情很常见，因为它的价格比其他品牌蜂蜜贵 15%。在 1994 年，雀巢公司的品牌经理给促销机构 SMP 制订了一长串的目标，比如阻止销量下滑、避免产品下架、提高包装影响力、增加分销、鼓励多次购买、建立品牌忠诚度等。在完成上述目标的同时，还要注意控制促销成本。这个目标清单几乎什么都想要，但其实都可以归结为一点：给出一个有趣的购买理由，说服消费者购买更多产品，但主要的限制条件是需要控制成本。

在冗长的简报中找到核心内容是促销的一大挑战。该机构确定的基本优惠是"下次购买优惠 20 便士"。这是一个屡试不爽的重复购买促销形式。包装里的 20 便士优惠券被塑胶封起来，它可以被刮开，如果您足够幸运，刮开后就有机会获得 10 英镑的奖品。因此，消费者就面临着一个有趣的选择：是试一下手气，看自己能否中奖，还是心安理得地兑换 20 便士优惠券。但是，一旦刮开，20便士的优惠券就失效了。那么接下来的问题又来了，大多数人都会选择博一搏，获奖的毕竟是少数，那些没有获奖的消费者能得到什么呢？他们并非一无所获。他们可以收集优惠券上的盖尔氏蜂巢标志，用于兑换一系列陶瓷产品。但是盖尔氏巧妙地让消费者参与了一场10英镑奖金的投注，并且如果输了也不会空手而归。盖尔氏此次促销活动很好地完成了既定目标。这个促销活动获得了市场欢迎。分销量从80%增加到85%，销售额增加了15%，从而避免了产品下架，并且优惠券兑换率控制在2%以下。同时，对盖尔氏赠品的收集量也大幅增加。

当市场处于紧要关头时，促销活动尤其需要仔细考量。针对"我想让谁做什么"这个问题，此次促销活动给出了非常有针对性的回答。

案例研究58：英式辣酱油

李派林的辣酱油买的人多，用的人少，大部分人买来后就放在橱柜里当摆设。其实一勺辣酱油能为许多菜肴增添风味，但前提是人们要想得起来加这个调料。

促销机构Lovell Vass Boddey（简称LVB）就通过多个不同形式的小活动，力图实现这一目标。该促销活动获得了1995年英国促销学院大奖。该公司为200万户家庭提供了一个迷你促销包，里面有一个酱料样品、一张"下次购买立减10便士"的优惠券和一张食谱书免费包邮券。

结果是，优惠券的兑换率为10%，食谱书的兑奖率为6%。此外，促销家庭如果填写一份生活方式调查问卷，还可以收到下次购物的额外优惠券。调查问卷的回收率达到了25%。此次促销的特点是智能集成和使用数据库配置文件以提高促销前后的定位准确度。

总结

降价促销就像是在玩火。虽然所有的调查都显示，与其他任何形式的促销相比，消费者更青睐它，但是这些调查也同时指出，它贬低了品牌价值，并导致人们更多地降价预期。各行各业均是如此。

想要降价促销收到应有效果，促销商需要从顾客细分定价入手，思考每一个折扣能带来什么样的好处，并且间歇性地使用价格促销策略。促销的主要挑战之一就是找到和降价促销一样有效（或几乎一样有效）的增值促销方式，还要提高而不是降低品牌价值。因此，降价促销仍然是促销效果的标杆，而且常常因为行业压力和竞争而不得已为之。

自学问题

1. 顾客细分定价的主要特点是什么，它与其他类型的定价有何不同？
2. 多买多送有什么优缺点？
3. 削价处理有什么利弊？
4. 有哪些可供选择的优惠券派发方式，每种方式的典型兑换率是多少？
5. 如果在一份发行量为 230 万份、读者人数为 390 万的报纸上投放 10 便士的优惠券，预计兑换率为 1%，那么有多少张优惠券能被兑换？
6. 渠道促销优惠主要有哪些类型？
7. 在给予零首付分期付款优惠时，促销商应该注意哪些关键点？

四、赠品促销

赠品促销是最常见的增值促销形式。赠品促销活动是指以物品形式提供的优惠。为什么是"赠品"？选择这个名字的理由因为时间的原因已经记不起来了。赠品可以是任何东西，比如盆栽、虚拟宠物、杂志等。它可以是普通商品，也可以是原创产品，还可以是其他现成商品。可以说，赠品无所不包，无所不有。本节末尾的案例研究 62 详细介绍了宝洁公司如何在降价促销和增值促销这两种促销模式中反复切换。赠品促销是在不触及价格的前提下进行竞争。

案例研究 59：哈根达斯

品牌周边促销的一个例子是由哈根达斯赞助发行的《快乐至上》专辑。该唱片由百代唱片公司（HSBC）制作，唱片使用了该公司独特的杂志广告式封面，并在电视广告中播放了美国爵士乐歌手莎拉·沃恩（Sarah Vaughan）的歌曲《别太拘束》（*Make yourself comfortable*）。该专辑销量超过 6 万张，排到了史上合辑专辑的前 20 名（占当时音乐专辑总销量的 1/3 以上）。此外，还让哈根达斯品牌出现在了 3500 家音乐门店。

本小节探讨了几种主要的赠品促销形式：包装附赠、店铺赠送、免费邮寄和保本赠送等。了解这些形式之间的不同特点非常重要，但在实践中，还有第五类品牌周边促销模糊了上述赠品促销形式的界限。

包装附赠

优惠组合 包装附赠是将赠品附着在产品上的一种赠品促销形式。像早餐麦片这类产品，将赠品放在产品内部，这种促销形式有时也称为包装内赠。如果赠品就是产品的包装，如装咖啡产品的储物罐，有时也被称为包装赠品。最典型的包装附赠就是杂志封面赠品，赠品被贴在或绑在杂志封面外壳上。

如何开展？ 上述促销活动与前面所讨论的即时折扣有类似的特点：它们都

具有即时吸引力，能带来即时福利，不用再花资源处理和邮寄奖品。但是，它们的运作成本也都相当高。

是否适合在产品内部或者产品外包装上放置赠品，或者直接取代原有包装，这在很大程度上取决于产品和赠品的性质和大小，还有整个包装的过程。在一罐颜料里浸入一支画笔显然不切实际，也没有必要费尽心思地在玉米片包装上贴个玩具。在所有条件都允许的情况下，最好的办法是把赠品放在产品中；其次是把赠品附在产品上，这样就可以防止消费者拿了赠品却不买产品。但是，重新打包、运输会产生大量成本，而且零售商也非常抗拒非标准尺寸包装，特别是在杂货品行业。因此，使用包装附赠优惠需要仔细权衡成本收益。

封面赠品在杂志市场上非常普遍。如果赠品贴在杂志内页的产品广告上，它也可以被称为内页赠品。理想的封面赠品应该是外形扁平、价格便宜、实用且诱人的。这就是为什么日历、日记本和书籍会出现在《男人装》《游艇月刊》和《选择》等各种杂志上的原因。IPC 传媒集团宣称，通过旗下的《生活必需品》封面附赠橙味巧克力棒以及《健康饮食》杂志封面附赠低糖甜味素，杂志的销售量增加了 10% ~ 15%。上述两个例子中，赠送的产品都是当时市场上的新产品，所以制造商有针对性地进行了抽样调查。包装附赠促销经常用于儿童和青少年市场，赠品包括笔、化妆品和徽章，以及糖果包装上的人偶。雀巢公司就将大的聪明豆糖果瓶盖都换成了狮子王、宝嘉康蒂等迪斯尼卡通角色的人偶。聪明豆吃完以后，孩子们就可以将这些卡通人物收藏起来。

如果赠品可以重复利用，又起到容纳产品的作用，那么包装本身就是赠品。最常见的例子包括装有速溶咖啡的玻璃储物罐。

需要注意什么？产品本来就利润不高，现在还要即时赠送免费商品，成本就相应增加了。包装附赠与即时降价优惠很像。但相较于降价促销，它不会使产品贬值，反而可以培养和强化品牌形象。如果选对了赠品，它可以形成一个非常有力的购买动机。因此，最重要的就是选对赠品，算好收益。

店铺赠送

优惠组合 店铺赠送是指促销赠品并不附着在产品上，而是在柜台交易时送出，有时被称为"近包促销"，有时它也被称为"购物奖品"（gift with purchase，GWP）。举个例子，当您购买一辆汽车后，就可以得到一台免费电视；当您委托一家地产代理时，您会得到一套免费的个人档案系统；在餐厅用餐结束后，您会得到一朵免费的康乃馨……这些促销活动在免税店和百货公司的化妆品专柜非常常见，只要购买某个品牌的产品，就会获赠化妆包或其他商品；或者只要注意不要让酒吧员工负担过重，这些促销活动在酒吧行业也很有效。

如何开展？ 对于店铺赠送来说，如何赠送是一个关键问题。促销商要做出相应的安排，确保消费者可以在柜台拿到赠品，而不是被那些不购买产品的人拿走。出于上述原因，在有柜台服务的店铺（如化妆品柜台）以及可能并值得聘请现场营销人员（现场营销详见第8章）的商店（如免税店），店铺赠送的效果最好。如今的杂货连锁店很难操作店铺赠送。

店铺赠品可以是一次性奖品，比如购买化妆品赠送一个化妆包，也可以在购物袋中加入其他产品的样品，或者在购买大包装时附赠优惠券。后两种礼品为后续的购买提供了优惠。

需要注意什么？ 店铺赠送可以即时直观地鼓励消费者购买特定品牌，同时又不降低产品的价值。像化妆包这类赠品，能够为品牌价值主张增光添彩，但这些赠品价格昂贵，因此需要柜台特别留意，只奖励那些没有优惠也会购买的人。在实践操作中，只有高利润的产品才敢这么做。

免费邮寄

优惠组合　在免费邮寄赠品促销中，顾客收集一份或多份购买凭证，并将其寄给厂家，可以免费或只需支付邮费换取奖品。这是一种延时兑奖手段，不能即时享受优惠。消费者在购买商品后，想不想享受优惠，要看自己的行动。与包装附赠和店铺赠送不同，就算被促销活动所吸引，也不是每个消费者都会邮寄购物凭证，索要赠品。

如何开展？　在消费者的观念中，"免费"是最抓人眼球、最诱人的广告语之一。但使用"免费"这个词应当受到严格的限制。顾客除了收集必要数量的购买凭证以及承担奖品的快递费，不需要支付任何费用就能获得赠品，这种优惠可以被称为"免费"。如果优惠是"奖品免费，只需承担 61 便士快递费"，这还说得过去。但如果说优惠是"奖品免费，只需承担 50 便士的快递费和打包费"，这就让人难以接受了。如果促销活动需要电话报名，那么除非热线电话不收费，优惠才可以被称为"免费"。换句话说，促销商没有通过电话服务的利润来收回部分成本。

在设计免费邮寄促销活动时，一个关键问题是：消费者需要收集多少购买凭证才能换购奖品？请参照以下标准：

● 这个数字必须反映出产品类别的典型购买频次。请注意是产品类别的频次，而不是自己品牌的购买频次。对于猫粮或酒吧消费，10 次或更多的购买凭证都是合情合理的数字。

● 这个数字还必须与产品或服务的目标群体有关。活动是想吸引试用者、轻度用户、中度用户还是重度用户呢（即数量越高）？

● 兑换水平与所需的购买凭证数量也成正比。提高购买凭证数量就会降低兑换水平，反之亦然。

消费者的兑奖热情自然也会受到赠品的吸引力（当然希望赠品的吸引力越大越好）和兑奖截止日期（防止无休无止地兑换）的影响。首先，您必须决定是否要收取快递费，如果不收取快递费，是否让消费者快递消费凭证时选择货到付款。收发快递的成本越低，兑换率就越高。其次，还必须确定是否一家只能享受一次优惠。免费邮寄可以作为更大型促销方案的组成部分。还记得盖尔氏蜂蜜的促销活动吗？它向那些未能获得 10 英镑即时奖金的用户提供品牌纪念品作为安慰（见案例研究 57）。

案例研究 60：史克美占医药公司（SmithKline Beecham）

为配合电影《鬼马小灵精》的上映，史克美占在 1995 年为其利宾纳饮料做了相同主题的促销活动。消费者被邀请查看拉环瓶盖或纸盒包装内部，看看小精灵卡斯伯是否"惊动"了他们的饮料，有没有给他们带来了现金奖励，还有带有卡斯伯卡通形象的特制气泡表。没有中奖也没关系，消费者还可以用积分兑换手表，或者收集瓶子换取卡斯伯杯，杯子装满后会出现片中精灵。此活动一共面向两类群体：对轻度用户来说，它是即开即中促销活动；对重度用户来说，它是免费邮寄加积分促销。

需要注意什么？ 免费邮寄的规划运营至关重要。业务处理、赠品设计、发货时间等环节都可能出问题。把免费邮购促销做好，能反映出一个组织的运转良好，以及对细节的关注，如安排赠品储存仓库、接受顾客兑换申请、发放赠品、提前存入快递费（如有），并处理任何后续的客户投诉。

除非以固定费用将促销活动外包，否则始终需要制订一个应急方案来处理超额兑换和兑换不足这两种情况。首先，应该对促销期间可能出现的兑换量做一个估计；其次，监测前几周的兑换量，以便对最终的兑换水平发出预警。

如果免费邮寄的兑奖量低于预期水平，一共有三种选择：一开始就与赠品供应商约定好退还条件（如果赠品有品牌标志，那就很难退回了）；或者把剩余赠品卖给专门处理这种多余赠品的公司（通常蒙受巨大损失）；或是保留这些赠品，以供下次促销之用（也许活动同样不成功）。

如果免费邮购的兑奖率高于预期水平，可能会面临一时间难以及时补足额外赠品的问题。因此，预警系统对预防上述问题有所帮助。另外，最好在开始时就与赠品供应商说好快速补货的方式。《促销守则》第35条明文规定，诸如"视供应情况而定"等说法并不能免除促销商的义务，促销商应该采取一切合理措施避免失信。如果不能提供所承诺的赠品，通常应以类似或更高质量的产品，或者现金支付来代替。最好的方案是订购比预期兑换水平略少的产品，并与供应商安排好快速补货方案。

保本赠送

优惠组合 保本赠送是指客户支付全部（或几乎全部）赠品成本及其相关的手续费和邮费。这种优惠不能算作"免费"，充其量只能说是"优惠"，因为它的成本仍然低于顾客在商店里购买的价格。一个典型的例子是"超级菜刀"，只需3.99英镑，加上61便士的邮费和包装费即可获得。

如何开展? 保本赠送的优惠方式与免费邮寄完全相同，只是顾客需要承担优惠金额的全部或大部分费用。

需要注意什么? 如果存在以下一个或多个因素，保本赠送就会发挥作用：赠品价格比同类产品低很多；为赠品创造了一种理想的形象，即使全价，消费者也会乐意购买；该类别产品的利润率非常高。除此之外，保本赠送就算是想给消费者带来额外福利，但实际上也并没有让消费者真正感到实惠。消费者对它不感冒，也就不足为奇了。

品牌周边促销

优惠组合 当企业意识到，人们会花高价购买带有其品牌名称的周边商品时，品牌周边促销就形成了。有利可图的报价是一种特别有吸引力的促销形式，它增加了（而不是使用）您的营销预算，扭转了人们对赎回率的正常担忧。如果每次赎回都能赚钱，那就越多越好！公司为促销目的购买的保险费，由第三方许可生产的产品与以双方共同利益共同销售的品牌延伸之间的界限已经模糊。电影公司也会授权他们的电影名称，电影中使用的产品也可以从这种联系中受益。当溢价超过成本时，哪个是产品，哪个是溢价，这是值得怀疑的。

如何开展？ 它要求促销者对品牌进行发散思考，不仅仅是把产品当作一块巧克力，而是把它当作为消费者带来的价值集合，这种价值集合同样可以在服装、背包、手表、专辑和杂志产品中表现出来。为产品赋予新的价值，或者在新产品上打上自己的品牌烙印，这都应该属于促销行为（有关定义，请参见本书前言）。

需要注意什么？ 如果您正在考虑这种促销方式，您要问自己的关键问题是："我做的是什么生意？"产品经理往往过度关注那些只能带来微利的品牌机会，而忽视了核心产品的营销。《吉尼斯世界纪录大全》始于健力士啤酒的促销活动。它已经完全成为一个独立品牌，很多人甚至不会将它与诞生它的黑啤联系在一起。

商务礼品

优惠组合 商务礼品是送给经销商以增进友好关系的物品。在杂货品行业中，它们通常被称为"经销商答谢"（dealer loaders），曾用以鼓励经销商多多进货，并赠送礼物以表感谢。

如何开展? 从营销媒体对钟表、日历、领带和皮具的广告宣传程度来看，商务礼品是门大生意。商务礼品没有明确的目标，只是送给有影响力的客户一些有吸引力且经久耐用的东西。公共部门和许多大型组织都有规定，禁止员工从供应商那里接受超过象征性价值的礼物，这些规定必须得到尊重。然而，80% 的经销商都是自主经营的小企业，老板和采购之间不存在利益冲突。英国国民威敏斯特银行想鼓励初创企业选择自己，而不是其他家银行，因此它与英国电信合作，赠送免费商务电话，这本质上是一种消费者促销活动（案例研究 51）。

安睿律师事务所用一个极具想象力的赠品，鼓励客户公司将知识产权法与其联系起来（案例研究 17）。伊莱克斯公司用一个装在特殊盒子里的录音机来鼓励经销商上架新产品（案例研究 64）。第 4 章还介绍了使用一只惠灵顿靴来鼓励商业地产代理商参观一个新的开发项目（案例研究 13）。这些都是以富有想象力的方式使用礼品来说服商业客户行动的例子。同其他领域的促销活动一样，商务礼品要回答的关键问题还是"我想让谁做什么?"。

这种重点突出的商务礼品赠送方式最为划算。商务礼品也可以用来实现以下目的：

● "我们希望人事经理的办公桌上随时都有我们的电话号码。"但这并不意味着他们会打电话给您，所以您也可能需要送其他的东西！

● "我们希望休闲中心的员工把个人装备放在我们的运动包里。"

● "我们希望货运经理在墙上贴上一张世界地图，显示我们的运输路线。"

● "我们希望营销主管来参加我们的研讨会，讨论互联网商机，而不是参加竞争对手的研讨会。"

● "我们要让首席执行官明白，我们的思维总是走在行业的前沿。"

采购商务礼品有三个途径：一是直接找在营销报刊上打广告的公司。如果明确自己想要的礼品，这种方式最便宜，就是需要花些工夫查找。二是借助商务礼品目录。有很多本地代理商会发行这样的礼品目录。这样做的好处是，供应来源统一，接受小批量订购，许多礼物都是现货。三是聘请赠品采购商（在第5章中讨论）。它们过去只对大批量或大范围的采购感兴趣，但现在情况已经改变了，它们现在也做小批量业务。使用它们的好处是，它们知道最新的技术和设计，可以为促销商寻找和设计一些原创的东西。

需要注意什么？ 对于商务礼品，特别是内部赠送的礼品，有关于增值税和所得税的规定。确保有一份最新的英国税务与海关总署的纳税建议。如有疑问，请与税务与海关办公室联系。

此外，还要确保了解业务往来公司的内部规矩。违反内部规矩，不仅让接受礼物的人感到尴尬，还会适得其反。没有人会傻到把"我希望我的客户感到尴尬"作为促销目标。

案例研究

本节主要介绍了近包促销、包装附赠、商务礼品等赠品促销形式。与赠品促销相关的案例有舒洁面巾纸（案例研究74）、安睿律师事务所知识产权活动（案例研究17）和国民威斯敏斯特银行与英国电信话费优惠活动（案例研究51）。

案例研究61：柯诺苏葡萄酒（Cono Sur）——由 Grand Central 创意营销机构为柯诺苏旗下智利干露酒策划的"环法自行车赛指定用酒"宣传

葡萄酒品牌对零售商的影响力越来越受到限制。如果不想耗费巨资随意更改商标，而且这种更改很可能会破坏品牌在消费者心中的形象，那么唯一可以附加营销宣传信息且不会破坏品牌包装的部分就只剩下酒瓶颈部。大多数葡萄酒品牌都会在酒瓶颈部附上一圈类似衣领形状的宣传贴纸，借其向消费者传递品牌营销信息。相反，柯诺苏葡萄酒打破了这一模式，在各大超市，102000个限量版环法自行车铃附在102000瓶柯诺苏葡萄酒瓶上，辅以醒目的黄色包装，外加参加有奖竞赛可以赢得自行车以及环法自行车大赛门票的促销优惠。

与其他众多广告宣传相比，该活动超额完成了既定促销目标，不仅提高了品牌知名度、参与度，而且最重要的是增加了柯诺苏酒品销量——该活动实现了30%以上的销量和价值增长，而原定目标仅为10%。该活动获得了2016年英国促销学院金奖。

案例研究62：宝洁公司

有些促销活动能让人们记住好几年，甚至几十年。您可以去问问70岁以上的人，是否还记得20世纪60年代初的塑料玫瑰花促销活动。故事是这样的：

20世纪50年代末，宝洁公司和联合利华相持不下。1953年，宝洁公司推出新型合成洗涤剂汰渍。两年后，联合利华推出奥妙作为回应。到20世纪50年代末，两个品牌在洗涤性能上并无明显差别。双方降价促销活动铺天盖地，最终也没有取得什么显著效果。高达70%的包装都带有"立省3便士（旧币）"的优惠，但这其实削弱了消费者对品牌价值的认知。两家企业不断推出重量级的电视广告。尽管有这些活动，但汰渍和奥妙的市场份额似乎被锁定在了12%和9%。宝洁公司如何才能突破12%的份额上限呢？它如何才能摆脱价格战的困扰？宝洁给出的答案成为促销史上的经典之作。尽管过去了60多年，它依然能对所有行业中面临类似市场环境的品牌具有借鉴价值。

宝洁公司将全国88家门店分组，分别测试了"立省3便士（旧币）"包装的不同替代品。它一共测试了几十种替代品，而最终效果最显著的是店铺赠送塑料玫瑰。1961 年，该活动在全国推广开来，总共送出 800 万支玫瑰，汰渍的市场份额也增加到 18%。玫瑰花的成本约为 3 便士（旧币），而消费者认为其价值 6 便士（旧币），这对企业和消费者来说都可以接受。因此，零售活动的劲头一发不可收拾。在接下来的两年里，该促销活动一再重复举行，分别赢取了 16% 和 14% 的品牌份额。当时，奥妙也用塑料水仙花作为回应，将洗涤剂价格战变成了鲜花战。

很多人觉得塑料花太土了，不管现在还是过去都一样这么认为，而且它们与品牌价值关系不大。但严格的测试表明，塑料花促销很有效，但只能持续一段时间。到 20 世纪 70 年代中期，价格战卷土重来。宝洁公司玫瑰花活动的借鉴价值在于，促销可以对品牌份额产生巨大的影响，但没有任何一种促销手段可以永远持续下去。

在今天的市场上，有哪些与宝洁和联合利华价格战相似的品牌竞争？赠品促销能如何改变这一局面？

现在在哪些零售领域可以使用类似促销，哪些不可能使用？

案例研究 63：可丽蓝（Clearblue）"只需一步"验孕测试笔

验孕测试适合什么样的促销活动？不同的女性希望得到的结果截然不同，有些女性可能会带着相当焦虑的心情去做测试。到 1994 年，验孕市场上挤满了技术相似的产品。可丽蓝"One Step 验孕测试笔"面临一个强大的竞争对手，该竞争对手彼时重新推出了一个完备的服务支持计划。在一个拥挤的市场中，失去品牌份额很快就会导致损失分销渠道，并由此陷入恶性循环。可丽蓝 One Step 验孕测试笔确定了促销活动的四个目标：抵消竞争对手的活动；增加产品价值；夯实品牌在女性健康问题上的地位；以及无论测试结果如何，都提供一个相关赠品。产品成本为 10.75 英镑，任何促销赠品的成本都必须与这个价格成正比。SMP 营销机构设计的促销活动既有渠道目标，也有消费者目标。在药店里，通常是由药剂师助理推荐购买哪种验孕测试产品，所以促销活动必须吸引药剂师助理。在诸如博姿这样的连锁店，消费者会自行挑选，因此如果要让促销活动奏效，就必须在包装上明确标明优惠。

最终的促销方案是包装附赠女性健康日记。无论测试结果如何，这本日记都会提供相关的有用信息，以及其他一系列健康建议。这招果然奏效：1994年秋季的销售量比1993年同期增长了20%，月销量增加了近1.2万件。这个活动并没有太多创意，但却是一个切实可行的实用解决方案。它的成功为其公司及其代理机构SMP赢得了英国促销学院大奖。它最突出的特点是，将市场状况、品牌价值、促销目标和促销方案明确联系起来。

案例研究64：伊莱克斯

说服商家进货对任何新来者都至关重要。这些品牌"守门员"是任何新产品在成功道路上必须克服的第一道坎儿。1994年，伊莱克斯推出了新款微型吸尘器X8。然而，对于后来者来说，它们的目标就是激发商家兴趣，打响品牌知名度，争取上架机会，进而增加市场份额。在"X8"这个名字的基础上，伊莱克斯向商家发送了一系列"X"邮件。然后，销售代表带着一个看起来像是由不锈钢制成的保险箱拜访客户。保险箱上面印有绝密两个字，揭开盖子后，一个录音机向商家播放了一段语音信息，内容是他们即将开始的"绝密任务"。录音播放完毕后，盒子里露出了X8的微光。录音机就这样留给了客户。

这样做傻不傻？但这种做法确实奏效了，在业界引起了极大的兴趣，给商家带来了乐趣。所有现有的伊莱克斯门店都上架了X8吸尘器，公司还获得了几个新客户。伊莱克斯在桶式吸尘器领域的份额增加了50%，总体上占据了品牌领导地位。营销是一项严肃的工作。伊莱克斯无疑有一大堆技术和市场研究报告来说明X8会多么成功，但您不能让购买的人感到厌烦，把人逗乐，往往效果更好。（那么戴森公司及其复杂的技术信息呢？）

总结

赠品促销是企业在不改变价格的前提下，进行促销竞争的最重要方式，主要有：包装附赠、店铺赠送、免费邮寄和保本赠送等几种方式。随着品牌周边促销的发展，它们之间的界限越来越模糊。

推广、提升和延伸品牌价值的机会相当多，但企业必须注意记住自己的主次。商务礼品不应该被视为一个单独的类别，而应是企业在 B2B 领域，思考"我想让谁做什么？"这个问题的延伸。

在采购赠品、组织活动、处理赠品以及衡量兑奖率等方面，都有一些实际的操作问题需要考虑。

自学问题

1. 包装附赠有哪些优缺点？

2. 如果您正在策划店铺赠送，您需要考虑什么？

3. 如果您要开展免费邮寄活动，您可以要求消费者做什么？

4. 促销如何能够将品牌延伸到新的分销渠道？

五、有奖促销

与本书中所讨论的其他所有促销手段不同，在有奖促销中，消费者能否获得优惠，取决于他们是否中奖。使用 20 便士优惠券，就能保证在指定的产品上优惠 20 便士。只要有一定数量的购买凭证，促销商就必须免费邮寄承诺的赠品。而有奖促销则没有这种承诺。有奖促销还有另外三个特点：

● 有奖促销的最大成本可以事先估算，不随参与人数的变化而变化。

● 有奖促销活动的奖品可以比其他活动奖品更大，因为不是每个人都能够获得。

● 这些活动受到《英国广告和促销守则》《1976年彩票和娱乐法》《2005年赌博法》以及其他法律的严格监管。这些法律远非看起来这么简单。

在写关于有奖促销的文章时，我有时很难取舍。一方面，这些活动的成功率非常高，导致促销人员忘记了谨慎的必要性。消费者以小到几乎为零的成本换取赢得汽车、假期或丰厚奖金的机会。这对消费者永远具有吸引力。另一方面，它又是一个法律雷区。因此，一些推广商将其视为禁区。

有奖促销共有五种形式：有奖竞赛、免费抽奖、即开即中、游戏、彩票。它们的法律定义不同，受到不同的法律和行为准则的限制，中奖机制也各异。它们的区别并不明显，值得花一番时间去好好理解。

1. 有奖竞赛——对参赛者有相当程度的脑力和体力要求。参赛者需要合理运用他们的技能和判断。活动可以要求付费或购买产品才能参赛。

2. 免费抽奖——通过随机分配的方式提供奖品。中奖者将在随后单独公布，抽奖者无法立即知晓是否中奖。免费抽奖不涉及任何技巧或判断，也不能要求参与者付费或购买产品。

3. 即开即中——预先就已分配好中奖彩票数量，消费者通过抽取奖票来获得奖品。消费者抽奖过后，立马知道自己是否中奖。即开即中也不涉及任何技巧或判断，也不能强制要求参与者付费或购买产品。

4. 游戏——本质上还是免费抽奖或即开即中活动，看起来像是需要技巧，最终还是凭运气。这些游戏可以基于产品设计，如大富翁、猜谜大挑战等游戏活动，也可以是一般的大众游戏，比如宾果游戏或蛇梯棋。由于不需要很高的技巧或判断力，所以不需要参与者购买产品或付费。

5. 彩票——中奖方式与免费抽奖和即开即中类似，但参与者需要付费才能参加。

接下来，我们将举一个有奖促销的实例，您就会发现它们之间显著的区别。如果有一家名为"阳光旅游"的旅行社正在举办一个"赢取周末之旅"的有奖促销活动：

● 要求参赛者找出 5 个国家的首都，如有平局就进入加时阶段。这就是一场典型的有奖竞赛。如果活动的副标题上写着"需预订阳光旅游产品方可参赛"，这是法律允许的。

● 要求参赛者"将名字和地址投入一个抽奖箱"，这就是免费抽奖活动。这时，如果副标题上写着"需预订阳光旅游产品方可参赛"，那么活动就是违法的。任何人都可以参加免费抽奖活动。

● 如果阳光旅游在其预订协议上加印了数字，只要刮开抽奖牌的相应位置，就能查看是否中奖，这就是即开即中活动。每个参与者都有相同的中奖机会，这个活动才合法。

● 如果宣传内容是"玩蛇梯棋，赢取阳关旅游周末之旅"，这就是一个游戏。游戏可能需要使用骰子，甚至需要一定的技巧。免费抽奖的规则仍然适用于它。

● 如果副标题写着"抽奖券每张仅售 10 便士"，那就是彩票。

就整体意图和目的而言，彩票是商业促销的禁区。唯一的例外是小规模的彩票活动。比如，在特定场合（如晚宴）举办的总价值低于 50 英镑的彩票活动，活动以非现金形式进行，所有收益全部用于慈善事业。

其他四种类型的有奖促销活动受制于具体的规则，包括截止日期、评审过程、奖品说明、中奖宣布等，主要特点将在本章后面部分进行描述，更详细的内容介绍请参见《英国广告和促销守则》第 40 节。任何想做有奖促销活动的人都要绝对清楚地知道，他们是否遵守了监管此类促销活动的相关法律。最好的办法就是让英国促销学院、英国广告标准局或专业律师检查文案。

有奖竞赛

优惠组合 为了符合法律要求和竞赛条件，可以要求参与者预先购买产品。参赛者通过技巧或判断力来一较高下。竞争的形式有很多，主要包括：

- **智力排序**："按重要性顺序排列以下五种物品。"
- **口号造句**："用不超过 10 个字完成这句话。"
- **回答问题加口号造句**："回答 5 个问题，然后用不超过 10 个字完成这句话。"
- **找不同**："找出图片 a 和图片 b 的 12 个不同之处。"
- **猜数字**："估计这辆车里能装多少产品。"
- **找出球的位置**："在这张照片上标出足球的位置。"
- **识目辨人**："从他们的眼睛照片中，辨认出这些著名的人物。"
- **发挥创意**："画一幅画、拍一张照片或者写一个故事。"
- **寻宝**："利用线索找到'宝藏'。"

到目前为止，最常见的活动类型是回答问题加口号造句，在所有有奖竞赛形式中，它是最适合在有限条件下举行的，也是规则最简单、最容易评判的。与仅仅口号造句相比，它的好处是预先淘汰了部分参与者。

话虽如此，其他没有额外加赛项目的竞赛也简单可行，参赛门槛越低，消费者活动参与度越高。比如，给照片配上字幕是一次很好地考验技巧和判断的活动，很多人都喜欢参加；手机摄像头的出现和"自拍照"的流行，拍照的活动有可能获得成功。

约有 3% 的人经常参加有奖竞赛，40% 的人时常参加。有奖竞赛的规模曾经很大。如今，有奖竞赛已大幅减少，很多都被即开即中促销活动所取代，奖品与大乐透比起来，也相形见绌了。广播电台经常举办一些问题简单的有奖问答比赛，比赛没有加时赛，获胜者都是从最快回答正确的参与者中进行抽取。实际上，这是免费抽奖活动。对于有奖竞赛而言，在最后的决胜环节中，表现出过人的技巧和判断力才是该活动最大的标志。

有奖竞赛以吸引专业比赛参赛者而闻名。这些人显然数量不多。但如果把比赛门槛设得太高，仿佛是为专业人士而办，而将非专业人士拒之门外，这显然是错误的。好的有奖竞赛活动设计一定吸引的是那 40% 有时参加竞赛的人，而不仅仅是那 3% 总是参加竞赛的人。

如何开展？ 有奖竞赛往往门槛很低，如果参与人数只有 0.5%，那么门槛就设定得太高了。有奖竞赛占用了管理层和销售人员的时间，但是这忽略了"促销的带动效应"——有些人被优惠所吸引，但并没有参加比赛。有奖竞赛也可以成为吸引人们注意产品特性的有效途径。"善卫得 75"正是出于此目的，设计了一个富有想象力的竞赛促销活动（案例研究 75）。

开展有奖竞赛的另一大好处是成本固定，奖品供应有限。一旦确定了竞赛奖品并支付了相关宣传费用，基本就可以算出大概的费用。这是本章介绍的有奖促销手段的共同特点。如果公司规定，成本预算不能是开放无节制的，上述特点就显得更加难能可贵了。

设计有奖竞赛活动时，应该遵循一些准则。请记住，这不是"最强大脑"挑战，不必把竞赛弄得如此偏门、困难，毫无意义，让目标受众感到有趣好玩才是目的。正是出于上述原因，有奖竞赛对儿童最具吸引力。

一旦选定了要举办的有奖竞赛类型，就要设计活动决出最后的赢家。一个只由一系列问题组成的有奖猜比赛，很可能很多人都能给出正确答案。最后赢家不能随机选择，要不就变成抽签了。这也是回答问题，然后再形式口号的原因。创意比赛能产生唯一的赢家。除此之外，其他的猜数字、找不同、智力

267

排序、有奖竞答等活动都还需要想出另外的法子来选出最后的获胜者。

竞赛规则必须从一开始就设置好，才能进行公正的评判。竞赛要求是发挥"技巧和判断力"，这些很容易让人产生主观判断。因此，必须说明评判"技巧和判断力"的依据。这也是在决赛中，应该加入"以最贴切、最新颖的方式"或"以最有趣的方式"等说明性短语的原因。任何第三方评委都会搞清楚挑选优胜者的依据，所以从一开始就应当将获胜条件纳入比赛规则之中。

因此，在写文案时，应该事无巨细，从最开始竞赛要求的购买凭证数量，到最后的一决高下时他们要做的事情，从评审过程到参与宣传活动的义务等一系列活动，必须从一开始就明确。《英国广告和促销守则》明确规定了必须包含的内容。

竞赛的反响程度受奖品的影响很大。因此，最好事先就确定好可用的预算。然后，从几个方面来考量所提供的奖品。

一种说法是只设一个大奖，最能引起消费者兴趣；另一种说法是设置许多较小的奖品，这样中奖的概率更大，更加吸引人。对此，没有绝对的答案。对标部分乐透彩票，它们采用传统的复杂分级奖金结构体系，一般设有 1 个一等奖，3 个二等奖，5 个三等奖，以此类推。这种奖励体系反而削弱了影响力，增加了成本。最好的解决方案可能是一个大奖和大量（可能 100 个或更多）参与奖。也可以采用一种变通的方式，让每个人都获得某种价值的物品，比如一张打折优惠券。但如果这样做，那么请注意不要将其描述为"奖品"。每个参赛者获得的东西不是"奖品"，而是"礼物"。

有几个深受消费者长期喜爱的大奖，其中旅行假期和汽车总是名列前茅。在众多的旅行假期奖品中，如何突出自己的奖品呢？最好的解决方案也许是把标准奖品换个说法，比如"去纽约做发型"。这种宣传很好地结合了标准奖品和与产品相关的（重要）旅行项目。在上面的例子中，促销商品就是护发产品。许多竞争规则规定，奖品不能换取现金。然而，比如上述专属热带岛屿，虽然令人心生向往，但是不切实际。在这种情况下，应事先说明兑换现金的金额。如果打算利用获奖者用于宣传目的，就必须在竞赛规则中说明这一点，并将其作为参赛条件之一。

需要注意什么？ 在举办有奖竞赛时，有几件事情需要特别注意，部分环节还必须仔细考虑：在有奖竞赛中，要求参赛者预测未来的事件，如足球比赛的结果，这是一种预测行为，为法律所禁止；要求参赛者预测第一次进球的时间，同样违法，但理由是这是一个偶发事件；要求他们预测伦敦气象中心播报的比赛当天的天气，这不违法，因为天气是一种自然状态，而不是一个人为事件。活动的合法性取决于是否需要相当程度的技能。面对这么复杂的情况，难怪要请律师了！

评审也是一个让人头疼的环节，尤其是面对成千上万个参赛作品时。千万抵制住想要抽签的冲动，一定要选出最打动人的那个口号。有可能会发现十几个参赛者提交了同样的口号。因此，在开始评判之前，要明确规则是如何规定的。"100"算一个字还是两个字（"一百"），或者就干脆不允许写，因为它不是一个字？带连字符的字是算一个字还是两个字？一个好方法是，严格执行"12个字以内完成一句话"的规定，以此来减少潜在的获奖者数量。严格的要求也可以防止一些人抱怨说，早知道"字"是指"汉字和数字"，他们就会提交不同的作品。

口号往往要求"贴切、新颖"，那些马虎大意的人经常无视这点。如果两个参赛作品使用同样的口号，那么两者都不新颖，还会从中间选择吗？呼应品牌长期以来的广告语（"我爱吉百利的玫瑰，因为它们会长在您身上"）也不太可能非常新颖，无论这些口号如何拍促销商的马屁。

在评审环节中使用一个八人小组。第一阶段是评审每人选择一堆作品，从中选出自己喜欢的作品，并把自己不喜欢的作品交给旁边的评审，让他们做同样的工作。当作品经过至少八人中的五人评审，就基本确定了入围名单。第二阶段就倒过来，对每个评审选出的个人喜爱的入围作品进行全员评审，有一位评审不喜欢，作品就放到一边。通过这两个阶段，就会产生一批最终入围作品，这些作品都有可能成为最后的赢家。第三阶段是通过问"这个作品相对于其他作品个好在哪里？"这个问题，来筛选出一个或多个优胜者。这由所有评委共同完成。如果最后只有一个赢家，就拿最前面的作品作为临时赢家，念出它的口号。然后，取下一个作品，读出口号，然后问："它更好吗？"如果不是，就丢弃它。如果是，则成为临时获胜者。这个过程一直持续到所有进入第三阶段的作品被评审完毕，最后剩下的一个临时获奖者成为实际获奖者。如果有 10 个获奖者，则按照同样的流程，只不过要选出最前面的 10 个作品作为临时获奖者。如果之后的任何作品更好，则将 10 件作品中最差的一件取而代之，一直到所有进入第三阶段的作品都被评审完毕为止。

《实务守则》要求专家和独立评审员都要参与评审过程。有时，他们是同一个人，例如，邀请艺术教师参加艺术类有奖竞赛，导游参加旅游竞赛。他们可以协助管理评审工作，并同时证明评审过程公平公正。

参赛作品多只能说明竞赛有吸引力，并不能说明宣传有效果。参赛作品的数量可能与宣传目标的实现毫无关系。宣传效果取决于吸引特定顾客参与比赛，这往往需要竞赛简单明了，参赛成本低。奇思妙想的文字游戏即使吸引不了大多数人，但也会引起特定群体的兴趣。也许，宣传的目的就是吸引特定行业人员，增加产品展示机会。一旦实现这一目标，参赛作品数量的多寡就完全无所谓了。竞赛形式、参赛条件以及奖品吸引力，这些问题依然取决于对第 4 章讨论的以及第 12 章实施的"我想让谁做什么？"问题的回答。

免费抽奖

优惠组合 免费抽奖活动全凭参与者的运气，规定要求参赛者无须支付任何费用或提供购买凭证。免费抽奖不同于即开即中促销活动，参与者不会立即知道自己是否中奖。免费抽奖后，活动的形式就各有不同了：等到截止日揭晓中奖名单；将一组数字寄给业务处理公司，与预先确定的获奖号码进行核对

（这是直邮杂志最喜欢的做法）；下次进店时，拿出奖票与店内的半张纸币（假想的货币）进行匹配。

为什么促销商宁愿消费者人人都可以参加免费抽奖活动，而不举行可以设定参赛门槛的有奖竞赛活动？换言之，向那些可能永远不会成为顾客的人随机发放奖品，有什么好处？举行免费抽奖活动有四个原因：

1. 免费抽奖能极大地引起消费者兴趣，增强品牌知名度，鼓励消费者积极参与免费抽奖活动特别能为零售店带来流量，为报纸带来读者。没有任何比拼的限制，免费抽奖活动吸引的参与者人数是有奖竞赛的20倍。

2. 对促销商来说，免费抽奖奖金固定，易于管理，消费者也更愿意参与。它是建立顾客联系，获取潜在顾客数据最简单、快速的方式。

3. 免费抽奖可以包含对购买的隐性鼓励，但这么做需要小心谨慎。报纸总会注明（规定要求）消费者不买报纸也可以获得奖票；加油站也会注明（规定要求），只要来加油站就能获得抽奖机会，没有强制非要加油。这就叫零门槛活动。实际上，80%～90%的参与者会购买商品。

4. 免费抽奖有很多可以发挥创意的空间。与竞争性的有奖竞赛相比，虽然两者都是固定成本促销活动首选，但是免费抽奖的规则很少，不需要问题、考验之类的，游戏的自由度要高很多。

免费抽奖与有奖竞赛有一些共同特点，比如固定奖金、奖品设置、明确的参赛条件等，在此不赘述。本节将探讨免费抽奖的特点，主要涉及抽奖的开展方式。

如何开展？ 最简单的免费抽奖方式是放一叠卡片，消费者可以在上面留下他们的姓名、地址以及其他任何想要收集的信息，然后将卡片投入抽奖箱，最后在特定日期抽取获奖者。对于商务伙伴来说，这就更简单了：只需提供一个盒子，让他们把名片放进盒子里。抽奖最重要的是在公证人员的监督下，由第三方来操作。

另一种方法是向消费者发放一张印有一串特殊数字的卡片。卡片数字公开展示，不用刮卡或揭开。中奖号码在店铺或报纸上另行公布。消费者要将中奖号码与自己卡上的号码进行核对，如果号码相同，就联系促销方领奖。大多数报刊抽奖就是这样操作的，每天您都会在报纸上看到一串中奖号码。这样做可谓一箭双雕，读者既为了获取奖票而买一份报纸，又为了核对中奖号码，买另一份。需要注意的是，消费者必须能以不花钱的方式来核对中奖号码，这样才合法。

预设中奖号码是上述公布中奖号码的一种变化形式。每张卡片依然有唯一的号码，但促销商不公布中奖号码，以供消费者核对。消费者必须将卡返回给促销商，由促销商与预设的中奖号码进行核对。直邮运营商经常使用这种形式，因为它培养了消费者的直邮习惯。

还有一种方法是分发一系列不同的卡牌，这些卡牌必须搭配在一起，形成一套特定牌组。获胜牌组的部分卡牌数量有限。只有集齐所有卡牌，才能获得奖品。加油站用配对"钞票"这种形式取得了良好的效果。"钞票"左半张数量非常多，但右半张却非常罕见。

> **简报 10.9　在线抽奖。**最近的一种方法是在收据旁边（玛莎百货和利兰汽车公司）或酸奶罐内（利兰是在每月底）签发一个参与抽奖活动的号码，顾客稍后可以在网上查看号码是否中奖。

这些都是免费抽奖最基本的形式。实际上，免费抽奖可以搞得非常复杂，同时具备上述几种活动特征。举个例子，首先消费者可以抽取一张即开即中卡片，如果没有中奖也没有关系，促销商会提供（邮寄）一张带有数字的卡片，消费者可以收集卡牌，参与免费抽奖活动。数字卡片可以替换为符号或文字，还能演变出很多其他玩法。

需要注意什么？ 随机抽奖非常简单、直接。零售商、汽车经销商和展会筹备公司经常使用这种活动来吸引人流，抓住人们的眼球。只要遵守相关守则规范，一般不会有什么大问题。事实上，它是最简单、快速的促销方式之一。仅凭这个理由，它就极具吸引力。

免费抽奖需要仔细检查，防止欺诈，确保中奖彩票公平分配。首先，促销商需要对彩票进行防伪处理，确保市场上没有其他伪造中奖彩票。建议采用隐秘且独特的标记来验证中奖彩票。其次，还需要用心分配中奖彩票，以免同一时间同一网点出现多张中奖彩票。最后，还需要确保参与中奖彩票分配的人不能利用职务之便，泄露中奖信息。一个防止泄密的好方法是，请第三方进行分配。这样也免受可能的暗箱操作的指控。

只要做到三件事，就可以降低上述风险：第一，聘请专业的印刷商（参见第 5 章）；第二，考虑使用促销保险（参见第 5 章）；第三，确保文案经过英国广告标准局、英国促销学院或专业律师审阅。一个好的促销机构也可以帮助完成这些工作。对于即开即中促销活动来说，这三条保证有奖促销成功的黄金法则更加适用。

即开即中

优惠组合 即开型中奖已经有很多年的历史了，其形式有乳胶套印的刮刮卡，还有用网格胶纸来遮掩中奖信息；或者中奖符号在罐头、瓶盖或纸盒内；或者可以在网站上查看代码。中奖卡片数量有限，消费者刮开卡片后，立马能知道自己是否中奖。而且，必须有免费参赛途径。促销商需要慎重公布其活动的免费参加人数，比例达到 0 ~ 10% 被认为是合理的。

如何开展？ 即开即中在低成本、大批量、产品差异化相对较小的产品上效果最好。这样就可以提供大量的奖品，并使中奖的可能性成为影响购买决定的一个主要因素。一再使用即开即中促销活动，兑奖率会下降。这是一个经常被证实的促销经验。英国国家彩票公司卡美洛（Camelot）就因此将其"即刻中奖"即开型彩票进行了更名。为了持续发挥作用，需要对即开即中活动进行不断包装。第 5 章中提到的刮刮卡和游戏专业印刷商最会"新瓶装旧酒"。

需要注意什么？ 免费抽奖要注意的因素，即开即中也同样需要注意，特别是奖票安全和派发方面要特别留意。在促销活动的早期就有可能中得头奖是一个令人头疼的问题。从那以后，消费者的实际中奖概率为零。如果促销商一直将装有头奖的包装保留到最后，也是同样的道理。最好是有两个或三个大奖，尽管这有损大奖的吸引力。

游戏

优惠组合 促销游戏玩法多样，比如报纸梦幻足球联赛、有奖找词游戏、大富翁刮刮乐、预测圣诞节温度等。有些游戏需要购买凭证，有些则不需要。游戏的派发方式也多种多样，如包装附赠、上门投递、广告获取和立式卡片等形式。每个人都见过这些游戏长什么样子，而且知道它们可以获得巨大的成功。然而，它们本质上还是免费抽奖、即开即中或有奖竞赛。

如何开展？ 大多数人认为游戏需要技巧。事实上，英国法律对技巧性游戏有严格的定义。大多数游戏，包括惠斯特牌（whist）和桥牌在内的复杂纸牌游戏，在法律上都被算作概率游戏。只有在复式桥牌、国际象棋、飞镖和斯诺克等游戏中，技巧的因素才会比偶然的因素更重要。如果是碰运气的游戏，您现在应该知道了，不能要求付款或购买产品。

难道有人不付钱就参加了诸如宾果游戏、轮盘赌和赌球之类的概率游戏吗？是的，他们可以不付钱，而且这些游戏受 1968 年博彩法、2005 年赌博法和其他法律的监管。这些法律的总目标是限制赌博的范围和吸引力，并对其进行征税和严厉监管。

用于促销的游戏一般有两种类型：一种是包装起来的即开即中或免费抽奖活动，游戏形式是大富翁、拼字游戏、猜谜大挑战、卢多或蛇梯棋；另一种是包装起来的有奖竞赛，游戏形式是文字游戏比赛、预测未来事件比赛或其他一些考验技巧和判断力的比赛。它们都不是博彩局所监管的非法博彩游戏。由此可见，"游戏"并不是一种独立存在的有奖促销活动，而是一种免费抽奖、即开即奖和有奖竞赛的变形。

这种区别在法律上得到了承认。1995 年，新闻国际公司（现英国新闻集团）在与英国海关与消费税局的诉讼中胜诉。后者曾打算对其"幻想"促销活动征收 37.5% 的集合投注税或 7.5% 的一般投注税。相类似的活动还有《星期日泰晤士报》的"幻想基金经理"、《太阳报》的"梦之队"和《泰晤士报》的两项板球有奖竞赛。这是一个典型的、为不同读者的不同兴趣而包装同一概念的案例。在这四个促销活动中，有三个通过付费热线电话进行。问题的关键就在于此，热线电话费是否等于投注？如果是的话，新闻国际公司就必须为赌注上税。但最终法庭认为不构成赌注。

需要注意什么？ 如果促销商想搞免费抽奖或即开即中促销活动，并通过游戏的形式开展，活动将会非常巧妙，富有乐趣。在游戏中自然也要涉及上述两种活动要考虑的因素，其中最重要的是要确保真正实现零门槛参与。促销的宣传效果取决于游戏的主题——是否有能力和创意设计出一款简单、新颖、刺激的游戏。

如果促销商想将有购买要求的有奖竞赛包装成游戏，那么也需要注意有奖竞赛的相关规定。千万注意只能要求消费者提供购买凭证，不能有额外付费。

促销商可以利用中奖概率来设计促销活动，我们将在下一节进行讨论。

碰运气活动

优惠组合 高尔夫俱乐部一直都喜欢举办"一杆进洞"比赛，要是有人能在比赛中打出一杆进洞，就可以获得丰厚的奖金。进洞可能性由专业机构进行过计算，它们收取一定费用对其进行承保。同样的原理也可以用在促销活动中，比如按优先顺序排列 10 个物品，或者预测某一天的温度。

如何开展？ 碰运气的玩法是让参与者按重要性顺序排列一些事物，比如世界上最好的板球选手排名，或影响度假因素排行。"正确"答案由第三方评委事先敲定，并放入密封的信封中。因此，参与者必须要有技巧和判断力。如果只是让参与者盲猜一系列数字排列顺序，这种玩法就没什么意思了。

那么，谁能客观地按重要性顺序排列出有史以来最优秀的板球运动员呢？又有谁能说得清影响度假的因素呢？老实说，没有人可以。国家顺序按人口和国土面积来划分顺序都不同，更何况其他主观排序。但在碰运气的促销活动中，专家的判断就相当于客观答案。请板球记者列出历史上最好的板球运动员，请顶级旅行社确定度假影响因素列表，并将专家的答案作为"正确答案"，这似乎也很说得通。

按优先顺序排列 10 个事物，说白了就是个碰运气的活动，也许刚好就和正确答案顺序一样。如表 10-1 所示，中奖的概率取决于排列事物的数量。

随着排列事物数量增加，中奖概率呈指数级降低。如果按重要程度排列 10 个事物，那么做对的概率是 1/3600000。如果拿 100 万英镑的奖金乘以概率，那么理论上每次获奖奖金仅有 28 便士。如果有 1000 人参与，那么风险大约提高了 1000 倍，但换算下来成本仅合 278 英镑。如果参与人数超出预期，可以由保险公司来承担额外风险，支付额外的管理成本和再投保费用。一般来说，为100万英镑的奖金投保至少需要支付2.5万英镑。计算保费的经验法则是用预期的参赛人数除以中奖概率，再乘以奖金价值，然后将所得数字翻倍。

表 10-1 一定数量事物按固定顺序排列的可能性

事物数量	固定顺序排列概率
2	1/2
3	1/6
4	1/24
5	1/120
6	1/720
7	1/5040
8	1/40320
9	1/362880
10	1/3628800
11	1/39916800
12	1/479001600

现在有许多将不同中奖概率与不同奖品结合的新玩法。例如，一个以足球为主题的碰运气活动承诺，只要答对三道题就能获得丰厚的奖金：

● 比赛总进球数（中奖概率为 4：1）；
● 比赛中会有多少名球员被罚下（中奖概率 20：1）；
● 第一个进球的时间（中奖概率 90：1）。

三道题全部答对的概率是几百万分之一，但如果答对其中一道或两道题也可以获得代金券或奖品。同样，也可以提高大奖的数量和金额，并为其投保，因为只有不到一半的中奖者真正会去查看自己是否中奖。

需要注意什么？促销商要清楚地知晓，碰运气这种促销手段可能会带来大量的负面影响，消费者会觉得商家玩花招。案例研究 73 介绍了面对奖品丰厚但却中奖不易的问题，费伯出版社是如何处理的。

对于涉及预测未来的促销活动需要更加注意。如果采用有奖竞赛形式，并要求顾客提供购买凭证，则需要注意预测事件（非法）和预测事态（合法）之间的区别。如果不要求购买凭证，两者都合法。专业的保险公司，比如 PIMS-SCA 机构（参见第 5 章），能为上述所有情况投保。只要给出相应的优惠奖励，它都能给出保险报价。不仅如此，它还可以反向计算。例如，如果假设有 3 万英镑的保险预算，然后对可能的参赛者人数进行合理估计，它就可以得出奖金额度和相应中奖概率（参见第 5 章对相应机构的详细描述）。

与其他任何促销活动一样，黄金法则是将参与者视为潜在顾客，并与之建立长期联系。顾客不介意低中奖率，看看大乐透的中奖率如此低，但他们介意的是被欺骗。

案例研究

本书中的许多案例都有有奖促销元素：麦斯威尔促销活动（案例研究 42）的主要形式是免费抽奖，"善卫得 75"（案例研究 75）和罗孚集团（案例研究 18）采用了有奖竞赛方式，盖尔氏蜂蜜采用了即开即中手法（案例研究 57）。从这些案例可以看出有奖促销活动的多样性。

本章所选的八个案例研究，主要关注如何将即开即中促销与产品结合，以及如何开展有效的碰运气活动。

案例研究 65：ZEAL 创意有限公司给科德宝家居用品有限公司（Freudenberg Group）推出的微力达（Vileda）魔法拖把促销活动

高档拖把市场领先者微力达拖把的销量一直在下滑——由于资金紧张，新款拖把并不是科德宝公司营销宣传的当务之急。微力达拖把需要一场颠覆性的宣传活动来激发零售商和消费者的热情。

为配合 2015 年春季上映的大电影《灰姑娘》，ZEAL 创意公司为科德宝公司策划了一个题为"大扫除后的生活"宣传活动。顾客有机会参加宣传活动中的即开即奖环节，奖品是神奇的"仙女教母拖把"——保证价值超过顾客购买商品的价格。活动现场一共赠出了八个魔法拖把；当顾客把魔法拖把浸入水中，拖把会闪闪发光，并发出仙女教母的声音，告诉顾客：恭喜赢得 1000 英镑的灰姑娘改造奖金。

所有参与活动的产品销售额增长了 9.36%，王牌产品 Supermocio 拖把的销量增长了 38.8%，价值增长了 26%。这么多年来，中间商第一次注意到微力达产品，并在他们的店内用货架上的装饰大力宣传该品牌。该活动的最终消费者响应率为 8%，是同类活动平均响应率的 2 倍多。该活动代理机构 ZEAL 成为 2016 年英国促销学院金奖得主。

案例研究 66：苏格兰旅游局（Visit Scotland）

公共部门和非营利性组织"苏格兰旅游局"获得了 2013 年英国促销学院大奖的冠军和年度品牌所有者。该组织肩负着到 2015 年将旅游业收入提高 50% 的使命。蓝筹股营销机构利用抽奖来说服消费者参与"冬季白色"体验。共 134 个奖项合作伙伴和 54 个渠道合作伙伴参与了报道。

结果：有 2620 万个机会去苏格兰旅游（比目标高出 460%），增加了 165% 的旅游收入，每消费 1 英镑的总投资回报率为 311 英镑。34% 的受访者在苏格兰度过了一个寒假，其中 55% 的人在那之后预订了春假或暑假。

案例研究 67：萨森醋

醋是一个很难让人勾起兴趣的产品。作为行业领导者，萨森一直在寻找购买理由，维持其在杂货陈列中的位置，并努力向消费者证明，相较于其他自有品牌，这款醋贵有贵的道理。它的一个明显特征是翻盖式瓶口，主打的广告语也是"用前摇一摇"。加之新的油墨技术的出现，为萨森促销代理机构SMP的促销活动奠定了基础。该促销活动赢得了英国促销学院大奖。活动是将女士围巾用一种特殊的油墨进行喷印，这种油墨会与醋发生反应。当围巾被洒上醋时，立马显现出不同的优惠，比如1～1000英镑不等的现金奖励、1英镑的麦肯食品代金券、"下次购买立省20便士"优惠券。

该促销活动有多重目的：增加销售，阻止市场下滑，增加消费者兴趣；证明物有所值，鼓励重复购买；赋予品牌价值，与自有品牌区分，并加强广告效果。该活动成功地提高了萨森的市场份额。此促销活动的特点是巧妙地利用了新兴的油墨技术，以一种有趣的方式提供了一系列相关奖品。

案例研究68：《泰晤士报》梦幻股票游戏

2001年，PIMS-SCA公司与《泰晤士报》和彭博社联合举办了一个梦幻股票交易游戏，为玩家提供成为百万富翁的机会。活动取得了巨大的成功，超过15.4万名玩家注册了超过30万个模拟炒股账户。对《泰晤士报》、彭博社和参与玩家来说，这是一个三赢的活动。PIMS-SCA公司在安全的在线环境中构建模拟炒股游戏，并在固定预算下实现奖品最大化，帮助《泰晤士报》和彭博社实现他们的目标。

首先，参与玩家需购买《泰晤士报》，获取账户密码，以便注册游戏。其次，玩家通过登录官方网站，获取价值100万英镑模拟基金中的10股股份，从而进行模拟股票投资。玩家可以在游戏的任何时间注册任意数量的炒股账户。在随后的10周内，玩家进行模拟炒股，以期获得最高利润。其中一位玩家的模拟投资组合在10周内涨了30%，活动还向每周涨幅最大的投资组合的持有者给予奖励。奖励总价值高达25万英镑，由PIMS-SCA公司承保。奖品包括圣汐游艇、轩尼诗巴尼奥莱酒庄奢华美食周末，以及装满莲花汽车的车库。此次促销活动的奖品总价值为300万英镑。

案例研究 69：阿斯达即时奖励卡

这是一个有趣的促销活动，因为活动奖励对象是被阿斯达称为"超级英雄"的公司员工。他们为给顾客带来不同的体验而拼尽全力。每位经理都会获得一定数量的即时奖励卡，卡片包括带薪休假、巧克力、鲜花等一系列奖品。此外，为了迎接最繁忙的圣诞购物季，阿斯达还推出了特制的圣诞卡，提供更高价值的随机奖品。每5个人中就有一个人获得200英镑的阿斯达代金券。该活动的目的是为阿斯达优秀员工提供即时的奖励和认可，同时也是对阿斯达"月度服务英雄"奖的强化。后者也可获得一张带有不同附加奖品的金卡奖励。这个简单的活动符合公司一贯的行为目标，并通过即时奖励，强化了激励效果。

案例研究 70：沃辛顿啤酒（Worthington）点射百万大奖

2001年2月，作为英格兰足球联赛杯的赞助商，沃辛顿啤酒为三位幸运的消费者提供了赢得百万英镑的机会。在联赛杯决赛中场休息时，沃辛顿啤酒有史以来最大规模的促销活动在8万名观众面前上演了压轴大戏。该活动奖金、执行和评估均由PIMS-SCA公司承保。两名幸运儿通过沃辛顿精酿苦啤酒的包装附赠活动，赢得了参加此次活动的机会。

要赢得100万英镑的奖金，参赛者必须完成5项球技挑战：

● 挑战1：在25码线外将球踢进球门。
● 挑战2：主罚点球，洞穿由英格兰门将克里斯·伍兹把守的球门。本轮获胜者将赢得2.5万英镑，并进入第三轮挑战。
● 挑战3：参赛者将球踢向靶子，赢得5万英镑。
● 挑战4：与挑战3相同，但目标直径更小。奖金增加到20万英镑。
● 挑战5：参赛者需要面对克里斯·伍兹进行5轮点球大战。5轮全部命中，才能赢得100万英镑。

在观众的支持下，参赛者最终赢得了 5 万英镑。沃辛顿啤酒通过该活动带来了巨大的品牌知名度和带货效果。

案例研究 71：吉百利"发短信，赢大奖"促销活动

吉百利决定对其巧克力棒进行包装附赠促销活动，但它想摆脱传统的促销手段，并结合新的短信技术。于是，它找到了 PIMS-SCA 公司和三角传播公司。很多公司都想将这种新的沟通方式整合进其促销活动中。吉百利是其中最早利用这种方式的大公司之一，它很早就推出了"发短信，赢大奖"促销活动。参赛者需要购买带有促销包装的吉百利巧克力棒，并将包装内信息，通过短信发送给吉百利。获奖者将会收到短信通知。

吉百利公司借助 PIMS-SCA 公司的专业经验，最大限度地提高了品牌知名度，同时将成本降到最低，消除财务风险。这个活动形式不仅从消费者角度出发，而且是一个有趣的促销活动。它强化了吉百利品牌在消费者互动方面的领先地位。

案例研究 72：由 SMS 广告公司为帝亚吉欧公司策划的斯米诺伏特加和健力士黑啤促销活动

帝亚吉欧发送短信广告对其旗下健力士啤酒和斯米诺伏特加品牌（Smirnoff）进行促销。这是一个包括三道问答题的有奖竞答活动。奖品是在特定夜晚的特定时段，在某些酒吧享用免费饮料或买二赠一折扣。届时，获奖者只需在酒吧出示获奖短信，即可享受福利。

今后，酒吧还可以直接扫二维码进行优惠。许多促销商都喜欢利用病毒式营销模式，让营销信息广泛传播，并带来额外的业绩。

案例研究 73：三角传播公司为费伯出版社策划的书店活动

有些行业很少搞促销，所以有很大的操作空间，可以创造性地使用其他领

域已经司空见惯的促销手段，图书行业就是其中之一。出版商面临的挑战是，60%的书店顾客在离店时没有消费。消费者往往冲动消费，但光凭书架上的不同书名，很难勾起消费欲望。解决的办法是在店内最大限度地突出一系列重点推荐书籍，鼓励消费者从中浏览并购买。

三角传播公司为费伯出版社解决了这一难题。它为其设计了一个可自行组装的"书塔"，书塔共有25种书籍，每一种都有4本，书塔上方立有"如何成为百万富翁"的宣传海报。消费者需要根据书中的线索完成比赛，他们必须根据给定情节概要，写出书名。获胜者至少可获得1万英镑的奖金，并且有机会在梅尔文·布莱格（Melvyn Bragg）主持的颁奖典礼上将其变成100万英镑。在颁奖典礼上，获奖者要从装有100本书的书塔中进行选择，其中99本装有1万英镑的支票，1本是100万英镑的支票。

这个活动的关键是获得合作伙伴的支持，并且紧扣活动主题。零售书店被邀请提交一张书塔展示照片，以换取500英镑的奖励。他们也可以通过与消费者相同的机制将其变成1万英镑。成就最高的代表还赢得了500英镑，这些钱可以变成1万英镑。

这次促销活动在图书行业掀起了一场风暴。在促销期间，费伯出版社的销售额增加了15%。独立书店和连锁书店都给予了相当大的支持，迪龙斯书店（Dillons）更是推出了为期两个月的专题策划展。此外，活动还受到了媒体关注，包括关于著名作家T.S.艾略特是否会同意此促销的猜想（他的遗孀说他会同意）。

今天，涉及写作的有奖竞赛不是常规的促销形式，因为大家普遍认为，消费者没有闲工夫在文字上斟字酌句。但是，对于书籍爱好者来说，以文会友是一种享受。有奖竞赛活动可以要求消费者先购买。这样消费者在书店不仅能浏览，还必须购买才能参与。这也是该促销的核心目标。

费伯出版社并不讳言任何人，获得100万英镑的概率很低。媒体的关注点都在费伯出版社如何与立博博彩集团（Ladbrokes）对赌上，冲抵了中奖风险。坦诚相待这种策略非常正确，读者迟早会发现猫腻，随时也可能会有媒体的负面报道。对中奖率低直言不讳，反而增加了媒体的正面报道。

在其他许多行业，这种促销方式似乎已经过时了。而在图书领域，这种做法既创新又有效，并且每一个环节都紧紧围绕着公司的目标。

您认为其他哪些零售行业可以采用费伯出版社这种促销方式，哪些行业则不行？

您认为图书行业搞即开即中促销，食品醋行业搞有奖竞赛，会奏效吗？

总结

五种有奖促销方式各有所长，可用于实现不同的促销目标。清楚它们的区别至关重要。它们是最有力的促销手段，但容易让人觉得千篇一律。

《促销实务守则》对其有详尽的管理规定，需严格遵守。促销文案需要仔细审查，最好也给活动投保。

有奖促销活动的主要优势是成本基本固定，为后期创意留出了很大空间。

然而，这方面的法律特别复杂和不确定。英国的议会对游戏、彩票和投注分别进行了立法，但在这些法律中，都没有明确解答促销商的疑问。

从《泰晤士报》到《太阳报》等全国性报纸的促销活动可以看出，有奖促销是一种非常成功的促销手段。学着和它们一样，即使是最简单的有奖促销模式，都应该先听听专家的建议。

自学问题

1. 有奖竞赛和免费抽奖的主要区别是什么？

2. 游戏促销方式到底包括哪些形式？

3. 促销者能够合法运营的彩票是怎样的？

4. 如果没有 100 万英镑，如何设计 100 万英镑大奖的活动？

第11章

如何调动企业内部资源支持促销？

如果承认本书的观点，即商业成功离不开精准预判、理解和满足顾客需求，换句话说，一切要从顾客开始。那么，企业的董事会或所有者应该认真考虑影响营销实施的企业内部活动，包括销售和营销传播，特别是促销和优惠组合。

首先，企业结构和组织需要真正服务和满足顾客需求（这可能需要具体考虑顾客所在国家或地区，以及企业在当地代表机构的工作职责），并在所有运营中以顾客为中心（不仅是口头上的，还要真正付诸行动）、资源（资金和人员配备——人员要经过精心挑选和培训）必须到位，以充分了解顾客（了解市场需求）。营销支持服务也是如此，需要有一个规划和实施的过程，并通过企业核心层来衡量这些计划的成功与否。最后，基于对潜在风险和机遇的分析，制订出具有可行性的应急和危机管理计划（用于促销）。

组织和构建业务

不同的职能，例如财务、生产、销售和市场营销，在公司中总会存在，它们可以管理得好，也可以管理得不好。无论人们是购买产品还是为公司工作，他们各自的需求或多或少都在与公司的互动关系中得到满足。这种对关系的依赖跨越了公司所有内部和外部的界限。这些关系的特点是什么？无论是在员工薪酬、股东分红还是给顾客开具发票的问题上，钱都扮演着重要角色。但是，除了忠诚、期望和人情，还有更多的东西。企业的任务是使这些关系的价值最大化。

企业的运作实际上是一个每当顾客购买或使用公司产品和服务时就会发生的过程。在满足顾客和其他利益相关者的需求以促进业务成功的过程中，各种各样的关系都得以建立和加强。成功的企业是在这些关系中创造出特性，并不断创造合理的运营环境使这种特性的价值最大化。一个好的市场营销部门不再仅凭一己之力创造竞争优势。实际情况是这样的：生产部门制造出产品，财务部门负责顾客支付产品购买费用，配送部门把包装好的产品寄送给顾客，客服部门则通过社交媒体等方式与顾客进行沟通，或者直接回复顾客诉求。如果顾客很满意，并且企业保持与其联系、时常传递营销信息，那么顾客会选择回购产品，也可能会推荐其他新顾客向该企业购买更多的商品。关于顾客大脑潜意识的消费印迹研究已经证实了以上这一切。顾客最终是否购买产品，很大程度上是受其潜意识里对品牌和产品的印象以及从企业那里收到的营销信息的影响。

这意味着企业需要审视其内部和外部关系，并建立一种结构或者组织，使这些关系的建立变得更加容易。IBM 公司认为，应将所有面向顾客的内部部门由一个人统管。销售、市场营销、库存和发货等部门都符合这一点；但是，如果您有许多分布在不同地区或位置的网点，那么应如何将它们统一管理呢？针对这种情况，每个核心门店或经销店都需要形成一个团队、统一管理，团队主管有权代表总公司开展地区营销，以获得权限对本地顾客细分市场的数据进行分析，然后在总部授权下在本地管理营销沟通、销售、库存以及配送产品和服务等环节。除此之外，公司核心管理层要承担起支持和帮扶员工的责任，对员工进行培训，当然还要提供预算给营销部门以开展市场调研，调研团队在此基础上与当地顾客沟通。总部下放给团队的权力，必须包括允许各团队建立各分店及其供应商之间的关系，共享市场调研信息，以便不同地区产品库存保持平衡，并共同开展促销活动，这是本地运营而非总部核心运营的职责之一。前期对市场的敏锐洞察力可以在后期付诸实践。参考市场调研实时信息的团队可以很容易就注意到店内货架上缺失某个产品，随即联系供应商并迅速补货。显然，保持门店库存充足是企业应该做的。例如：保持名人（譬如英国皇室）穿过的同款礼服的库存充足，或者电视节目中知名主厨推荐的某一菜谱所用食材、器皿或工具，又或是针对报纸上关于本公司产品缺货报道的澄清说明。但现实并不尽如人意，试想一下，顾客有多少次被门店告知某件商品缺货？事实表明，顾客购物时高达13%的时间都是被告知"不好意思，商品缺货"。

与非核心门店相比，核心门店往往充斥着更多购买意愿更强的顾客。对一些公司来说，差别可能很小。但对其他公司来说，差别可能是巨大的。因此，首先要选定核心门店，再对光顾核心门店的顾客进行调查，收集信息（基于市场调研，见下文）。然后，要备足顾客喜欢的产品的库存。换句话说，通过细分顾客群体及其常常光顾的门店：将营销沟通限制在当地，开展一些直接且大众化的促销活动，同时对店内布置、环境等要准备充分；通过店内促销和包装上附赠优惠来宣传产品，这样您的门店就能成为一个以消费者营销为重点的组织。想要选定核心门店，方法很简单——基于目前公司所拥有的顾客数据进行分析就行。

提供见解

相关事实

● 如今，3/4的企业表示，它们将大数据用于战略决策，65%的财务主管证实确实如此。

● 然而，思迪博软件（Stibo Systems）的调查显示，尽管在不同的业务部门使用，但61%的高级经理表示，他们公司的数据由信息技术部门持有，只有7%的人表示公司数据是营销部门的财产，21%的人表示是财务部门的，9%的人承认不知道谁拥有他们公司的数据。

一个组织的其中一个部门可以掌握有助于另一个部门成功的信息，这往往令人惊讶。英国就有这样一个例子。在英国，不到一半的快速消费品营销主管会使用每家门店的电子售点数据（Epos data），这些数据可以免费提供给他们的公司，以衡量营销影响。然而，这些信息也表明核心零售商的实际分销能力和供货能力有多么差。那么，一个核心团队发展关系需要考虑什么呢？

1.建立消费者信任和收集顾客数据是第一阶段的目标。

2.当地的户外标牌或广告会时不时向消费者传递信息，比如附近门店里可能有哪些产品，以此建立他们对品牌的印象。活动、路演、演示或促销的开展需要有本地广告加以宣传。零售商需要扩大本地商店的影响力，以实现"超额品牌声量份额"。

3.在门店中，零售商与供应商可以设立现场营销日，在当天采用包装附赠优惠、货架上和店内的买点吸引材料以及零售商或供应商发起的促销活动。值得注意的是，有研究显示，消费者70%的购买决定是在"店内"做出的，其中考虑到了其潜意识品牌记忆的影响，但诸如没有存货或者货架上没有想要的产品等购买障碍，顾客就会放弃该门店而转投竞争对手商店购买产品。

4.添加本地促销活动。

获取市场情报

提供市场情报的研究来源很复杂，营销人员在深入研究应该如何处理这一问题时，往往回避进行任何研究，或依赖于代理机构（他们多久会听取一次营销人员的全面介绍？），或者重复往年使用的固定模式（比如有些营销人员声称"但我们那时总是有销售"或者"我们总是在那里做广告"）。营销人员需要"咬紧牙关"，思考他们需要知道什么。消费者可能会受到零售商的影响，这使得提供市场情报的研究变得更加复杂，因此单纯针对消费者的研究可能会无效——顾客在实体店或在线购物时，时常因为零售商的某些活动而改变他们的想法。市场调研的目的应该是带来可传播的市场情报。市场情报能让您对问题有新的看法，让您继续前进。市场情报既能解释消费市场种种现象背后的原因，又能用于企业开展营销实践，扩大品牌影响力。但是，市场情报并不是市场调研的必然产物。分析和判断能让您洞察市场信息，而市场调研只是呈现事实结果。洞察和研究是两码事，这值得写成一本书，正如本书序言所说，我们不能对这个主题钻研得太深。但是，我们可以通过阅读本书对该主题进行大致了解，这是可以做到的。

企业大致可以开展以下三种类型的研究：

第一，针对消费者或顾客本身的研究（谁是您的顾客？）；

第二，针对店内的消费者研究（购物环境中的消费者/顾客，包含店内和在线购物环境）；

第三，关于零售商的研究（零售商从自己的消费者偏好和购买数据中收集的信息）。

市场情报！ 第一种研究类型是针对单个消费者，围绕他们对产品的看法、使用体验、他们看到的广告信息和未来的意图展开的。这类情报只有企业才能从自身对顾客的了解中调查出来（也可以是研究分析出来的）。这类研究（通常是委托研究）将为企业如何与顾客沟通、顾客对产品和服务、配送方面的需求，以及如何与消费者建立关系提供最有价值的情报（优惠组合，见第2章）。以顾客的身份对消费者进行研究，以获得市场情报，研究内容需要涵盖顾客进入商店或上网购物前的相关信息、进行店铺搜索的方式、在商店或网上的购买体验，以及在购买后对服务或产品本身的体验（比如社交媒体上的评论或售后消费者反馈）。这些情报实际上要站在顾客的视角才能分析得出（更多信息，请参见下文）。

店内顾客行为。第二种研究是通过观察顾客对店内布局、产品定位等的反应，来观察店内行为或顾客对店内/网站购物环境的反应。零售商可以在这类研究上发挥一定的作用。这类研究着眼于消费者在商店中的行为，以及产品放置的位置。研究产生的影响可能是非常大的，并且零售商可以针对研究结果对店内环境做出相应改变，进而大大提升产品销量和影响力。对店内顾客行为的观察，大多是通过店内摄像头，或者是员工盯着顾客看。（消费者能看到并购买促销商品吗？）

自有数据。第三种研究是观察零售方面：商店的电子售点数据。这些信息是作为销售的结果而产生的，本质上并不是对消费者的研究。除此之外，您还可以从消费者的行为中获得信息，比如社交媒体报道，或包装促销的使用情况，以及库存和可用性问题的数据。

营销人员如何才能了解他们的顾客呢？

如今，可以通过顾客的态度、行为以及简单的人口统计资料来定位。这样的目标定位可能对营销预算和销售目标都会产生实际影响。传统研究的缺点之一是，问题是由研究者提出的。消费者经常会遇到一些问题，因为没有问对问题，所以这些问题也就无法被正确理解。当然，目前在推特、脸书等网站上的大量观点是众所周知的，但是如何利用它们对消费者的真实感受进行可靠且一致的描绘呢？您需要做的，是将已掌握的大众观点和意见转变成更具体、更能够衡量的东西，这样您才能真正地处理相关问题。有许多搜索引擎和公司对这些观点提供反馈。推特数据是通过网络自动索引技术（Web crawler）收集的。

这一技术能对网络上关于某品牌以及相关公众情绪进行实时反馈。情绪可以通过一种被称为"回归意象词典"（Regressive-Imagery Dictionary）的计算机内容分析工具在推特数据中被识别出来。"回归意象词典"工具是几十年前由学者开发并验证的（注：其他公司使用的是 8 个类别，而不是表 11-1 中所示的 7 个类别）。

表 11-1 相关的 7 种情绪类别

情绪	例词
积极情感	快乐的、享受的、好玩的
焦虑	担心的、害怕、恐惧的
悲伤	沮丧的、不满的、孤独的
感情	深情的、婚姻、亲爱的
好斗	生气的、严酷的、讽刺的
表达性行为	艺术、舞蹈、唱歌
荣誉	令人钦佩的、英雄、皇室

资料来源：科林·马丁戴尔，1975 年发表的专著《浪漫的递进：文学史的心理学特征》[1]。

此外，由于推特上的每条评论都有日期标记，在特定时间点将汇总的推特数据与行为测量相匹配是可行的。随着时间的推移，通过绘制这些衡量标准，我们可以得出消费者感受和认知对品牌绩效影响的结论。所有关于某个特定主题的推文，比如兴奋、服务不好、价格高或高管薪酬，都会被划分为几个时间段，比如几周或几天（甚至一天中的几个小时）。增加或减少推特的数量可以帮助我们发现关键的舆论趋势，如新创建的营销活动失败或潜在的公关危机爆

---

1 Martindale, Colin. (1975). *Romantic Progression : The Psychology of Literary History*. Washington, D. C. : Hemisphere.

发。这些定性数据量化了重要质性主题的推文数量，然后可以与品牌表现的衡量指标（如品牌考量和销售）进行统计匹配，以了解这些舆论趋势有多重要。

克兰菲尔德大学（Cranfield）管理学院以大卫·阿克提出的"品牌的五个维度"（见表 11-2）为基础，对英国连锁超市维特罗斯（Waitrose）进行了研究。

表 11-2 品牌的五个维度

品牌性格维度	特质
能力	可靠、负责、可信任、有效
真诚	喜爱家庭生活的、诚实的、真诚的、开朗的
兴奋	勇敢、生机勃勃、富有想象力、最新的
复杂	迷人、自命不凡、有魅力的、浪漫
强度	坚忍、强壮、喜欢户外活动、崎岖不平

资料来源：大卫·阿克，1975 年发表的论文《ADMOD：营销决策模型》[1]。

简报 11.1　开发基于时间的跟踪系统。应用大卫·阿克提出的品牌五个维度模型，通过两项独立的衡量指标——产品销售和推特上的即时反馈，克兰菲尔德大学管理学院对英国连锁超市维特罗斯受欢迎的原因进行研究，并首次描绘了促使普通消费者去该超市购物的因素。他们发现主要的情感是兴奋，然后是能力。有趣的是，消费者认为，"能力"与英国另一连锁超市乐购的形象并不密切相关。发帖者在推特上发帖子的主要目的是让朋友和粉丝了解其最新情况，因而可以得出，在推特上分享良好的购物体验的帖子往往可以获得大量点赞。与此同时，糟糕的经历也能很快在推特上传播。研究表明，糟糕的购物体验和消费者自尊心受挫往往会对销售额产生负面影响。超市服务太差，会让您觉得自己

---

1 Aaker, David.（1975）. *ADMOD : An advertising decision model*. Journal of Marketing Research, 12（1）：37–45.

不受重视，找不到您想要的东西，自然会降低超市销售额。

沟通和促销

遵循营销的七个简单规则。拜伦·夏普所著的《品牌如何成长》(牛津大学出版社)为营销人员取得成功制订了七条规则(经许可在此重新发布)：

● 通过物流和营销传播，**接触品牌服务或产品类别的所有消费者**。这些人都是该品牌的潜在买家。

● **易于购买**。品牌需要出现在人们期望看到的地方——把产品放在正确的货架上并保持在那里是一项长期的任务。

● **传达信息**。在多媒体时代，传递信息从未像现在这么容易，然而让人们理解信息也从未像现在这么困难。消费者经常避开广告等媒体。所以要将您的品牌根植于消费者的潜意识中。

● **更新消费者对品牌的认知，为其打造合适的品牌记忆点**。重新焕发活力，并记住要加强消费惯性。

● **打造和利用独特的品牌优势**。消费者通过本能的记忆来搜寻他们熟悉的品牌形象。

● **要持之以恒，但又不失新鲜感**。品牌比人和企业存在的时间都长，它通过向几代人传递一致的信息来做到这一点。然而，这种一致的信息需要不断地重新构思，以吸引新一代的潜在顾客/消费者。

● **保持竞争力，不要让消费者失望**。品牌需要专注于从折扣活动中获得最高性价比，同时确保其核心顾客，即愿意以全价购买的忠实顾客，不会对优惠条件感到失望。

安装规划和实施流程

这里需要有一个规划和实施的过程。本书第 3 章对此进行了相关描述。需要考虑业务目标、制订业务计划，并遵循营销目标和营销计划。促销源于营销计划。所有计划的内容都要付诸实践，成为相关员工的工作职责，并适当授权实施这些计划。岗位职责说明、工作目标的确定和评估分别规定了工作内容以及衡量业绩的标准，团队可以着手实施计划并运行日常操作。顾客会对计划的实施产生影响，具体体现在企业要基于市场调研的反馈（如大数据和社交媒体分析等）及时调整运营，以满足顾客的实际需求。

衡量成功与否

这部分内容将在本书第 15 章讨论。企业应为包括促销在内的所有运营设定 KPI。

建立企业记忆

对任何营销活动（包括促销活动）的成功与否进行衡量的记录应保存在公司的存储设施中。实施促销的过程应包含对以前的促销活动效果的探查——看看哪些有效，哪些无效。

评估风险和机遇以制订应急计划

基于对潜在风险和机遇的分析，企业应制订出具有可行性的应急和危机管理计划。这包括可以在短时间内实施的促销活动。

总结

有人会说这一章的内容仅仅是常识的应用。笔者的行业经验反映出，现实并非如此——企业内部往往存在许多隔阂；企业内部的"办公室政治"阻碍了信息共享与传递；贪婪、恐惧和糟糕的领导力会损害企业关系的建立，而这种关系是企业成功的关键，它会影响成百上千的顾客对企业的满意程度。

自学问题

1. 评估您的公司。它是面向顾客的企业吗？如果不是，需要做些什么来解决这个问题？
2. 获得真实的市场情报的方法有哪些？如何才能改善这种情况？

第 12 章
促销运作全流程指南

从促销目标到促销简报

那么，如何运作促销呢？您应该有一个目标（参见第 9 章），也应该征求有创意的意见——"我想让谁做什么？"（参见第 4 章）。现在，如何判断哪些目的能达成，哪些不能呢？如何在众多技巧中进行选择？（参见第 10 章）

如图 12-1 所示，我们将依次讨论促销策划周期的各个阶段。营销者的职业生涯就是在这个周期循环往复，随着职业发展，您会发现您对六个阶段中的每一个业务都更加精进。

一旦确定了商业与营销目标，相应的营销策划和活动也随之敲定，然后就需要写一份简短的简报。

无论是打算自己设计一套促销方案，还是打算给别人做简报，第一步都是一样的。最好的方式就是在纸上写下下面六个问题的答案，这非常重要。它应该非常简短，超过两页 A4 纸就显得啰唆了。

1. 品牌战略是什么？它的定位和差异优势在哪里？这需要通过优惠组合确定。（参见第 3 章）

2. 促销目标是什么？认准一个。（参见第 9 章）

3. 成功的标准是什么？设定特定的 KPI，衡量促销是否成功。为了实现相应的 KPI，一定要合理分配资源。（参见第 15 章，解释了为什么需要设定

KPI。）

　4.明确希望影响哪个群体的行为？他们是什么样的人，他们对什么感兴趣？他们喜欢的"营销传播"是什么？（如有必要，请重温第3章。）

　5.您想强化或改变他们的什么行为？换句话说，您到底想让他们做什么？

　6.促销实施有什么限制？预算、时间、地点、产品覆盖面还是物流？

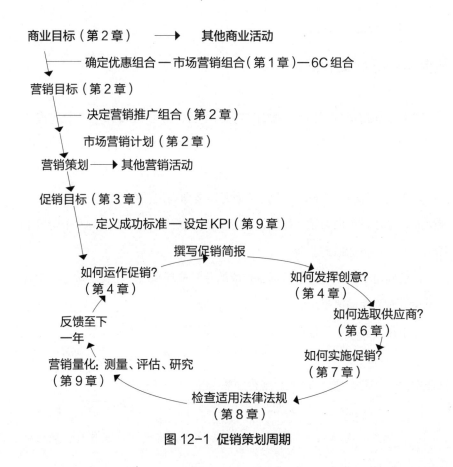

图 12-1 促销策划周期

　任何时候都需要非常清楚，促销目标是第9章12个目标中的哪一个。这个目标需要与总体营销目标和包括促销在内的营销策划组成有机的整体。做好这点至关重要。遗憾的是，促销机构往往在简报中将目标（往往是小成本促销活动）定为"增加试用和重复购买量，提高忠诚度、增加分销渠道"。虽然所有人都希望能做到上述所有这些事情，但同时达到四个目标往往很难。

如果您的促销目标不在第9章中的12个目标中，可能是因为促销简报缺失，或者请参考其他的营销活动简报，抑或需要对整个商业进行重新思考。

认真制订促销目标（记住，就像商业和营销目标一样，它们应该遵循SMART原则），意味着要量化促销预期成果。例如，如果目标是增加试用，就必须明确规定要找多少试用者、在哪里找到他们、预计通过他们能增加多少产品或服务消费量。在一开始就量化目标，能够衡量和监测促销成功与否（我们将在第15章中深入探讨这个问题）。

之后便是促销的核心问题了："我想让谁做什么？"从这里开始，营销目标就转向了促销目标。您需要思考哪些人和事能够帮助您实现促销目标。

图12-2显示了糖果产品从工厂到最终用户的商业过程。对于其他任何产品或服务环节，也可以绘制类似的流程图，区别只是复杂程度不同而已。流程图的每一点都有人参与，这些人构成了促销活动的目标群体。

在使用流程图的过程中，要问自己以下四个问题：

1.谁是解决商业问题的关键？是最终用户还是零售商？是买家、仓库，还是顾客？

2.顾客是什么样的人？他们还做其他什么事情？他们的动机、兴趣和欲望是什么？是什么阻碍了他们的行为，使他们不能像我希望的那样行事？顾客子女还是朋友？他们做决定时，和谁在一起？

3.我到底想让他们做什么？购买一种产品还是多种产品？更频繁地使用还是试用？在门店展示产品，还是让用户分享给朋友？

4.过程里还有哪些能影响决定的人？某些中间商、企业老板，还是其他员工？怎样能说服零售商把它展出呢？

想要改变行为，需要高度关注这些问题。这是营销思维从抽象到具体的过程。问题不再是市场份额、渗透率、细分市场和其他抽象类别。

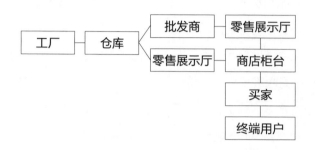

图 12-2　糖果产品从工厂到终端用户商业流程

现在是关于朱莉·史密斯和她儿子韦恩的故事。一个繁忙的星期四下午，他们在伯明翰的乐购超市购物，并从您的产品所在的货架一晃而过。为什么她选择其他品牌的醋而不是您的呢？是送到手的优惠券、乐购优惠装，还是包装附赠优惠（如果您能让乐购超市同意这种优惠）的原因？萨森醋通过其"用前摇一摇"促销活动为这些问题找到了一个特别的解决方案（案例研究 67）。

还是这位朱莉女士，她在一家小型电脑咨询公司兼职，负责采购公司办公文具，以满足本周使用需求。朱莉现在所扮演的顾客角色不同了，从消费者变成了企业买家。为什么她选择其他品牌的胶带而不是您的呢？是额外附赠优惠、便利包装、直接打折，还是她个人私利（如果雇主允许的话）的原因？赛勒塔普胶带的一万次开奖机会活动（案例研究 53）给出了答案。

朱莉和朋友们在一个大型现代郊区主题的酒吧里通宵畅饮。为什么她选择其他品牌的酒而不是您的呢？如何鼓动她在不过量的情况下尝试另一种酒？

在这些案例中，朱莉并非一个人。在超市里，她有韦恩陪着；在工作中，她对老板负责；在酒吧里，她和朋友在一起。母亲、员工和朋友三种角色的社会关系非常不同。这对朱莉做出品牌抉择有着不同的影响。如果您想让朱莉改变行为，做您想让她做的事情，您需要首先了解这些关系和背景，然后寻找正确方法，这是至关重要的。

将朱莉的需求和兴趣与您的商业目标联系起来，是促销创意的关键。这也是第 2 章和第 9 章的主题。如何评估促销活动，判断是否完成设定的任务？第 15 章给出了答案。如果您给出了成功标准，设定好了 KPI，并对其进行衡量就非常容易了。

促销手段

希望施加影响的中间商和消费者多种多样，他们的社会关系以及生活方式各有千秋，这就会产生令人困惑的选择。另外，可供选择的促销手段数量明显有限。

促销手段是指想要消费者做的特定的事，比如有奖竞赛是一种手段，免费邮寄是另一种手段。可供利用的促销手段少得出奇，所有的促销活动都使用一种或以上的促销手段。在欧盟许多地方，法律进一步限制了可以使用的促销手段。而且，以前用过的促销手段就不灵，就像以前用报纸广告，就不要再在上面打广告了。

促销的创意性与吸引力不在于手段本身，而在于与促销目标和目标消费市场的相关性。企业可以对实施促销的方式、优惠组合的内容及表现与传达的形式进行调整和改变。鉴于其重要性，本书余下部分将重点探讨在实际优惠组合中的促销手段。

长久以来，促销被分为两大类：降价促销与增值促销。促销手段因此也分为两种：一种是能在消费者购买时即时生效的手段，另一种是效果的产生具有一定延迟性的手段。表 12-1 概括了各类型促销手段。

表 12-1 促销手段分类

促销活动	即时影响	延迟效益
增值促销	免费赠送	免费邮寄
	可再利用包装	有奖竞赛
	即开即中	免费抽奖
	样品试用	保本促销
	免费附赠	慈善促销
降价促销	打折抢购	下次购买优惠券
	买一送一	现金退款
	加量不加价	瓜分现金
	店铺优惠券	以旧换新优惠
	分期付款优惠	

表 12-2 将 9 种关键促销手段与第 9 章所述 12 个促销目标进行匹配。其中各项匹配度从 0（完全不匹配）~ 10（非常匹配）不等。这种评分可粗略指导操作适用性。通常，最有效吸引消费者的是对某一促销手段的创造性使用，而非手段本身。很显然，像即时免费这样高成本的促销手段在几乎所有评估方面都比保本促销这样的低成本促销手段更为有效。

表 12-2 将促销目标与手段相互联系：两者是如何匹配的

目标	即时型免费优惠	延迟型免费优惠	即时型价格优惠	延迟型价格优惠	分期付款优惠	有奖竞赛	游戏和抽奖	慈善优惠	保本促销
增加销量	9	7	9	7	5	1	3	5	2
增加试用量	9	7	9	2	9	2	7	7	2
提高重复购买率	2	9	2	9	5	3	2	7	3
提升客户忠诚度	1	9	0	7	3	3	1	7	3

目标	即时型免费优惠	延迟型免费优惠	即时型价格优惠	延迟型价格优惠	分期付款优惠	有奖竞赛	游戏和抽奖	慈善优惠	保本促销
拓宽产品用途	9	5	5	2	3	1	5	5	1
创造吸引力	3	3	3	2	2	5	9	8	8
转移顾客对价格的关注	9	7	0	7	7	3	5	5	2
获得中间商支持	9	5	9	5	9	3	7	5	1
对顾客实施价格差异化	1	9	1	9	9	3	3	5	1
重建品牌形象	9	5	7	3	9	1	1	1	1
维持品牌形象	7	7	9	7	9	1	1	1	1

看到这儿，您应该已经有明确的促销目标，并且对什么类型的促销手段能实现目标有了初步的想法。接下来，让我们看看怎样才能实现两者的有机结合，即如何让促销的实施变得富有创意性。

实施促销

叙述至此，您应该清楚了设计促销活动的关键要素。要为您的产品或服务，可以从以下几个方面着手：

● 制订要实现的营销目标，并以此为依据确定相应的促销目标，如增加销量或提高试用量。

● 要清楚品牌战略、价值和6C优惠组合。研究客户需求，并建立营销传播草图。

● 促销作为营销中关注行为的部分，回答了"如何在特定时间、特定地点吸引人们对某一营销活动关注"这个问题。销售推广实际上指的是促销活动的时间和地点都在零售范畴。

● 通过回答"我想让谁做什么？"这个问题以及起草促销简报，将营销目标转化为促销目标。

● 定义成功标准，确定 KPI 衡量成功与否（参见第 15 章）。

● 使用头脑风暴、制作列表和思维导图等创意技巧，激发想象力，创造性地思考促销方案（参见第 4 章）。

● 记住选取合适的供应商，它们能对设计和实施有效促销活动提供帮助（参见第 5 章）。

现在是时候看看促销活动的实施细则了。本节将探讨实施的五个组成部分：预算、时间安排、传播媒介、后勤和法律法规。然后，通过一个简单的三阶段促销实施周期，展示促销如何从最初的想法到最后的实施完成。

预算

在许多情况下，预算是给定的。促销代理机构只能在预算范围内完成工作。是否能在预算范围内实现所有目标？确定吗？如果不确定，那就从头再来。最好不要想着投机取巧，这样做会有更大的损失。

要是万一没有预算限制呢？用于促销的资金与用于推广组合其他部分的资金来自同一预算。降价促销的资金可以用不同的方式来核算（这一点在第 9 章讨论）。企业有五种制订促销预算的方式：

● 以去年的支出为基准设定，再加上通货膨胀和任何预期的市场增长。

● 将促销预算设定为营业额的固定百分比，并随着企业和行业发展进行调整。

● 将促销预算设定为与主要竞争者的花费相同，或与之成正比。

● 将促销预算设定为实现一定营销目标所需的金额，即需要多少给多少，不多不少。

● 在这个成本削减的年代，如果没有通过量化手段展示营销开销物有所值，就等着得到和去年一样的促销预算，或者等着预算被削减吧！

威洛特·金斯顿·史密斯（Willott Kingston Smith）的调查显示，很少有企业年复一年地改变预算。所以，按实际价值算，预算其实是减少了，并且预算的用途也没有发生变化。很多企业忽略了除报刊、电视或海报以外的新方法，比如新媒体、直销、量化和其他广告形式。英国促销学院的毕业生打电话回来，询问如何说服他们的客户经理或上司考虑促销手段，而不仅仅是单纯打广告。

每年都从零开始，确实任务艰巨。所以在实际操作中，公司往往会采用前三种预算方法中的一种，或将它们结合起来，但是也有用最后一种方法进行预算的。对于促销来说，使用学究式的精确核算方法有其特殊原因。因为，促销可以被看作一种特定的市场干预行为，单独计算成本。促销的成本和它所产生的利润可以与不使用促销时的预期利润进行比较。事实上，明智的做法是将营销预算分为两部分：一个是维持市场份额的部分，另一个则是为了实现增长的部分。如果设定了销售增长目标，那么为了实现额外创收，就需要较多的促销预算。

有一种简单的基础促销预算计算方法，涉及促销包装数量、购买凭证、最大参与人数（OTA）、兑换率和成本之间的关系。在下列例子中，假设消费者购买企业的包装产品，并通过邮寄赢取免费汽车模型。计算预算的顺序如下：

第一步：计算优惠要打印到多少产品上。假设希望促销活动持续1个月。估算1个月的销量，加上10%的额外促销销量，就可以计算出所需的促销包装数量，比如25万包。

第二步：决定要求消费者提供的购买凭证数量。如果数量设置得太低，老顾客就没有动力购买更多产品；如果设置得太高，一般消费者就没有机会参与。以往的经验是，将购买凭证数量设定在促销期内该品类（而非自身品牌）的平均购买水平，比如一个月内。假设在此基础上，决定购买证明数量为5。

第三步：计算出最大参与人数。最大参与人数等于促销包装的数量除以购买凭证。不可能有比这更多的兑换申请。本例中，参与人数为25万除以5，就等于5万。

第四步：估计可能的兑奖率。这取决于奖品的吸引力、购买凭证和购买频率之比、优惠力度、品牌实力和其他一系列因素。本案例中假设兑换率为6%。那么计算方法就是最大参与人数乘以兑换率。本例中为5万乘以6%，等于3000人。

第五步：把提供模型车以及接收和处理申请的费用考虑进去。正如第6章关于业务处理公司部分所述，业务处理成本可以计算出来。假设处理一个模型车兑奖的成本是1.8英镑。因此，每次兑换的总成本为1.8英镑。

第六步：知道了这部分促销成本，然后乘以兑换数量，就可以得出赠品成本。本例中，3000乘以1.8英镑，等于5400英镑。在此基础上，还要加上艺术设计、特别印制以及其他促销支持活动的成本。假设为5850英镑，那么促销总成本为11250英镑。

第七步：将这一数字除以促销包装数量，得出每包促销成本。本例中，即为11250英镑除以25万包，等于4.5便士。这些数据只是为了更清楚地展现计算方法，供读者比较分析。

最后这个数字非常有用，您可以用它来比较不同促销活动的成本，也可以用它来计算需要额外卖出多少包才能使促销活动收支平衡。如果成本太高，也可以重新计算，并尝试寻找省钱的方法。比如，要求消费者承担邮费、提供更便宜的汽车模型或者增加购买凭证的数量。

如果您打算使用优惠券（详情请参见第9章），上述计算方法同样适用。但要注意，报纸促销的最大参与人数不以报纸的阅读量来计算，而是以报纸的发行量来计算的。每份报纸可能有多个读者，读者数量越多，兑换率可能越高，但最终只有一个读者能获得优惠券。

还需要注意增值税问题。英国税务与海关总署制作了一系列专门处理促销、商务礼品以及零售促销税收方案的小册子。您要确保手头有最新版本，因为税费随时都可能调整。

如今，美国优惠券发行商与处理商伟乐思公司提供了一款使用方便的依托于 Excel 电子表格的计算工具，可用于计算直接邮寄优惠券、家用互联网自助打印及上门派发的优惠券的促销成本。只需将数据键入 Excel 电子表格，这一工具就可自动计算出结果。如有兴趣，请咨询伟乐思关于他们公司开发的计算工具——优惠券广告宣传商业模式 V10（参见本书补充信息）。

时间安排

开展促销活动（通常是指在零售范围内提供的促销）往往是为了满足短期的市场需求。在此期间，企业还必须与中间商和供应商通力合作。时间安排是一个关键问题，因为经常会出现时间冲突。因此，从一开始就应该强调明确以下时间限制的重要性：

● 需要促销活动何时对消费者产生影响？

● 影响时间持续多长？

● 这与产品或服务的购买频率有什么关系？

- 中间商需要多久准备时间？

- 印刷和商品交付时间有多长？

- 何时确定促销理念？

每个阶段的可用时间都会很大程度上影响目标能否实现。通过使用简单的项目管理工具，可以极大地帮助处理管理问题。

传播媒介

每一次促销活动都会以某种材料为媒介进行传播。传播媒介包括：

- 产品包装；

- 产品或服务活动进行中发放的传单；

- 与产品或服务活动相脱离的传单发放；

- 报刊、广播、电视、互联网或海报上的广告；

- 赞助表演或活动；

- 海报、贴纸和其他宣传材料；

- 销售辅助材料；

- 群发邮件；

- 移动营销（包含应用程序）。

在实施的早期阶段，估算完成目标大致所需媒体成本。虽然可以之后再确定具体数值，但原则上要先评估自己的承受能力。要做到这一点，您需要：

- 选择合适的传播媒介；

- 估计所需广告数量；

- 估计规格（颜色、重量、频次等）；

● 估算艺术设计、摄影和其他设计要求，先算出大致成本，然后详细计算。

这里面可能涉及给印刷商、媒体和其他供应商打大量的电话。一个捷径是，获取一份印刷和媒体价格指南，并以此为基础进行估算。另一种方法是，将以往促销活动开销保存在一个文件中，对其价格进行拆分计算。促销代理机构有丰富的经验可以借鉴，而且往往算得又快又好。

促销方案制订好以后，就要花时间在打磨促销用语上了。任何促销活动的表述总是分为两个部分：宣传口号，具体细节、规则、说明及其他必要但次要的信息。

代理机构通常会提出一些促销理念，比如选用什么印刷材料、广告大致模样等。但往往被忽视的是，在文案或脚本确定之前，不可能知道需要多大尺寸的印刷材料。通常情况下，理念确定了，预算也通过了，但突然又要求增加预算，因为传单需要增加一页。

即使粗略描写，也要先写出文案或脚本。因为这可以指导设计人员创造更好的视觉理念。经验表明，给设计师和文案的要求越严格，最终效果就越满意，成本控制也越好。

利用英国促销学院和直销协会的网站来获取优惠券等所需的文字范例。英国皇家邮政在其网站上列举了寄送不同大小邮件的直邮成本。

保持简单的创意方式，向消费者传达理念的时间很短。"赢取假期"这个标题就比"布洛金夏季壮观景色"更好。前者传达了好处，而后者让那些没听说过布洛金的人不知所云。同时请注意，研究表明，诸如"免费"和"全新"的关键字眼往往能激发消费者的潜意识，使其多留意某件商品。同样的道理还适用于"1英镑"标签。

此外，还需要考虑如何以图文并茂的方式展示优惠信息。无论是通过传单、广告还是包装上的一小块空间来传达促销信息，都涉及某种形式的图形。即便是促销商自己来操办，也需要他人的审美意见。要在平面设计中突出优惠的风格和感觉，最好还能强化产品或服务内在价值。

后勤

无论是红包、优惠券、免邮赠品还是慈善捐款，每一个促销活动都需要赠送一些东西。选定了赠品（比如赢取假期、赠送菜刀、兑换 25 便士优惠券），就可以进行以下操作：

- 拟订有关物品的规格；
- 估计所需数量；
- 估算成本。

同样，最好去相关网站查询（详见第 5 章），或者手头最好有本赠品价格参考书，可以省去打电话或写信索取的麻烦。比如使用网站查询，可以很快获得报价信息。然后就是具体操作问题，如何在促销活动中使用赠品要考虑以下几点：

- 谁来负责做什么？
- 赠品存放在哪里？
- 如何分配？
- 每个阶段需要哪些资源？

上述内容很大程度上取决于促销的规模和自身资源。对于一个简单的零售促销活动来说，可能就只需要安排印刷和分发买点吸引材料。而其他可能要复杂得多的促销活动，则需要召集六七个不同的组织，印制十几种印刷品，使用许多不同种类的优惠材料。

扪心自问，促销活动的可行性几何。要知道，零售商的很多买点吸引材料要么从不展示，要么没有正确展示（由阿利森·威廉斯和罗迪·穆林撰写的《现场营销手册》一书中解释了如何克服这个问题）。曾经有一位品牌经理以非常优惠的价格购买了一批优质躺椅，作为促销展示品（促销结束后，零售商可以保留这些礼品，详见第 10 章）。这个促销展示品比平常礼品更高档，也比竞争对手的赠品要好得多。可惜他忽略了，大多数销售代表一次促销联络就要在路上奔波 3 天，每天要打 15 个电话。他没有考虑如何将这 45 张躺椅礼物装进一辆福特福睿斯汽车里。然而，知道促销活动不可行之后，先问问自己如何改进，并始终保持积极的态度。只有当每一个选项都被证明不可行后，您才应该放弃。毕竟，伟大的想法都值得被践行。

法律法规

关于促销的法律法规将在第 14 章中进行详细阐述，这里只简要介绍一下。

积极寻找品牌价值，向顾客传递优惠信息，这是促销的出发点。创意促销源于品牌价值，通过发散思维，激发想象力，点子与产品简报完美契合。但是，有时也会被热情冲昏头脑。

问问自己：促销活动是否符合各种商业准则和法律法规规定？如果不符合，那么千万不要为了符合法律法规，只对促销活动进行微调。这样做的结果通常是，要么活动被"阉割"，要么搞得过于复杂。

还要记得查看活动是如何反映促销商形象的。为了获得短期收益，忽视消费者的期望，从长远来看，会损害公司的声誉。如果有些优惠好到难以置信，很可能就不能相信。看看胡佛航班的促销活动（见案例研究 50）是如何将公司差点搞破产的。

一个非常简单的方法就是，把自己看作消费者，想想您看到这个优惠会作何感受。在写关于直销、上门推销和群发邮件的文章时，我一再主张用信箱投递，特别是当第三方投递时。和其他邮件一起堆在地上，您是否感觉足够与众不同、令人兴奋呢？如果您不觉得，那么目标客户也会不高兴。想象在您的村庄中，村民会有什么反应。"己所不欲，勿施于人"，这不仅适用于促销活动，也适用于生活中的其他方面。重视消费者，他们既不傻也不蠢。

结构化实施过程

管理促销活动的实施并非易事。不要拿到一个理念，就想着如何具体实施。一定要抵制这种倾向，这对工作非常有帮助。我们把从简报到实施的工作分为三个阶段，每个阶段都有评估和决策阶段：

● 第一阶段：思考促销简报的可能解决方案。定义成功。将用什么 KPI 来衡量？预留一些预算来衡量 KPI。

● 第二阶段：确定主要理念，撰写促销大纲。

● 第三阶段：将最重要的理念发展成一个可行计划。重新核对 KPI。

下面，我们依次进入这三个阶段，重点考察每个阶段的工作要点，包括可能的解决方案、大纲的制订和详细的计划。虽然我们将实施工作分为了几个阶段，但请记住这是一个完整流程，而且是一个循环往复的过程。图 12-3 详细展示了这一过程。

第一阶段：可能的解决方案

牢记促销目标和促销简介。定义成功，并设定用来衡量成功的参考 KPI。列出可能的理念。每一个理念都应该用十几个字来描述，通常在括号里加上更多的可能性。一个理念可以描述为"有奖竞赛—竞猜球在哪儿（能不能变换形式？）—假期奖品（特内里费岛？佛罗里达？）—每个参与者再赠送代金券

（如果费用低于500英镑）"。另一个理念的描述方式更注重主题，而不是形式，比如：赢取假期—有奖竞赛或免费抽奖—总奖池1万英镑。

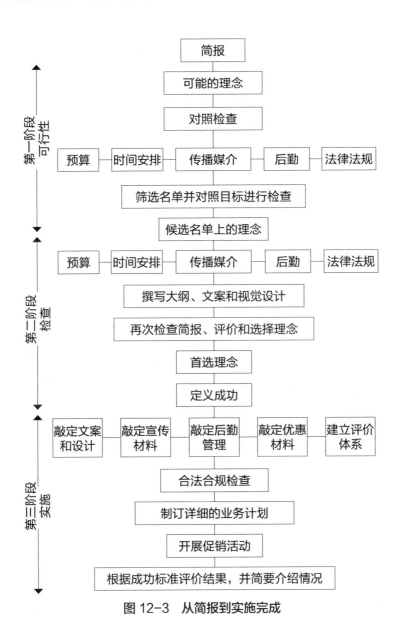

图 12-3 从简报到实施完成

现在，必须对上述想法进行粗略筛选。图 12-3 展示了这一流程。第一阶段在图中最上面部分。

在筛选阶段，需要回到营销和促销目标，检查这些好点子是否有可能实现这些目标。还要随时查阅促销简报，牢记成功的标准。继续以第 4 章中的窖藏啤酒为例，在网球俱乐部推广真的能实现足够的销量增长吗？如果不能，就得重新再来。特别要注意，有时促销抓住了顾客，却没有抓住目标。促销是为了达到营销目标，而不是单纯地吸引顾客。

根据简报的要求，最终留下一两个，至多六七个可能的解决方案。通常情况下，促销代理机构会将这些方案汇集到一个"理念图"上。理念图上有每个优惠组合的关键词，旁边还有一两张 A4 纸，上面列出了该促销活动的方式和费用。如果您不请代理，自己也需要厘清每个优惠组合，并记下其主要成本和运作特点。

第二阶段：制订促销大纲

现阶段的任务是将筛选出来的方案细节具体化，并判断它们在实践中是否可行。该过程如图 12-3 中间部分所示。

与第一阶段粗筛理念类似，第二阶段需要完善入选理念，对理念细节更加细致地检查。因此，需要制订详细的印刷规格，并开始撰写主要文案等。这个过程会缩小候选理念的范围。筛选后的理念才具有可行性，并知晓其如何运作。最终，理念就可以从中选择。现在又要回到促销简报上，对照每一个候选理念进行严格审查。哪一个真正最适合？哪一个在某方面有优势，但在另一个方面吃亏？哪一个真正符合促销目标？哪一个能提供最大的附加值？哪一个最能吸引目标受众的注意？

对于大型促销活动，建议在这个时候进行正式调研，但一些小的促销活动只需询问您认识的人，比如朋友、同事、顾客等，他们都能成为通常被称为"白纸测试"（名字没取好）的受试。只需将理念图排成一排，让他们把自己想象成目标受众，并根据清晰度、吸引力和可达性三个标准对理念进行评分。

往往是自己中意的理念受到他人冷落，这让人惊讶（也让人羞愧），有时候自己太熟悉，反而不客观。即使这个理念足够清晰，也会有可以改进的地方，调整点子的灵感可能会来自最意想不到的地方。

此过程结束后，就可以选出最重要的理念。如果它与简报完美契合，并让观众一见到就兴奋，那就胜券在握了——至少已经有了一个合理可行、满足简报要求的促销方案。下一阶段就必须把它变成实物，比如传单、海报等。

第三阶段：执行计划

此阶段是将首选理念落地实施。这个阶段的要点如图 12-3 下半部分所示。

在这个阶段，要再次检查成功的标准，设定衡量成功的 KPI 和计算衡量 KPI 的预算，并最终确定和检查促销活动的所有辅助文案，比如参赛须知、规则、奖品说明等。做这些工作一定要遵循《促销实务守则》的规定。[1] 粗略的视觉效果也需要转化为促销活动中各种印刷品图样。此阶段总是需要外界的帮助。

在这个阶段能获得促销所需材料。因为有了明确的前进方向，所以可以对大致预算进行细化，并且四处采购，以获得更好的价格。

此阶段要特别注意执行计划。尽管有出色的理念、精湛的设计和令人兴奋的优惠，但许多促销活动仍然失败了，因为在执行管理上出了差错。一定要仔细检查执行计划，确保交付、业务处理和分销的每一个环节都有条不紊地按计划执行。第 5 章中叙述的业务处理公司等供应商在这个阶段发挥着重要作用。一个详尽的执行计划要明确规定什么时候要做什么、由谁来做、如何做。一个真正严密的计划不会留下任何错误或误解的余地，从长远来看，这样可以节省大量的时间。随着时间的推移，制订计划的过程会变得越来越快。

---

1 本书付印之时，此守则正在更新。

执行计划必须包括与第三方签订合同。当促销活动的运作关键取决于另一家公司履行委托职能时，这些合同就显得尤为重要。合同应包含以下内容：

1. **联合促销**。如果合作良好，往往皆大欢喜。但万一关系恶化，就会造成灾难性后果。合同不仅确立了基本准则，而且还责成各方在承诺参与之前，考虑到所有可能发生的情况。

2. **代理关系**。与促销代理机构的关系也应以合同为指导，约定双方的责任。

3. **赠品供应**。如果是一次性购买赠品，一般只需签订正常的采购合同。但如果想在今后的促销活动中叫停采购，或者制作特殊赠品等，则有必要在合同中约定。

4. **其他**。最好与业务处理公司、辅助销售队伍、电话销售员和其他专家签订合同。

合同的格式千差万别，有些公司起草的是特殊合同，有些公司则使用冗长而复杂的标准合同。许多人发现最好的方式是起草一套行业标准合同，然后附加其他约定。由于促销兑奖率很难预测，因此在合同中必须考虑到数额的变化，并确定任何额外工作成本如何计算。

最后就是建立营销量化评估体系。既然设定了成功的标准，也要求了KPI，那么就需要有人负责衡量KPI。评估KPI结果，就是用业绩来评价成功与否。在促销活动开展后再去考虑如何评估为时已晚，而且已经错过了记录很多信息的机会，所以应该在事前就制订好KPI评价体系。在第9章中，我们讨论了各种由目标衍生出的衡量指标。

实施

现在正式进入促销实施环节。如果按照之前所描述的流程进展，那么促销活动应该可以顺利实施，但也要始终监测活动进展情况，并准备好应对意外情况。特别是，要始终将真实兑奖率与预期兑奖率进行比对。此外，当促销活动结束后，一定要分析所有可用信息，确定既定目标是否完成，活动是否取得预定成功，并总结任何可以吸取的教训。

案例研究

这里之所以介绍以下四个案例研究，是因为它们说明了选择促销目标的过程，同时还因为它们将业务目标与促销手段联系起来的方式值得探讨。

本书的每种促销手段的实施都关系到市场营销目标、促销目标以及促销手段间的联系。

案例研究 74：蓝筹股市场咨询公司（Blue Chips）为金佰利公司（Kimberly-Clark）策划的"关爱花粉热患者"促销活动

本案例讲述了从 1991 年开始由纸巾领导品牌舒洁面巾纸（Kleenex）的制造商金佰利发起的长达 7 年的促销活动。这是为数不多的关于促销持续改进的故事。

原先的任务很简单也很聚焦：搭建一个战略性平台，在夏季销售面巾纸。为什么是花粉热？因为大约有 10% 的人口患有此病，集中在特定的区域和特定的花粉数量较多的时期。他们是面巾纸的重度使用者，但占总销量的比例很小。关爱花粉热患者让舒洁纸巾有了夏天的宣传主题，用产品极致的使用需求来比喻最好的品质、柔软度和强度。在关注花粉热患者的同时，优惠活动必须吸引所有购买纸巾的人。

原本的促销活动是用三张购买凭证换取一个免费的花粉症"急救包"。"急救包"是一个洗漱用品袋，里面有爱滴氏眼罩、薄荷醇润喉片、旅行装面巾纸、太阳镜和负离子空气净化器的优惠券，以及国家花粉和花粉热协会的花粉症指南手册。这是一个联合促销活动，爱滴氏眼罩和薄荷醇润喉片也免费提供自家的产品样品。为什么要这样做呢？因为舒洁纸巾可以精准定位目标顾客花粉热患者，这是其他品牌无法做到的。该促销活动共计卖出 90 万包纸巾，兑奖率到达了 7.7%。

下一轮促销活动与原来的促销活动非常相似，不过这次还包括了"自然疗法"。活动共计卖出近 500 万包。消费者需要 5 份购买凭证以及花费 50 便士邮费，就能收到洗漱用品袋。这次袋中包含爱滴氏眼罩、霍斯薄荷滴剂、旅行装面巾纸和更名为国家花粉中心的花粉症指南。

接下来五年又发生了什么呢？这是一个有趣的故事，既展现了促销如何适应新的需求和机遇，同时也讲述了舒洁如何一步步迷失方向。

接下来的第一年，经济衰退迫使促销预算下降。首先，洗漱用品袋没有了。其次，消费者被要求支付 40 便士作为邮费。促销赠品没有改变，但为了迎合当年欧洲人的兴趣，指南手册变成了欧洲花粉症指南，还为旅行者提供了方便小贴士。当年出现了一个新机会——沃克斯豪尔汽车刚刚推出了第一款带花粉过滤器的家庭汽车可赛（Corsa）。促销中加入了以该车为奖品的免费抽奖活动。尽管增加了这一优惠，但客观上对消费者来讲，价值不如原来的促销活动大，兑奖率下降到 3.9%。

舒洁随后又尝试了新的策略——两级优惠。1 张购买凭证就可以换取新的花粉症指南，3 张凭证和 40 便士可获得一套样品。它还强势推出了 0891 开头的"花粉热线"（优惠电话费率）。创意也发生了变化，从"关爱花粉热患者"到关注"那些花粉数量最多的关键日子"。销量回落到 400 万包，指南的兑换率降至 0.3%，样品套装的兑换降至 1.3%，这说明两级优惠并不成功。

舒洁对下一年促销活动进行了重新思考，确定首要任务是：向消费者提供一个明确而简单的激励措施，鼓励试用和重复购买。0891 号码被取消，改为与每日邮报和经典调频合作。样品套装被缩减为一份新的花粉症指南和三个样品——舒洁面巾纸、爱滴氏和使立消（Strepsils）。优惠组合的核心是通过高质量的电台节目，消费者可以了解花粉数量。3.5英镑加上5张购买凭证即可获得套装。关爱花粉热患者的主题又回来了。尽管活动对消费者提出了更高的要求——既要有购买证明，又要有现金付款——但兑换率提高到了1.7%。

但是，这种情况并没有持续很久，优惠的重点又发生了重大变化，变成了在"花粉季"的10周内，每周免费抽奖，赢取一辆拥有花粉过滤器的沃克斯豪尔可赛汽车。而另外1万人获得了花粉症急救包，其中包括一份新的花粉症指南。1995年的兑换率为9.5%。

到1996年，免费抽奖的奖品从沃克斯豪尔汽车变为10名免受花粉症困扰家庭的免费旅行，此时的兑换率变成了6.4%。与前几年不同的是，购买凭证被"普通白纸"取代，即不需要购买产品也能参加活动。

1997年，促销活动兜了一个大圈子又回到了原点，这次几乎是1991年的翻版。活动主题又回到了关爱花粉热患者，通过大量的购买凭证，换取装有高质量样品的袋子。主要区别就是，增加了与每日快报和谈话电台的合作，播报花粉数量信息。这7年间，舒洁发生了什么变化？它在品牌纸巾行业的份额从1990年的50%增加到1996年的70%以上，并且每年都有增幅，其在整个纸类市场的份额增加到40%以上。该品牌成功的关键是吸引了那50%既购买舒洁又购买其他自有品牌的消费者。在这一时期，促销一直是最关键的营销武器之一，功不可没。

这是一次完全的整合促销活动，包括了包装、销售、媒体以及第三方合作方的参与。在这个案例中，无疑有三个突出的有利因素：抓住新机遇的能力，如可赛汽车的推出；与第三方的积极关系，如医药、媒体等合作伙伴；以及金佰利与蓝筹股市场咨询公司的紧密合作关系。毫无疑问，这是英国最受赞誉的促销活动，共赢得了11个奖项，包括英国促销学院最高奖和两个欧洲级别的奖项。

在"关爱花粉热患者"促销活动背后的商业目标中，哪些目标改变了，哪些没有？

案例研究 75: 由促销策划集团推出的"善卫得 75"促销活动

"善卫得 75"是一种常见的治疗消化不良和胃灼热的处方药,于 1994 年推出了非处方版"善卫得 75"。非处方药是指消费者在没有处方的情况下也可以购买的药品,但也不是随随便便就能买到的,消费者必须向药师或药店助理询问并征求其意见。根据图 12-2,请思考一下促销活动涉及哪些人员。

"善卫得 75"面临的困难是产品知识很复杂。医疗销售代表需要阅读 7 本培训手册。除非他们能够向药剂师讲明白产品知识,否则根本没有机会说服他们进货,或展示该产品,更不用说向消费者推荐该产品了。因此,促销的目标很简单:确保销售代表充分了解"善卫得 75",并能有效地将其介绍给药剂师。

促销策划集团的解决方案是以"'善卫得 75'在处方药市场的世界领先地位"为主题,设计电子邮件游戏。每位销售代表从包括撒切尔夫人、叶利钦和纳尔逊·曼德拉在内的名单中选择一位世界名人进行角色扮演游戏。这个角色每天都会在销售代表的笔记本电脑上弹出来。每隔三天,电子邮件自动发送一集新的关于这个角色的有趣故事。"角色对话"是根据每个代表的个性量身定做的,以提高他们的参与度。通过来自想象中的各种各样的问题,销售代表加强了产品学习。

所有的代表都参与其中,平均回答正确率达到了 90%。在短短 4 个月内,"善卫得 75"在独立药店的分销率达到了 100%;在 6 个月内,它便成了英国前两名被推荐的消化不良药品品牌。

驱使人们投入学习,对于学生和老师来说都是一件苦差事。这个促销活动使用了一种新颖的技巧——将产品知识作为品牌当前的关键问题,并以游戏的形式进行发送,让学习变得有趣。对于那些正在为销售代表培训成本高昂、培训效果不佳而苦恼的养老金管理公司来说,完全可以从这个案例中学到东西。

"善卫得 75"面对"我想让谁做什么?"这个问题给出了什么答案?结果

如何？

在向消费者销售"善卫得75"的过程中，有多少不同种类的中间人参与其中，促销活动如何满足他们的不同需求？

案例研究 76：由小麦片食品公司（Shredded Wheat）赞助的英国糖尿病协会推出的"测量腰围"宣传

我们大多数人测量腰围，是为了买尺寸合适的衣服。但英国糖尿病协会强调，腰围也是糖尿病患病风险的指标之一。该协会同时警告，到 2010 年，每 10 个人中就有一个是糖尿病患者。一辆醒目的亮粉色路演车走访了英国八个城市中心，车子外部印有"测量腰围"四个大字和其他警示提醒。参与者可在现场接受医学专家和营养学家的建议，并接受血糖水平测试。每位参与者还收到一个"小礼品袋"，里面有英国糖尿病协会的资料和路演赞助商提供的一包麦片样品。相关支持活动还包括医疗专业人士咨询邮件、海报和全国性媒体广告。

活动期间，目标市场对糖尿病和英国糖尿病协会的认识提高了 50%。活动结束后，有 15 万名成年人到全科医生处进行糖尿病检测。此外，媒体和面对面活动总共覆盖了 3300 万人次。该活动获得了 2007 年英国促销学院金奖。

案例研究 77：由克拉克·霍伯公司（Clarke Hooper）为雅各布俱乐部（Jacob's Club）策划的"为学校带来音乐"活动，以及与连续公司（Continuity Company）为英国个体零售店（Co-op）联合策划的促销活动

这两家企业同时开展活动，帮助学校增添乐器。根据两家各自的调研证据，学校缺少乐器并且非常急需。雅各布俱乐部和个体零售店的促销活动就同时围绕这个主题，但在目标和执行上形成了鲜明的对比。

雅各布俱乐部是英国第三大巧克力饼干品牌，占有 6% 的市场份额。在这

个竞争激烈的市场上，它一直受到大品牌和新来者的夹击。其50%的销量来自学生午餐。

其促销目标包括提升25%的销量，增加午餐消费量，以及强化关爱家庭的形象。该促销活动由克拉克·霍伯公司策划，将促销信息印在1.5亿包装上，并邀请消费者将包装纸带到学校。学校可以用这些包装纸兑换乐器。通过直接向25500所学校邮寄活动信息，30%学校登记参与，而随后的电话回访将参与比例提高到了90%。

近1.4万所学校认领了零售总价值超过80万英镑的3.6万件乐器。活动门槛很低，只要295张包装纸（相当于消费29英镑）就能换取一支价值6.99英镑的竖笛。在促销期间，品牌销量上升了52%，家庭渗透率上升了2/3。

连续公司为英国个体零售店制订了促销活动，活动针对1300家个体零售会员店附近的1.6万所学校。招募以直邮方式进行，并发送邮件提醒。共有9000所学校登记参与。寄给学校的邮件里包括宣传海报、挂图和A5大小的小册子，每个孩子都能将其带回家。个体零售店顾客每消费10英镑就能获得一张代金券。学校可以用代金券兑换乐器。活动门槛很低，只要35张代金券（相当于消费350英镑）就能换取一支价值5.99英镑的竖笛。促销活动帮助个体零售店在圣诞节前稳定住了销量。这些学校总共获得19万支乐器。

学校对这两次促销活动都十分欢迎。91%的学校告诉雅各布俱乐部，他们会再次参加，98%的学校对个体零售店也有同样想法。两次活动都有一些共同因素：品牌不是市场领导者，对家庭有吸引力，具有广泛的分享型社区形象，面临激烈的市场竞争。他们的促销分析导致实施了非常相似的促销活动，这一点也不奇怪。两者都成功地达到了目标，吸引了大量的媒体报道。但是，两者还是有许多细节上的不同：

- 雅各布俱乐部借助电视进行宣传，而个体零售店是纸媒；
- 前者进行了电话回访，后者则没有；

● 前者争取到了音乐产业协会的支持，而后者受到了理查德·贝克和菲尔·柯林斯等名人的声援；

● 在雅各布俱乐部里花 29 英镑就能换到竖笛，而个体零售店需要花费350 英镑才能换到基本类似的竖笛。

这两个非常相似的促销活动在同一时间进行，会有问题吗？如果是雅各布俱乐部和奇巧巧克力，或者个体零售店和阿斯达同时进行相似促销，确实会出现问题，但雅各布俱乐部和个体零售店分属不同行业，所以完全没事。分析得出相似的促销目标，可能产生相似的解决方案。即使主要方式相同，但促销商依然有很多的实施选择，执行上也会千差万别。本案例就是很好的例证。

在"为学校带来音乐"促销活动中，雅各布俱乐部和英国零售业合作社的商业目标和商业背景有多大程度上的不同？

总结

简洁清晰的简报是促销必不可少的首要环节。如果简报不明确，促销就如同沙中筑塔。如果是自己策划促销活动，很容易忽视这个环节，这种做法十分危险。一份好的简报既可以节省时间，又可以明确目标，之后的促销手段选择就一目了然了。

本章中所述促销目标与手段并不是僵化的教条。它们可以为促销策划和应用提供很好的借鉴。简报还有助于详尽地组织促销活动。

实施促销是一个条理性很强且包含三个阶段的循环过程，走捷径是行不通的。这一过程可以很快完成——如果有必要，一个星期就足够。这样一个系统的好处是，它能够让人有条理地遵循三个阶段完成促销，并且避免因犯错而付出高昂的代价。遵循这一过程并不能保证开展举世无双的促销活动，但可以确保开展实用的、具有可操作性的，且很好实现促销目标的促销活动。极为重要的是，在这个过程中要重点解决成果定性的标准，以及确定合理的评估工具（KPI）、预算、时间安排、传播媒介、后勤、法律法规等方面，将促销创意真正转变为完全成熟的促销活动，并事后对其评估，以确保在下一次实施促销前吸取教训、总结经验。请参考图 12-3 的内容，帮助自己回顾本章重点。

自学问题

请结合以上四个案例研究，思考下列问题：那些促销活动是如何成功实现促销目标的？营销代理机构还可以采用哪些促销手段来实现促销目标？

1. 如何对促销进行战略策划？

2. 促销简报要包括哪些要点？

3. 什么样的促销最鼓励试用？

4. 什么样的促销最鼓励重复购买？

5. 延迟效益型促销和即时影响型促销的各自利弊是什么？

6. 设定促销预算的不同方式有哪些？

7. 倘若促销活动为，只要提供给商家购买了 15 万包产品的任意 3 个证据，就能获得额外奖金，您认为这样的促销活动胜算有多大？

8. 促销供货合同中应注意哪些主要问题？

第13章

如何实现国际促销?

一说到国际促销,我们通常会联想到国际品牌的大型推广活动,它们的主题统一、时间一致,在多个国家同步开展。然而,更多的国际促销活动是在一个国家设计,然后在另一个国家实施。活动要求多国联动,但又不是全球开展。在此前亚洲之行中,笔者发现那里的促销活动很普遍,其中不乏使用本书早期版本中的案例。那里的人们掌握促销的基本知识,买一送一的促销活动在哪里都行得通。真正的国际促销应该超越国界,就算活动不一定同时举办或以完全相同的形式出现。这是跨国公司促销活动发展的方向。对市场变化的实时了解必不可少,最新发展趋势更加强化了这一点:国际营销活动必须建立在对本地最新情况的了解之上。本章将重点介绍在线营销形式,这是因为随着互联网的普及,在线营销领域也在蓬勃发展。附赠品和直邮商品都是有用的(两者都涉及邮政服务),只是媒体广告还不太常见。所有在线工具包括电子邮件促销、搜索引擎营销、网页广告等在全球各地都是可用的。对于欧盟27国而言,英语已逐渐成为其商业领域的通用语言。

举个例子,让我们先看看关于一些欧盟国家在线购物的数据。

笔者对于表13-1中欧盟贸易数据的总结如下:

● 英国是在线购物领域的领导者。

● 支付方式:信用卡/借记卡支付,这在英国、法国以及北欧国家最为普及,但在欧盟其他国家/地区的普及率较低。

● 贝宝（Paypal）以及类似第三方支付平台在西班牙和意大利更受欢迎（支付宝同样在西班牙也很普及）。

表 13-1 未涉及的内容包括：2/5 的消费者有从国外网站购物的经历。在这一方面，德国尤甚（3400 万公民 / 占总人口 46%），其次是英国（2800 万 / 占总人口 54%），最后是法国（2300 万 / 占总人口 43%）。北欧国家约有 56% 的人曾在国外网站购物。4500 万欧洲人口从美国和中国购买过商品，其中从中国购买过商品的人口约有 3000 万。英国在贸易数据的每一个指标上都独占鳌头。

表 13-1 欧盟在线贸易（4.09 亿公民）

国家	在线购物占比	年均花费（欧元）	营业额（欧元）	信用卡/借记卡	无须发票	贝宝及同类平台	授权银行直接划账	货到付款
英国	81	953	49.6	58		38	22	
比利时、荷兰、卢森堡	74	357	8.3	27	14	29		
北欧国家	85	603	12.6	44	23	6		
法国	72	423	22.7	55		36		
德国	81	646	46.4	14	36	38	9	
波兰	59	194	6.3	10		21	43	24
西班牙	60	308	12.2	34		49		13
意大利	45	215	11.3	25		55	5	13

资料来源：瑞典邮政物流服务集团"北欧邮政"（Postnord）。

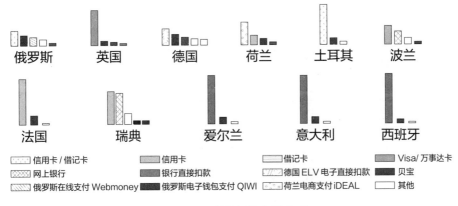

信用卡/借记卡	信用卡	借记卡	Visa/万事达卡
网上银行	银行直接扣款	德国 ELV 电子直接扣款	贝宝
俄罗斯在线支付 Webmoney	俄罗斯电子钱包支付 QIWI	荷兰电商支付 iDEAL	其他

图 13-1 欧洲在线支付方式

资料来源：转化研究所（Translation Laboratory）。

支付方式

综观欧洲国家，只有五种常见的支付方式：信用卡、借记卡、电子支付平台、预付款和分期付款（参见图 13-1 和图 13-2）。

互联网。美国优惠券及第三方网络公司 RetailMeNot 的跨国研究与零售业研究中心的调查均表明：

● 2014 年，美国在线销售额将增长 15%，达到 1893 亿英镑；欧洲在线销售额预计增长 18%，达到 1312 亿英镑。

● 英国、法国及德国会成为欧洲在线销售额增长的主力军，将占到 2014 年欧洲八大市场在线销售额总量的 81%。英国是欧洲最大的在线购物市场，其 2013 年的零售额为 388 亿英镑，预计将占 2014 年欧洲八大主要市场在线零售总额的 1/3（34%）。该报告预测，2014 年英国将有 450 亿英镑用于在线消费——其在线消费支出将比上一年增长 16%。

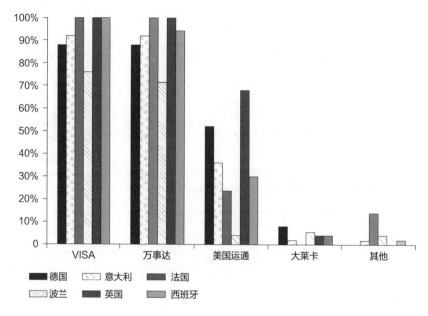

图 13-2 欧洲各国银行卡支付情况

美国优惠券公司 RetailMeNot 的国际业务高级副总裁朱利奥·蒙特马诺（Giulio Montemagno）曾表示：

● 预计 2014 年整个欧洲的在线销售将以比实体店销售多 11.9 倍的速度增长，英国的在线零售额将增长 15.8%，而线下细分市场将仅增长 2.4%。在竞争如此激烈的零售业环境中，零售商比以往任何时候都更需要借助移动设备和网络来刺激消费者在网上和店内购买商品。成功的零售商不会将互联网视为威胁，相反会将其看作可以帮助他们提高销售额的强大辅助。

● 46% 的欧洲人和 55% 的美国人如今选择在网上购物。在线购物在瑞典和英国特别受欢迎，那里 2/3 的人口都在网上购物。71% 的瑞典人和 67% 的英国人使用互联网进行购物。尽管在线购物市场不断壮大，但在南欧地区并不那么受人们欢迎：仅有 1/5 的意大利人（20%）和 1/3 的西班牙人（32%）选择在线购物，法国（52%）、波兰（51%）、荷兰（49%）以及德国（45%）均约有一半人在网上购物。

●对 100 家主要零售商和 9000 名消费者的电话采访调查显示，大多数消费者预计在 2014 年每月会进行至少一次网上购物。欧洲消费者当年平均将在网上购物 15.2 次，平均消费为 49 英镑；而美国消费者将在线购物 15.6 次，平均消费为 71 英镑；英国消费者有望网购 18 次，平均购物将达 59 英镑。

●综观 2014 年，欧洲消费者预计在线购物花费 749 英镑，比 2013 年将增加 18%，而美国消费者预计平均在线购物花费 1106 英镑，比 2013 年将增长 14.4%。在英国，消费者预计 2014 年的网购支出为 1071 英镑，比上年将增长 15.8%。

●在线零售商在 2013 年的销售额占到了欧洲零售总额的 6.3%，在美国占到了 10.6%。到 2014 年，这一份额将分别增长到 7.2% 和 11.6%。

手机。 互联网零售报告指出："在欧洲 18 个国家中，英国人每月通过智能手机购物的比例最高（32%），其他主要国家是法国（8%）、德国（15%）、意大利（8%）以及瑞典（19%）。这是谷歌委托全球消费者研究机构 TNS 所做研究得出的关键发现，该研究调查了在线平台在消费者整个购买过程中的重要性。同时，谷歌推出了新网站来帮助品牌商改善自家网站设计和跨移动平台的可访问性。"

什么是主流媒体？

很显然，我们无法将世界上所有国家的主流媒体情况都调查清楚，但从英国皇家特许营销学会官方杂志《营销者》（*The Marketer*）所探讨的 5 个实例中可见一斑。我们可以从中归纳出实施促销前需要考量的基本原则有哪些；对于每个国家或地区，在选择要进行促销宣传的媒体之前，我们应先列出所有可用媒体资源，再确定主流媒体是哪些。

巴西——在线视频

在拉丁美洲的所有国家中，数字营销人员特别关注的是巴西。巴西拥有南美洲最大的在线视频观众群体，2011 年巴西人观看了 47 亿个视频。据美国媒体测量与分析公司 comScore 调查称，油管视频网站是巴西在线视频观众最喜欢的平台。油管的调查报告称，巴西是其全球第六大市场，覆盖了该国 79% 的互联网用户，巴西人对油管上视频的观看次数与 2010 年相比增长了 67%。美国研究和咨询公司福里斯特在 2011 年进行的一项调查显示，有 86% 的巴西人在网上观看视频，比美国（80%）和英国（75%）的人数还多。对于一个只有 40% 公民可以上网的国家来说，这一比例之高令人惊讶。英国跨国软件科技有限公司思迪的收购战略副总裁奥托·德·格拉夫表示："巴西有着非常浓厚的电视观看文化，社交媒体的使用也很多。这在一定程度上决定了视频为何在巴西如此重要。在接下来的几年里，随着世界杯和奥运会的到来，品牌商有很大的机会可以向公众传达自己的信息。"

印度尼西亚——电子商务

波士顿咨询集团（Boston Consulting Group）在 2013 年 3 月发布的一份报告中将印度尼西亚称为"亚洲的下一个重大机遇"。其原因很明显：印尼的中产阶级预计到 2020 年将翻一番，达到 1.41 亿消费人数。经济学家预测，其未来 5 年的增长率将达到每年 30%。稳定的政治态势、强劲的经济与年轻化的人口（平均年龄为 28 岁）相结合，都证明我们不能再忽略印度尼西亚的这一市场的重要地位。更具体地说，它拥有世界上增长最快的电子商务市场。美国一家基于订阅数据的市场研究公司 eMarketer 在 2013 年 1 月的报告中称，印度尼西亚的 B2B 电子商务销售额在 2012 年首次增长 21.1%，达到了 1 万亿美元。预计当年的销售额将增长 18%，超过北美地区称为全球最大的电子商务销售市场。随着印度尼西亚中产阶级人数的增长，其人均支出水平每年以 10% 的速度增长。到 2015 年，互联网用户数量也有望达到 1.49 亿，这也是全球营销人员不断探索这一利润丰厚的市场的原因。

印度——智能手机应用程序

关于印度移动市场的统计数据对于潜在投资者而言十分乐观。该国的手机普及率为 72%，其中 69% 的手机具有多媒体功能。但是事实证明，最受欢迎的是印度的国内应用程序市场。根据专业服务公司德勤（Deloitte）的数据，2011 年印度增值服务行业的价值（包括移动应用程序）估计为 34 亿美元。亚太研究机构（Asia Pacific Research Group）的数据表明，仅印度的移动应用程序行业就有望到 2015 年突破 40 亿美元。甚至在孟买也有商店出售可下载的应用程序：在移动技术提供商 Mobiworld 的门店内，拥有智能手机的顾客可以使用蓝牙和短信安全代码将移动应用程序下载到手机上。印度不断增长的应用程序市场必将为移动营销商提供许多机会。

中国——社交媒体

拥有超过 13.5 亿人口的中国在社交媒体使用上已经达到全民狂热的境地。该国拥有超过 5.91 亿互联网用户，几乎占总人口的一半。2013 年 6 月，中国互联网络信息中心披露，有 4.64 亿公民通过使用智能手机或其他无线设备访问网络。值得一提的是，中国在公民网络使用方面最引人注目的是社交媒体平台得到了非常大的普及。忘记脸书吧——在中国，领先的社交网络服务商是新浪微博，类似于推特和脸书的混合体。新浪微博的数据库中有超过 6 亿注册用户，每天有 6020 万活跃用户。到目前为止，社交网络在商业上似乎表现良好。微博在上一年度的广告收入猛增了 125%，达到 2700 万英镑。英国跨国软件科技有限公司思迪博的收购战略副总裁奥托·德·格拉夫说道："与西方人喜欢社交共享不同，在微博上，中国人倾向于更多地关注品牌信息，并将其用作信息来源。微博上的品牌接受度更高，特别是对于新兴经济体，这为奢侈品牌带来了机遇。"

加纳——移动宽带

加纳的数字媒体经济呈现出蓬勃发展的态势。加纳不仅是 2013 年全球增长最快的十大经济体,而且是非洲移动宽带普及率最高的地区。2011 年,有 23% 的加纳人口使用移动宽带,而固定宽带的普及率仅为 0.3%。移动运营商在 2009 年和 2010 年对加纳进行了大量投资,而互联网服务提供商似乎无法为新投资筹集资金。对于电信行业而言,这导致加纳的投资收益比达到 65%,为世界之最。2013 年 11 月,加纳的手机普及率达到了 100%,并且没有任何放缓的迹象。这个拥有 2500 万人的国家估计拥有 1600 万部手机,其中许多人拥有不止一张电话卡。除加纳外,许多发展中国家也存在着许多机遇。根据国际电信联盟的报告,移动宽带普及率在 2010—2011 年继续以 23% 的速度增长。固定宽带的表现则不尽如人意——全球范围内仅以 10% 的平均速度增长。

> **简报 13.1** **法国整合营销传播机构哈瓦斯公司(Havas)**的调查发现,"一半的中国在线消费者使用移动设备进行购物,而新加坡 48% 的在线消费者和印度 42% 的用户使用移动设备在线购物"。

国际促销形式

国际促销源于对在单个国家一炮而红的促销活动的复制。著名的荷兰皇家壳牌"赢钱的好机会"促销活动就是这样在 20 世纪 50 年代风靡全球的,大大早过国际整合营销的兴起。公司内部的营销人员很快就会意识到,他们应该与其他国家的同事沟通会面,以传授他们促销成功的秘诀。这样跨国分公司就可以率先移植该促销活动,免得被竞争对手捷足先登。通过交流,跨国公司的营销人员逐渐熟络起来,他们中间有人很快就会提出国际促销合作的建议。之所以提出这样的建议,最大的考量因素还是金钱:希望与另一群人分担启动成本。节约国际促销活动成本可以重点关注三个方面:开发独特的赠品;使用授权角色，比如迪士尼卡通人物；以及利用名人效应，比如采用国际巨星和模特为美容护发产品代言。与此同时，企业也在大力推动促销标准化。这是因为跨国企业担心不同地区的促销策略会对品牌国际形象有影响。再者，在设计、实施和评估促销活动，以及整合地区零售顾客方面，企业担心子公司能力有差距。

到目前为止，主要有两种协调全球与本地促销的管理模式。一种模式是成立一个全球促销策划小组，负责跨国企业的所有促销活动——可口可乐和百事可乐采用了这种模式。另一种模式是以国家和地区为中心，营销方案只需满足特定地区的几个国家。雀巢公司和其他一些龙头企业遵循这种模式。无论哪种模式，促销的主题和理念都是事先统一制订，每个国家分公司再负责规划和实施。两者主要的区别不在于促销最终效果的呈现，而是企业文化的体现。第一种模式倾向于全球战略统一，而第二种模式则更强调地区间的协调。第一种模式坚信中央控制的有效性，第二种模式更珍视价值多样性。两种模式都已证明规模经济能带来可观的利润。

无论公司采用何种模式，国际促销活动都可以大体分为三种形式，分别是：（1）在一个国家策划，但在另一个国家开展的促销活动；（2）泛欧洲或泛全球促销活动；（3）相对较新的全球化特定市场促销活动。这三种形式可以被简单地描述为"单国促销""多国促销"和"无国界促销"。

了解三者的区别非常重要。虽然不同形式的促销出发点不同，但具体的制订和实施细节基本相同。

单国促销

在另一个国家进行促销，过程与本国开展的促销并无二致，但需要置身于一个完全不同的"村庄"来回答"我想让谁做什么？"这个问题。最重要的是，必须确保真正清楚"村庄的模样"。您需要了解"村民"，知晓他们做生意的方式，清楚他们的期望，以及法律和习俗所允许的事务。这些在本国自然而然就会了解。

不久前，一家英国公司决定在爱尔兰的一家连锁超市推广自己的产品。活动形式为免费抽奖，每天在每家门店中抽取一个幸运儿，获得一套茶具。该活动原本打算持续一周，结果第一天上午 11 点，所有的免费抽奖报名表就都用完了。所有的门店都挤满了等待新报名表的人，在人群散去之前，基本没办法做生意。这很难让人相信，但这就是事实。这不是一个好的促销活动！如果促销者能早点意识到，对于这种优惠形式，爱尔兰的消费者远比英国人更有新鲜感就好了。

另一个例子是在时装邮购业。每年 9 月开学时，家长需要为孩子添置新衣服。这为商家提供了一个重要的营销契机。因此，每个市场都开展了成功的"开学"促销活动。促销活动本身也许很简单，在每个市场也都差不多，但不同的是时机。在日本和欧洲，可以在 8 月进行促销，因为这时家长们就开始为孩子返校做准备了。在中东地区，当地家庭往往在国外度假很长一段时间，因此促销时间往往需要推后两个月之久，一般在 9 月底到 10 月初。

多国促销

如果一个促销活动要在几个国家进行，那么囊括的国家数量越多，促销活动很可能就越简单。一般活动都有一个基本的主题，然后在本地运用不同的方式进行实施。可口可乐和百事可乐以其全球统一的促销主题而闻名。

1996 年，壳牌公司成为世界上最大的压铸汽车模型分销商。通过其全球范围内的"收藏"促销活动，壳牌售出了 2600 多万辆汽车模型。其全球目标是强化壳牌对法拉利一级方程式车队的赞助。法拉利汽车模型由当地的壳牌公司以任何它们认为合适的方式送出。有的公司在采购原油时赠送，有的公司在销售汽油时免费兑换。如果顾客汽油购买量少，有的公司则只在购买模型车时打折。促销目标依据本地具体情况而定。此类国际促销活动能提供一个更强有力的全球性主题，这是任何一家子公司无力承担的。并且，利用巨大的规模经济效应，活动更具成本优势。

壳牌在 1997 年分别对南美、远东和欧洲的促销活动进行了实地调研，然后在 1998 年又推出了一系列新的衍生主题。无论您身处世界何地，都可以在当地的壳牌加油站收藏乐高法拉利玩具。

随着地区间国家贸易组织协调法律法规，多国促销越来越成为可能。跨国企业可以只采用一种方式，就能在地区性国家间进行产品促销。这种模式在北欧早已形成，并随着单一欧洲市场的扩大而不断增长。类似的情况在东南亚地区也越来越常见。如果像有些人所说的，未来的国际基本框架是区域性国家联盟，而不是单一国家，那么将越来越多地出现多国促销。这既不是全球统一的促销，也不是单个国家的独立活动。

无国界促销

世界的联系正越来越紧密，现在已出现跨越国界的全球化特定市场。在这种市场中，虽然顾客可能来自许多不同的国家，但他们彼此之间的相似度甚至高过他们的同胞。当互联网成为一个真正的全球化平台后，这些市场会快速涌现。每个国际机场内的品牌都一样，每家国际连锁酒店在各国的差异也不大。酒店和航空公司想要商务人士忠于其品牌，因此通过各种常旅客和常住会员促销活动来提高忠诚度。最关键的是，这是一种真正的无国界促销形式。促销商与顾客的交流主要通过使用产品或服务。某些类型的顾客相似性大于差异性，像商务人士，就可以被当作同一"村庄"的"村民"。因此，可以将这个群体看作一个真正的全球整体，针对他们来回答"我想让谁做什么？"这个问题。这种全球化的促销活动只需转换语言，有时甚至连语言都不用改变。华美达酒店的专属塑料鸭子（参见案例研究 14）就已经在全球范围内使用这一策略。

其他全球化特定市场通过相同的零售模式来达到统一。班尼顿（Benetton）和麦当劳有着非常不同的零售模式，但它们的模式在各个地区都相同，吸引基本类似的群体。然而，与十多年前的预期相比，真正全球化的市场仍然较少，而且行为背后的文化差异仍然存在。即使在 B2B 国际市场中，群体和个人之间的关系、从商业交易中获取的个人利益，以及对时间的看法等方面，也存在着根本不同的看法。在消费市场中，这种差异更大。出于这些原因，虽然促销可以在全球范围内进行规划，但它比营销组合中的任何其他部分，都更需要因地制宜。

零售商应如何实施国际促销？

关于零售商开展国际贸易的小贴士

1. **法律法规**。请注意有关远程销售（在登记增值税时会有一定限制——增值税会有所不同）、营销以及处理个人数据等方面的当地法律法规。

2. **网站**。要聘请专业的语言翻译人员。

3. **支付方式**。不同国家或地区的消费者对支付方式存在不同偏好（请参见上文中的表 13-1）。在印度，货到付款是许多在线购物消费者的首选支付方式。这显然会给零售商带来一定困难和潜在的损失。51% 的德国人不会在那些无法提供他们喜欢的支付方式的零售商那儿回购。

4. **商品配送和退货**。要找一家在当地有配送经验的公司合作。

5. **文化差异**。尤其是对中东和亚洲市场而言，零售商需要了解一个国家或地区的文化对其品牌营销传播会产生怎样的影响（这一条小贴士来源于跨国科技测评工具开发公司 Globalmaxer 的网站转换服务总监乔·多夫顿）。

● **颜色**

○红色，在中国意味着"好运"，在俄罗斯是"美丽"的代名词，在法国则用在价格上。但是，如果您在英国将价格设为红色，消费者则会认为这意味着商品打折。

○绿色在英国意味着"通行"，但在巴西则指"死亡"（这与巴西拥有神秘的绿色广阔丛林有关）。

○在日本，表示蓝色的单词通常用于表示英语中的绿色，例如交通信号灯的颜色。班图语系中很多语言不区分绿色和蓝色，人们对于这两个词的指称类似于将英语中表示绿色和蓝色的单词相结合——"绿蓝色"。这也导致班图语系中出现一些词语譬如"绿蓝色的叶子"或者"绿蓝色的海洋"。

○在荷兰要多用橙色，因为荷兰人十分喜欢；避免在德国使用红色、黑色和金色，因为德国人有时对这些颜色会感到不舒服。

●网站设计布局

○许多阿拉伯语文本要从右到左进行阅读，并且文本都是靠右对齐。这一点会影响您的网站吗？

○许多东亚文字可以水平或垂直书写，比起通过纸张阅读，水平书写实际上更适合通过屏幕阅读。

○亚洲读者更愿意向下滚动一长页。

●关于"行动号召"（CTA）的图标设计

○拟真设计／拟物化设计已经被苹果公司（Apple）弃用，并正在西方国家逐步被淘汰。但东方国家的网络用户显然不太愿意看到这一设计被弃用。

○ Globalmaxer 的测评表明，尽管颜色会产生影响，但按钮的样式和文字对于网站转化率至关重要。

●人物面孔

○宜家沙特阿拉伯分公司因其在商品目录上对一名女性头像修过图而遭受抨击。尽管在沙特阿拉伯，从事广告宣传的女性人数较少，但当地消费市场并非如此，因此对于零售商而言非常重要的是要在营销中加入熟悉的面孔。

○如果主题或目标市场敏感，要确保充分考虑实际环境。

●广告文字

○对于搜寻廉价航班信息的意大利人而言，最受欢迎的搜索词不是从英文直译来的意大利文"voli economici"，而是"voli low cost"（廉价的低成本）。这也使得许多促销文案设计必须针对该短语进行修改。

○在德语中也有一些示例，比如搜索"工作衫"的德语词组"business hemden"，其中只有一个单词"hemden"是德文。

●科技

○ IE6浏览器在中国拥有超过24%的浏览器市场份额，因此绝对不要忽视它的地位。

○ Flash有时会在处理阿拉伯语文字时出现问题。

○在俄罗斯市场上，启动独立的电子商务运营之前，要使用大型在线市场平台进行自我介绍。

●语境

○日本人喜欢可爱（kawaii）的事物和繁复的网页设计；相反，德国人则更喜欢简单的网页设计以及信息传递方式。

因地制宜

一旦确定了选取以上三种国际促销形式中的一种，就可以设定可实现的现实目标了。就像其他所有促销活动一样，最好保持其简单易行，特别是当它发生在世界的另一端时。当开始着手谋划细节时，应该完全遵循本书所述的策划过程。此外，还必须考虑文化和法律的特殊性。在大多数消费市场，国家文化和法律仍然存在很多差异。可以参考"值得信赖的商店"（Trusted Shops），这是一个很有用的贸易网站，它提供会员制服务，名为"风筝标记"（kitemark）

的产品质量和安全标志，以及在其他国家开展在线贸易的建议，其中就包括了如何在不同国家开展促销。

法律法规。每个国家都有可能影响促销活动的法律。例如，在德国，可以开展有奖竞赛或抽奖活动，但不能奖励现金。有些规则比较微妙，比如，如果举办的是有奖竞答比赛，答案必须能够在竞赛表格上轻易被找到。然后，第一个找到并寄送答案的人获得奖品。这其实不应该叫有奖竞赛活动，它更像是免费抽奖。此外，法律还规定不能把参赛表格放在促销产品附近。这些就是德国的法律规定，虽然经常被忽视。同样在德国，如果想赠送赠品给消费者，那么赠品必须与产品非常相关，且价值不超过主产品价格的一定比例。因此，在德国，很少有人举行产品附赠活动，因为消费者认为，赠品虽然可能有用，但其价值有限。如果推出一个超过允许范围的令人兴奋的附赠优惠，那么不仅会触犯法律，而且将面临异常高的需求风险，可能会造成抢购、断货等状况。请向专家咨询或通过网站查询最新信息。2014 年 6 月 13 日，新的欧盟消费者权益保护法正式生效，对相关领域规定了统一的最低标准。其中罗马条例 1 第 6 款规定，消费者常驻国的法律同样适用相关纠纷。例如，在欧盟消费者权益保护法生效前，英国规定的合约冷静期为 7 天，德国为 14 天，但从 2014 年 6 月 13 日新法实施后，对于这两国的合约冷静期都变成了 14 天。

物流保障与贸易。不同国家支撑促销活动的渠道支持和物流保障也存在差异。如果一个市场有促销领域经验，那么渠道商就有能力处理和实施这些活动。但是要是没有相应促销经验，由于市场混乱、缺乏知识和专业技能，最好的想法可能最终都得不到实现。当我们开展促销活动时，我们认为许多支持服务是理所当然的，比如可靠的邮局、公平兑换优惠券的零售商及有教养的消费者。这些服务的缺失可能会让促销活动功亏一篑。

如果决定为当地促销公司提供促销品，请了解当地海关的规定和海关人员的真实办事方式。一些急需的紧要商品，突然被归类于高关税进口商品类别，这也不奇怪。往往更好的办法是雇用本地供应商，但请确保当地有联系人能够管理商品，以防出现任何差错。

文化差异通常决定了采用不同的促销手段。在一些国家，人们期望立即得到奖励：他们活在当下，不想延迟满足。因此，相较于集分促销，包装附赠或免费赠送活动更有可能成功。免费邮寄对发达国家看起来很有吸引力，但在大多数发展中国家完全没用。

饮料付款方式的不同也会影响促销开展。斯米诺伏特加（Smirnoff）的促销活动有一个前提假设：英国人习惯去酒台点酒，然后立即付款。而在法国，传统的做法是坐在桌前，等待服务员上前。而且他们习惯将收据收起来，然后等到最后离店时一起结账。这些行为习惯上的差异就意味着，需要对斯米诺伏特加促销活动进行重新设计。

同样，不同的习惯也造就了不同的机会。在一些国家，提供柜台服务的小型零售商的数量比其他国家要多；而在英国，这种小零售商越来越稀少。这就意味着，在一些大型连锁零售超市占主导地位的国家，不可能开展一些促销活动，但在小杂货店仍然活跃的国家，仍然可以进行。在一个国家已经过时的促销活动，在另一个国家也许是一个新的契机。如何才能最大限度地利用这些机会，避免我们讨论过的陷阱呢？答案还是——了解包括中间商和最终消费者在内的"村民"的行为。

如果要在国外进行促销，需要盟友能充当您的"耳目"。只要您问对问题，他们就能给出答案。最困难的反倒是搞清楚要问哪些问题。无论是单国促销、多国促销，还是无国界促销，比起本国的促销活动，这项难度升级的挑战都更加有趣。

数据保护法

欧盟委员会已经对整个共同体的数据保护法执行和解释情况进行了评估。该委员会希望各成员国加强数据保护和法律执行力度。如今新的规定诞生了，欧洲议会已批准先前拟定的法律法规，建议所有欧盟国家和地区针对个人数据收集都应采取积极同意的态度。

案例研究

以下案例中的前两个说明了国际促销的两种主要形式，一种是市场使然的无国界促销，另一种是跨多个不同市场的多国促销。接下来的三个案例是在新加坡、澳大利亚和加拿大进行的促销活动，它们也可能被移植到其他任何地方。

案例研究 78: 托尼·斯通图片公司（Tony Stone Images）

长期以来，托尼·斯通图片一直是英国领先的图片库供应商，受到几代艺术总监的欢迎。到了 20 世纪 90 年代中期，它面临着一个典型的市场挑战：竞争日益激烈，品牌差异化不大。由促销代理公司 IMP 设计的解决方案想要证明，公司了解客户的创意需求，不再将其仅仅视为一个图片库供应商。该促销战略是将托尼·斯通图片与"创意视觉解决方案"联系在一起，并将公司定位为客户合作伙伴而非供应商。

其核心理念是"手绘"，也就是"创意者"用涂鸦的方式来表达他们心中的画面。托尼·斯通图片的一系列行业媒体广告均以单色的"手绘"为特色，与竞争对手使用的传统全彩照片形成对比。此外，它还提供了一系列的商品奖励，比如可以画草图的便笺纸，以及绘有慢跑者粗略轮廓的条纹运动衫。活动还推出了新年日历，日历的每个月都有一张手绘插图，以及相匹配的照片。为了配合托尼·斯通图片通用摄影图库目录的推出，IMP 设计了一个比赛，提供纽约三天两晚的假期。比赛就是一幅潦草的天际线手绘图，上面标有"日出 /日落，广角摩天大楼"的标题。参赛者被要求在目录中找出与之匹配的照片，并在地图上标出拍摄地点，再传真回来。后续的活动要求参赛者在目录中找出一张"秀恩爱的照片",并完成一张手绘半成品,以赢得一次双人夜游的机会。这些比赛要求参赛者浏览产品目录,选出顾客喜爱的图片。

该活动被翻译成了法语、德语、丹麦语和弗拉芒语版本。这个活动之所以能在国际上通行,是因为好的创意属于全世界,对世界各地的目标群体都有同样的吸引力,而且摄影图片也是国际通用的语言。这不仅仅是一个国际促销的例子。托尼·斯通图片还通过一个看起来古灵精怪,但又有深层思考的点子,重新确立了公司定位,并通过精心的活动设计和相关的奖励措施,建立起客户关系。

在这次促销活动中,IMP是如何回答"我想让谁做什么?"这个问题的?您还能提出其他哪些建议,在接下来几年延续该活动?

案例研究 79: 茵宝(Umbro)

英国足球用品品牌茵宝的促销目的是通过促销活动强化其品牌个性,并借助运动连锁零售店福洛客(Footlocker),在全欧洲范围内增加销量,为两家公司都带来收益。该促销活动采用了一种在看台和更衣室司空见惯,但放在店铺就很幽默,甚至滑稽的形式。

该促销活动的核心理念是向茵宝产品的购买者提供一张电子卡。消费者可以站到商店内部的"球员通道"刷这张卡。它将播放两条信息中的一条:"您来了。您赢了。您像赢家一样走出去吧!到柜台领取1996年欧洲杯T恤!"或者是:"太可惜了,太遗憾了,您没有赢,但您仍然可以用您的游戏卡赢得1996年欧洲杯T恤!"该语音播报信息由各国知名的足球评论员录制的。然而,促销还没有达到类似的国际化程度。在德国,必须向没有购买的顾客提供电子卡;在意大利,促销活动必须向财政部登记纳税;在荷兰,获奖者在"球员通道"里听到一阵欢呼声,然后必须到柜台回答一个简单的问题,才能获得T恤。虽然要注意活动的差异性,但球员通道、刷卡和足球狂欢这些核心概念都是全球共享的。福洛客和茵宝的促销活动之所以成功,是因为它们付出了艰辛的努力，设计出了一个既能在各国发挥作用，又能适应各国特定规则的优惠活动。

设计零售促销活动时，想要在几个不同的欧盟国家都能奏效，您认为要注意些什么（如果有的话）？

案例研究 80：透明金库

加拿大埃德蒙顿的 CFCW 广播电台为了提高收视率，找到了促销机构 PIMS-SCA 公司。PIMS-SCA 公司也正好想推广其透明金库活动来吸引人关注。

透明金库是一个装有一百万加元现金的透明箱子，参赛者需要输入一个 6 位数的密码，如果密码正确，就能打开箱子，赢得奖金。当促销活动进行到第 20 天时，一名女士终于输入了正确的 6 位数字，打开了金库，获得了 100 万加元的奖金。CFCW 促销总监马蒂·史蒂文斯告知了 PIMS-SCA 有人中奖，并长舒一口气，因为 PIMS-SCA 会全额支付奖金。这个透明金库非常便携，CFCW 能够将其带到不同的地点，提高了公司的知名度和曝光率。一百万的现金大奖为 CFCW 电台带来了巨大的流量，该地区的三大电视台和两家主要报纸都对活动进行了报道，同样收获了更高的关注度。

案例研究 81：Boost Mobile 100 万澳元有奖促销

阿波罗营销集团为澳大利亚移动电话网络公司 Boost Mobile 设计了一个 100 万澳元的有奖促销活动，以增加其网络用户。该促销活动面向 3 类群体：消费者、销售代表、渠道商和零售商。通过抽奖程序，每一类参赛者中选出了 4 名参赛者，一共 12 名参赛者。他们赢得了澳大利亚佩里舍蓝色滑雪场之旅。参赛者随后将进行一场资格赛，从 12 名参赛者中选出 3 人进入最后的决赛，赢取 100 万澳元的奖金。决赛在《今日秀》（Today）上进行同步直播。每位参赛者从"钱袋墙"上选择一个福袋，然后打开福袋，揭晓百万澳元赢家。一位第二天即将年满 21 岁的年轻女士从"钱袋墙"选中了心仪的福袋，打开后发现中奖信息："恭喜您，您刚刚为自己赢得了100万澳元！"促销机构PIMS-SCA公司设计了福袋这种促销形式，提供了300个密封的福袋，并搭起了"钱袋墙"。PIMS-SCA公司在澳大利亚电视直播中，兑现了100万澳元的奖金。

案例研究82："精彩新加坡鸭子巡礼水上乐"比赛

触爱社区服务机构（TOUCH）是新加坡的一个慈善机构，它找到促销机构PIMS-SCA公司，希望PIMS-SCA公司为其"精彩新加坡鸭子巡礼水上乐"比赛担保100万美元奖金。该活动一共有两个目标：一是提高慈善机构知名度，筹集更多善款；二是在有限的预算内进行高调宣传。参与者只需向触爱社区服务机构捐款10新加坡元，即可"领养"一只塑料红鸭子，每位领养者都会得到一张带有序列号的领养证书。然后，这些红鸭子会被随机贴上一个领养证书号码。如果第一只越过胜利线的鸭子是红色的，其"主人"就可以获得100万新加坡元的奖金。2000年11月12日，包括250只红鸭子在内的10万只塑料鸭子被放进了新加坡河，参加1.5千米的水上比赛。该促销活动获得了巨大的成功，受到公众的欢迎，因此在第二年再次举行。PIMS-SCA公司通过担保100万新加坡元的奖金，帮助触爱社区服务机构筹措到了更多善款。触爱社区服务机构借助高调宣传，也提高了知名度。

总结

国际促销是为了节约成本和确保一致性。它因公司架构的集中或分散而不同。其"国际性"意味着，促销活动总是要考虑当地的文化和法律因素。

无国界促销存在于拥有同质化目标受众的国际市场。在大多数情况下，国际促销是多国促销，不同国家和地区的促销时间和细节都有所不同。要想国际促销成功，需要密切关注每个促销市场的行为习惯和文化差异。

第 14 章

促销活动小心违法

长久以来，促销活动在英国一直受到行业自律和来自议会所立法律的双重约束。

早在 1890 年，当时的海报巨头企业就成立了联合审查委员会，抵制令人反感的海报。此后议会很快就通过了第一部现代广告法《广告条例法》，赋予地方当局管理广告牌的权力。这两项进步都与海报这种最能侵入公共生活的广告形式有关——但现如今行业自律和法律的影响力已覆盖所有营销形式，从在线营销到直接邮寄，从广播电台到视频点播（VOD）。

由此可见，自律与法律之间的关系经常是发生变化的，欧盟各国之间也有很大差异。

例如，德国更偏向于法律；而英国偏向于有条件式的自律，即基于所有涉及法律、社会形象、真实性的指导性原则，根据具体情况有的放矢，允许一定程度的创意性，但不能欺骗公众。

然而，情况并非非黑即白，所有国家都是两者兼而有之。尽管相关工作取得了一些进展，但欧盟仍未形成独立的适用于 28 个成员国促销实施的普通法框架，因此，我们依然要遵守不同国家的法律。而这也给开展泛欧盟地区宣传活动带来了挑战。

在本书引言中，笔者提到了建立长期客户关系的重要性，以及公众日益关注品牌背后的公司道德状况。明白这一点的促销商，会意识到：无论是行为准则还是法律，都包含了一些乍看之下并不明显的细节，因此需要从文字和精神两个层面进行领会。

英国行业自律

英国广告标准局于 1962 年成立，该机构有一位独立主席，大多数成员与行业没有利益纠葛。该机构主要依靠向大多数广告宣传形式征税（目前为 0.1%）来维持运营，这被视为世界上可能最好的行业自律实例。英国广告标准局监管广播和非广播广告的所有形式，以及促销和直销等领域，并依照《英国广告行为准则》依法行事。自 2013 年 2 月以来，英国广告标准局已经将职权范围扩大到通过电子邮件、视频点播、移动设备以及互联网开展市场营销传播的领域。

《英国广告行为准则》是由英国广告业务委员会制定的行业准则。该委员会是一个由广告销售商（通过电视、电台、海报、印刷媒体、电影院、互联网等售卖广告）、广告运营商（为代理商和客户进行广告宣传的主体）以及其他贸易机构（如英国促销协会）组成的独立机构。

对于非广播广告宣传，广告标准局依据英国《广告、促销和直销守则》（以下简称"《守则》"）处理投诉。《守则》的根本原则是，所有促销活动应该：

● 合法、形象健康、诚实、真实；

● 公正、及时、有效地进行；

● 被视为以公平和光荣的方式与消费者打交道；

● 符合公认的公平竞争原则；

● 贯彻《守则》精神，遵守《守则》要求，避免行业声誉受损。

《守则》是对法律的补充，在许多方面实际上是对法律的加强。比起法律，《守则》涵盖了更为广泛、更为细致的内容，而这些内容也是议会一直希望能合法化的议题。

法律上的变化不可避免地会导致《守则》发生变化。如果自律准则低于法律要求，那么是无法被行业接受的。

实际上，在大多数情况下，当法律发生变化时，也正是《守则》引入新条例并为行业提供如何更好地遵守新法律的建设性意见之时。与法律一样，不了解《守则》并不能作为不遵守的理由。

如果您身处促销行业却对《守则》不太清楚，请尽快访问英国广告标准局或《守则》官网以获取最新规定及电子学习资料。

《守则》的实施由英国广告标准局负责，它也负责对行业进行审计与调查，特别是针对公众、竞争对手或贸易机构投诉中所反映的行业突出问题。

英国广告标准局每年会收到超过 3 万宗投诉案件，大约 1/6 是非广播广告投诉，该机构会对这些投诉案件进行仔细审查以确定它们是否违反了《守则》。

关于促销行为准则可参阅《守则》的第 8 节。

准则 1 ~ 9 都是常识。（但建议还是免费下载一份文件，仔细阅读这些准则！）其中容易忽视但实际上很重要的是关于违反准则的关键领域，即涉及促销的可用性、参与性以及行政管理。

● 8.10. 促销人员必须能够证明他们已经对消费者可能做出的反应进行合理估量，或者他们有能力满足消费者提出的要求，又或者消费者掌握了足够的信息，并且清楚及时地表达观点，以就其是否参与促销活动做出明智的决定。例如，关于可用性和可能需求的任何限制。

● 8.11. 如果促销人员能够满足预期的消费者需求，但由于消费者反应过于热烈或其他无法控制的因素而不能满足促销需求，则必须确保及时与活动申请方和消费者进行沟通。在这种情况下，如果可能造成任何危害，请提供退款服务或合理的替代产品。

● 8.12. 如果促销产品的数量有限，则促销人员不得鼓励消费者进行购买，或提出一系列以购买商品作为申领促销产品的前提条件的要求，除非在促销的每个阶段都清楚表明了存在这种限制条件，以便消费者能够准确评估是否值得去参与促销活动。

● 8.13. 如果促销人员广泛宣传有奖促销，则其必须确保相关必要表格的数量准备充分，以及所有用作消费凭证的必要物件准备充分。

● 8.14. 促销人员必须确保在适当的监督下进行促销活动，并提供足够资源来进行管理。促销人员、代理商以及中介机构不应为消费者投诉提供正当理由。

● 8.15. 促销人员必须在促销的每个阶段都留有足够的时间：通知交易、分发商品、发布相关的规则、收集包装纸之类的东西以及判断和宣布结果。

● 8.15.1. 促销人员给予消费者的奖品必须同其营销传播中描述的奖品一致，或者是合理的等同物，通常要在 30 天内完成奖品发放。

英国广告标准局每周都会对投诉案件的审查结果进行公布，其中经常涉及一些知名品牌和行业惯犯。本章结尾会介绍部分投诉案例。

不同于英国手机付费服务管理局（PhonePayPlus）能规范溢价电话行业，英国广告标准局没有权力对违反《守则》的人或机构进行处罚，但是，它有一系列制裁措施，通常可以保证那些需要负责的营销公司按规定行事，而这些公司占了消费者投诉清单上的大部分案件。

1. 最低级别的制裁是"这种广告宣传不应再以这种形式出现"。

2. 第二级别的制裁是：所有将来的广告宣传都必须事先获得英国广告标准局的批准才能开展。

3. 如果上述措施无法起到制裁作用，英国广告标准局理事会则会致信旗下所有会员，要求他们在涉事品牌或公司妥善处理好当前投诉以前，都不得承接该品牌或公司的任何宣传活动。这一举措可能对大型广告客户有效。但如果涉事广告宣传活动是品牌通过自己的包装、网站或者经由直接邮寄来进行，这一举措就不会对涉事方产生任何影响。

4.在这种情况下，或者如果涉事方继续无视英国广告标准局的裁决，还有最后一招——英国广告标准局可以将投诉案件转交给英国竞争与市场管理局（前身为英国公平贸易署），后者会根据法律对严重违规和误导性行为涉事方下达禁令，并处以罚款。

然而，在过去十年间，英国广告标准局仅在少数情况下使用这种行政权力，而这也被视为行业自律机制的弱点，尤其是有些涉事品牌或公司屡犯不改（特别是一些通俗小报杂志、廉价航空公司以及电话公司），但这种机制却对其无从下手。

但是，绝大多数公司都支持行业自律机制并赖以生存，因为他们忌惮这种机制的制裁影响。毕竟没有哪种机制是完美的。不得不承认的是，自律机制使英国成为世界创意的中心，同时增强了消费者对广告和促销的信心。这种由业内人士和主体共同监督的自律机制实际上发挥的约束作用更为严格，其他以立法为导向的体制是无法企及的。

关于《守则》实施的内容包含在其他条例中，一定要仔细阅读这些条例。

本书的前一版本已摘录了部分守则规定并对其进行了注释。建议读者们在思考促销活动时，不仅要获取相关守则的最新副本，还要认真阅读其具体规定。因为《守则》就促销活动的关键信息（例如有奖竞赛、免费抽奖和即开即中等活动的条款，以及其他在消费者购物或参与促销活动时可能忽视的问题）都提供了指导性意见。当然，在实际开展促销活动前，还应咨询法律专业人士。

请参阅案例研究85，避免像案例中的促销人员或机构——如红牛企业（Red Bull）——一样忽略掉促销活动的关键信息！

以下是与促销特别相关的各种守则：

- 《英国促销商品商会守则》;
- 《直销协会业务守则》;
- 《邮购商协会业务守则》;
- 《促销采购协会业务守则》;
- 《促销处理业务协会业务守则》;
- 《电话信息服务标准监督独立委员会业务守则》;
- 互联网广告局《良好实务原则》。

这些守则经常发生变动，所以本书不花篇幅进行一一展示。请查阅官方网站获取相关守则的最新文件。

英国法律

尽管影响促销行为的法律有很多部，但真正管控促销宣传的法律却不多。

虽然有些法律关注涉及消费者信贷、赌博、保健行业等促销活动中包装、产品安全和促销宣传的内容，但实际上真正发挥作用、形成对广告宣传法律性约束框架的只有两部法律——2005 年《赌博法》与 1985 年《博彩、游戏、彩票和娱乐（北爱尔兰）法令》。

2005 年通过的《赌博法》导致了对有奖促销活动监管的彻底改变。

最大的变化是，该法案允许在促销活动中进行抽奖，或者准确地说，它重新定义了"彩票"的概念。该法案的附录 2 告诉我们，只有人们以一定价格购买商品或服务，这个价格又与中奖概率挂钩，这种情况才算彩票。因此，如果促销活动不涉及价格因素，中奖只是基于偶然性，比如购买产品后的即开即赢，这种活动收取"入场费"是可以接受的。

就技巧性的有奖竞赛而言，目前规定只要涉及预测未来赛事结果，就会被纳入"博彩"范畴，并加以限制。如果一个竞赛性质的促销活动没有满足新的技巧比赛规定，那么该活动至少也会被当作偶然的抽奖活动。只要产品或服务的价格没有因促销活动而上涨，偶然的抽奖活动都是完全合法的。如果这些都是基于偶然性，那么整个促销活动就会被视为基于偶然性。只要您不抬高产品或服务的价格，就可以用任何技巧和偶然性的组合来进行任何有奖活动。所以，在实践中，有奖促销几乎不受任何法律限制。

这部 2005 年的《赌博法》主要适用于大不列颠地区，即英格兰、苏格兰和威尔士。理论上，北爱尔兰执行的法律仍然是 1985 年通过的《博彩、游戏、彩票和娱乐（北爱尔兰）法令》，其中禁止在基于偶然抽奖促销活动中强加购买产品或服务作为参与活动的前提条件。因此，促销者及其代理机构将需要做以下考虑：

1. 将北爱尔兰排除在英国基于偶然抽奖促销活动之外；

2. 继续为北爱尔兰参与者提供零门槛参与机会；

3. 向整个英国提供零门槛参与机会。然而，北爱尔兰议会已经明确宣布，打算使他们的法律与英国其他地区法律保持一致，而且他们并没有打算执行 1985 年的那部法律，因为他们承认该法律与英国和欧盟的法律均不一致。

欧洲大陆情况

欧洲大陆的行业自律体系由欧洲广告标准联盟（EASA）进行协调，该联盟的职能之一是充当"传话筒"，确保跨国投诉被送到相关国家的自律组织。就法律而言，整个欧盟的规则各不相同。尽管近年来有所放宽，但对促销仍然有严格的限制条件。例如，在法国，要按要求报销参与者参加促销活动的网络使用费；在瑞典，基于偶然的抽奖促销活动是被明令禁止的，无论该活动是否涉及商品购买；在葡萄牙和西班牙，所有抽奖活动都必须事先在有关当局登记，支付相应费用，购买保险，同时活动全程都必须接受当局监管。

因此，在这种复杂情况下，促销商如果想要在其他国家开展促销活动，就需要寻求专业建议。但要简化这些流程也是可能的——尽管存在一定差异，但近年来，随着《欧洲不公平消费者行为指令》（UCPD）的出台以及欧洲法院的多项裁定推翻了一些当地具有局限性的法律判决，整个欧盟的内部协调取得了长足的进步。

UCPD 于 2008 年在欧盟内部出台——在英国被称为《2008 年消费者保护条例》（简称《CPR 2008》）——欧盟所有成员国都一致认同该指令条例，禁止其中规定的被认为违背公共利益的 31 种营销行为。该指令同时要求欧盟内部实现"最大限度的协调性"，这意味着成员国不仅必须遵守其中的所有要求，而且不允许强加任何比该指令更为严苛的法律规定。

《CPR 2008》力求提供一种符合现代社会的、简化的消费者法律框架，以替代许多陈旧的法律条文。如果发生了违规行为，促销者很有可能会被视为需要承担负责；然而，根据与客户签订的服务合同，代理商通常也需要承担一定责任。值得注意的是，《CPR 2008》不仅涵盖了营销活动中声明的内容，还包括了"误导性的遗漏"。

《CPR 2008》还禁止以下行为：

● 与专业精神要求背道而驰的行为；

● 具有误导性或侵略性的行为；

● 在任何情况下发生的 31 种具体行为。表 14-1 概括了营销人员的重要行为。

表 14-1 《CPR 2008》中对营销人员的规定

	《CPR 2008》规定 1，段落数：	等级	对营销人员的影响和启示
2	在为获得必要授权的情况下展示信任标记、质量标记或同类标记。	低	确保所有对产品和服务的背书都已获得批准。
6	邀请消费者以指定价格购买产品，但随后：a）拒绝向消费者展示广告中的产品；或者 b）拒绝接受消费者所下订单或在合理时间内配送产品；或者 c）故意展示有缺陷的产品样品，实际目的是借机向消费者推销另一种产品（下诱饵和更换产品）	高	确保在对某产品进行广告宣传前有充足的备货。
7	错误地指出某产品仅在非常有限的时间内有货，或仅在特定条款下在非常有限的时间内才有货，以变相强迫消费者在得不到足够机会或时间的情况下仓促做决定。	低	瑞安航空和易捷航空都曾因这条规定而陷入麻烦（请参阅案例研究 85）。
10	将已是法律赋予消费者的权利向公众强调是商家促销优惠组合的一大特色。	低	避免突出强调常见的或被视为社会准则的内容。
11	在客户已经支付了促销宣传的费用之后，营销者却使用媒体上的评论内容来促销产品，并且未在宣传内容上明确告知广告客户。	高	确保将赞助商或广告客户与媒体评论内容分离。
16	声明购买产品能够增加抽奖活动胜出的概率。	低	避免夸张和过多的声明——尤其是经常在直接邮寄中用到。
18	传递有关市场条件或者买到产品的可能性的极其不准确的信息，而且目的是诱使消费者在比低于正常市场条件的情况下购买产品。	低	例如"在价格上涨前立即购买"或"仅在这家商店有售"。
19	在某项商业行为中声称将开展有奖竞赛或有奖促销活动，但实际上却并未给消费者兑现此前承诺的奖品或合理的等价物。	高	确保您的整个履行过程是 100% 可靠的。在活动开始前，请先准备好充足的奖品。
20	如果除了支付参与商家促销活动以及事后提取或配送产品产生的不可避免的花费外，消费者还必须支付其他费用，但促销活动却将产品描述为"免费""不收取任何费用"或类似信息。	高	对于营销人员来说，免费是一个至关重要的词语。以正常价格购买另一种产品为前提所提供的真正的免费礼物是被法律允许的。这条规定主要针对的是对"免费"一词明显滥用的情况。

《CPR 2008》规定 1，段落数：		等级	对营销人员的影响和启示
22	错误地声称或营造出商家行事并非出于保护其生意、业务、工艺或专业的目的的假象，或者错误地将自己作为消费者的代表。	高	对于声称来自其他人而非品牌自身的广告宣传，这条规定有效地禁止了此类行为以及类似的"口碑营销"，比如所谓的"消费者"博客。
28	在广告宣传中包括直接劝说儿童购买产品或诱导儿童说服父母或其他成年人为他们购买产品的信息。	高	英国广告标准局已经对针对 12 岁以下儿童的广告宣传加以限制，而这条规定让针对广告宣传目标群体年龄的管控更进一步加强。
31	营造出消费者已经赢得、将要赢得或将要获得奖金或其他等同物的假象，但实际上： ●没有奖金或其他等同物； ●采取任何行动表明，获得奖金或其他等同物的前提条件是消费者付款或承担相关费用。	低	避免夸张或过多的声明。除非有消费者知道自己已经赢了或者赢了什么，否则不要使用"即时赢大奖"一词。但如果即时兑奖是需要消费者提供独一无二的密码，那就不受这条规定的限制。

注意：这仅适用于申领奖品的消费者——《赌博法》已将电话费、短信标准费用以及邮票费用视为消费者申领奖品前需要支付的款项。

除了上面概述的英国法律（《CPR 2008》），还有其他要考虑的规则和规定。例如：

● 英国通信管理局——所有进行"付费参加"投票或竞赛的广播公司都需要经过独立审核。

● 英国手机付费服务管理局，作为规范溢价电话行业的机构，制定了有关如何通过广播或媒体等方式传递定价信息和规则的相关规定。

● 波特曼法则（Portman Code）——主要针对酒精饮品的广告营销。

这些额外的法规条例要求非常复杂，无法在本书中一一介绍。

由于如今在社交媒体上开展了如此多的促销活动，因此营销人员还应该意识到，除了国家法律和法规，主要的社交网络平台都有自己的规定。

例如，脸书上就有规定（截至 2014 年 4 月，但其规定定期会更改）：

● 请谨慎对待，因为脸书账户适用于 13 岁及以上人群，但大多数促销活动针对的是 18 岁以上人群。

● 如今，只要有人点赞您的企业页面、在上面发布消息或者发表评论，就可以视为参加促销活动（但是，来自虚假账户的互动或者网民对点赞功能的滥用，都很常见）。

● 您可以设置门槛，"只有脸书上的粉丝"才能获取某项促销活动信息。

● 您可以在上传相关内容（例如照片、视频或其他内容）的页面上提供促销活动的网站链接。

● 但是，请确保您仔细审核相关帖子的内容，不能因为脸书用户标记话题有误，就误以为他们发布了与企业或促销活动相关的帖子。

● 不应在某人的个人主页上直接发布"您赢了"的消息，因为这样的行为太过于公开。合理情况下，请使用促销活动招募过程中收集的联系方式直接与相关用户联系。

● 促销活动条款的内容应明确与脸书不存在联系——"本促销活动未受到脸书赞助……"

● 促销活动的条款内容应翔实可靠，且能保证消费者轻松获得相关信息，同时条款内容不会更改。

● 如果促销活动需要收集用户个人数据，则活动页面应具有通常的数据保护的"加入／退出"选项。

推特上的规定：

● 您不能以多次转发推特帖子来作为参加抽奖活动的门槛——这实际上是一种垃圾信息传播。

● 要确保使用唯一的主题标签来收集发推记录，否则可能会令人很尴尬。

● 如果使用名人或其他付费代言人来传达您的信息，则必须弄清楚——通常在他们的每条推文中使用的主题标签是"广告"还是"赞助"。

● 您的促销活动条款应以简洁的推文形式进行总结，例如"英国居民，18 岁以上。截止日期 31/12/××"，同时附上可以转跳到完整条款内容的网络链接（或使用另一条推文单独陈述）。

● 促销活动的推文页面应具有常规数据保护的"加入 / 退出"选项。

案例研究

以下案例研究取自英国广告标准局的裁决案件，涉及典型的针对《守则》的侵权行为。某些违反《守则》的行为很明显，有些则不太明显。

在回答每个案例之后所附问题时，请记住，英国广告标准局理事会的裁决并非绝无错误，也可能会做出有争议的裁决。

以上所有法律法规都适用于在脸书或推特上开展的促销活动，除此之外也可能适用于其他媒体上的促销活动。

案例研究 83：《太阳报》和电影《暮光之城》

《太阳报》曾刊登一项促销活动：只需支付 1.99 英镑的邮费与包装费，就能得到一个免费的印有"电影《暮光之城》"的纪念腕带。但当读者收到报社寄来的含有腕带的信封时，发现信封上贴着面值为 46 便士的邮票。有读者抱怨说该腕表不是免费的，因为报社收取的费用超过了直接邮寄的实际费用。随后，投诉成功了，英国广告标准局警告《太阳报》切勿再犯同类过错——除了邮费，报社不能收取其他任何费用，如行政管理费或包装费。

如果《太阳报》仍想使用"免费"一词，该如何做才能使这一促销活动符合《守则》规定呢？

如果《太阳报》不想使用"免费"一词，它应该怎样向公众描述这一促销活动？

案例研究 84：新帝闪存盘（SanDisk）与爱顾商城（Argos）

英国连锁百货公司爱顾商城在全国媒体上刊登了广告，宣称"半价 4GB 的新帝闪存盘，存货有限"。这个促销优惠组合一经推出大受欢迎，各门店促销品库存很快售尽。但随后，英国广告标准局收到了许多投诉并对其进行了调查。调查结果令英国广告标准局大为光火："许多门店仅备有 1～2 个 4GB 闪存盘，但爱顾商城的促销宣传广告上只有一行很小的文字标注其促销品库存有限，这不足以清楚提醒消费者这项促销活动备货有限的程度……爱顾商城并未对市场需求进行合理的估算，而且该广告未明确说明存货极其有限。因此我们认为，该广告具有误导性，不能重播。"

这种情况不仅违反了《守则》规定，还违反了上文所述《CPR 2008》中的第 6 条。该促销行为通常被视为"诱饵广告"。宣传一种令人咋舌的优惠组合条件，以吸引消费者光顾门店，然后在表明该促销产品库存售尽的同时，借机向消费者推销更昂贵的所谓的替代产品。

那么，爱顾商城应如何确保既遵循《守则》规定，又向消费者提供明确的优惠组合报价？

假设所有广告都是提前定好的，那么之后当促销品库存售尽时，爱顾商城可以采取哪些措施来确保其促销活动的开展是严格遵循《守则》规定的？

案例研究 85：红牛"F1 方程式赛车大奖赛 VIP 贵宾之旅"促销活动

红牛企业在 2012 年进行了一次促销活动，以支持其赞助的车队参加一级方程式大奖赛。红牛通过头版头条宣传其促销活动的奖品为"比利时 F1 大奖赛 VIP 贵宾之旅"；然而，最终胜出者对他们的活动体验并不满意。原来，该促销活动奖品——所谓的 VIP 贵宾体验实际上指的是飞往德国科隆的（廉价航空）瑞安航空机票以及自费乘坐长途出租车前往位于荷兰马斯特里赫特的酒店住宿。该酒店是一家环境基本达标的三星级酒店。两名男性优胜者不得不共用一张床，然后又是坐出租车长途跋涉（超过45英里的路程）到达大奖赛地点，在那里他们有固定的看台座位，但必须在比赛结束前离开（尤其是错过了目睹来自英国的简森·巴顿最终获胜），自己前往布鲁塞尔（至少仍在比利时境内）搭飞机返回英国。

很显然，英国广告标准局对该促销活动毫无好感："红牛的这项促销活动并未事先将相关信息告知消费者，譬如大奖赛、机场和酒店都设置在不同地方，以及需要优胜者自费搭乘交通工具前往这些地方……而这些信息实际上对于消费者理解该促销活动十分重要，因此必须在促销宣传材料中清楚说明。"另外，英国广告标准局还反对该促销活动中使用的"VIP贵宾之旅"一词，毕竟实际活动中没有哪一个部分是令人感觉独一无二或者非常高级的质量。

在遵循《守则》的前提下，红牛可以在其营销主题中使用哪些词语呢？

您如何看待这种情况？

总结

促销是一件细致入微的实打实的工作。无论是守则还是法律，都有很多详细的规则需要遵循。一些广泛的共识性原则反映了良好的行业操守。为了避免强力的法律干预，维护促销行业集体利益，必须贯彻英国广告标准局《守则》精神，遵守《守则》要求。这并不困难，您只需利用文案检查服务来审核合规性就可以。如有疑问，请联系促销学会（如果您是会员的话）或专业法律事务所。每个国家都有不同的法律来监管促销，您需要充分考虑不同情况。

可参阅阿迪·科拉（Ardi Kolah）所著的《营销者关键法则》（*Essential Law for Marketers*）第二版，该书在亚马逊上有售。

第 15 章

如何制订衡量促销的效果 KPI？

要做好营销量化！

想要做好营销量化，最好是由营销人员设定促销成功标准，并制订 KPI，并由他人对 KPI 进行衡量和记录（利用财务系统——这样出来的结果才值得信赖！）。然后，营销人员将这些数字与成功标准进行比较，最后得出评价。说起来简单，但无奈的是，在实际中往往极少付诸实践。

> **简报 15.1　营销人员不太懂"投资回报率"**（来源：广告从业者协会的研究报告），因为它看上去只是一个比率，所以就改用为 KPI。只有 12% 的营销人员对于不同促销活动产生的影响具备清晰的认识。仅有 6% 的 B2B 领导者能计算所有周期中的投资回报率。当然，有时评估市场营销的投资回报率比较简单。例如，直接邮寄的投资回报率可以通过简单地从邮件回复直接产生的收入中减去总生产成本来计算。类似情况下的电子邮件的投资回报率同样容易计算。然而如今，投资回报率很难估量，因为现在的某些营销技巧实际上并不包括营销信息或"行动号召"标识，例如领英（LinkedIn）等网站上的社交页面更新。广告从业者协会的一份报告显示，只有 20% 的营销人员评估过传播媒介对利润的影响。然而，为了保住促销预算和自己的饭碗，营销人员现在被要求要进行量化考核。

因此，我们应如何做好营销量化呢？

营销量化：如何设定成功标准、制订 KPI、测量和评估促销活动

促销要花钱，做促销是为了实现特定的促销目标，而它又是实现营销目标所做的广告宣传的组成部分。因此，如何保证这些花销物有所值便成了关键——

● 要测量和评估促销活动是否取得了成功，可以首先设定促销成功的标准。

● 再制订 KPI 来实现对促销是否成功的测评——正如您先前设定的标准。

● 测评——指定负责测评 KPI 的人员。

● 评估促销活动是否已经成功。在下一个促销周期中，还可以吸取这些实践经验教训（见图 12-1）。

不去测评的原因有很多：

● 单个促销活动很少有多余的预算来支持营销量化；

● 促销活动在很多方面都可以用销售业绩来衡量；

● 在下一次促销到来之前，往往没有时间去设定成功标准、制订 KPI、测量和评估该活动。

罗迪·穆林所著的《物有所值的营销》（*Value for Money Marketing*）一书中提出了这样的观点：营销量化必须先成为企业文化的一部分，然后才会被例行应用。

然而，只有确定过成功标准，设定了 KPI 并测量和评估过促销活动之后，促销商才会尝到做这些事的甜头——有了评估结果，才更有底气去向财会人员要预算。笔者建议将营销预算一分为二,一部分用于维持业务,即保持现有的市场份额水平(例如维持和构建消费者大脑中对品牌的印象和感知、品牌与客户间的关系以及社交媒体上的支持、本地促销);另一部分用于实现增长、推出新产品、增强促销活动的趣味性、吸引力和对突发事件的应对能力等收入性支出。只有长年累月记录营销支出和市场份额,才会知道维护业务需要多少钱。

营销量化的目的

营销量化就像路灯,是用来照明的而不是倚靠的。它无法替您做决定,却可以限制不确定范围,降低您犯错的可能。一旦形成营销量化文化,让它成为做事习惯之一,自然就会有哪些手段有效、哪些无效的记录。营销量化是不断迭代的过程,能够非常迅速地省下大把资金。营销量化主要分为三个阶段:

1. **考虑量化指标**。考虑量化指标和规划营销量化对于剖析诸如广告、促销、直销和带货之间营销预算分配等战略性问题大有裨益。它的另一个好处是提供了证据和事实,可以在财务总监面前证明营销的有效性,显示营销开销花得物有所值——前提是:有营销量化的文化,以及其他所有营销活动也进行量化,以便核算预算分配额。当然,只有促销进行了量化,它才会成为真正的赢家。

2. **测量**。可以在测试阶段进行测量,找出能够达到目标的特定促销概念;也可以在整个促销活动中进行监测;或者也可以在活动结束时收集整理测量结果。如果想要测量行为或态度的变化,那么必须在促销活动之前测量KPI,然后记录促销产生的变化。

3. **评估**。将促销活动的效果和影响与成功标准进行比较,并将评估结果反馈到未来的促销活动规划中。

一个好的评估体系必须是持续开放的，所有促销人员要对结果做到心中有数，任何想要了解结果的人随时都能得到这些数据。这是任何公司或机构团体积累学习的关键。久而久之，它就会成为一笔宝贵的财富。

如何制订 KPI？

仔细思考一下您的促销简报。促销目标是什么？

保存评估信息

建立内部信息评估体系的挑战在于分辨哪些需要记录、哪些可以合理舍弃。在实际操作中面临的挑战是，要在证据还在的情况下，找时间做记录，以及区分哪些要循环使用、哪些放数据库中、哪些要人工存档。如果把系统搞得太复杂，就有可能导致其实用价值不高。如果做得太简单，下次就有可能找不到所需资料。

促销所面临的这一挑战比其他许多业务领域都要严峻，因为促销活动种类繁多，而且往往是由转岗员工来进行操作。许多机构都建了一个电子表格，来记录不同优惠券、免邮和其他优惠的兑奖率。在一个完备的信息体系前提下，这些表格都意义非凡。因此，从最开始就要记录每次促销的基础数据。

如何建立信息评估体系

最实用的方法是新建一个文件夹，里面包含关于促销的所有关键信息。数据信息可以依照下面的四个标题进行整理。前三个可以用一段话来描述，或在文件夹中夹一张纸。最后一个需要从数据抽离并进行思考。

背景与目标

在此部分列出该促销活动所涉及的产品、数量、活动名称；同时记录促成促销的三个关键因素：营销目标、促销目标和对"我想让谁做什么"这个问题的回答。还应该包括设定这些目标的原因，比如"面临新的竞争对手的严重挑战"。将促销放在这样的背景下，才不会被轻易遗忘。

说明

说明是关于促销内容的详细介绍，其中可以包括整个市场营销计划，但是要注意在归档之前，确保说明描述的是实际最新发生的情况，而不是计划可能发生的事情。确保说明中包括：

- 向消费者提供的优惠组合；
- 促销形式（包括详细规则和参与门槛）；
- 执行组织（谁做了什么，使用的代理机构和供应商）；
- 传播材料（种类和数量）；
- 媒体支持；
- 时间安排；
- 行业 / 中间商支持；
- 销售队伍的活动（如果相关）；
- 用于衡量的 KPI；
- 所有相关的印刷或视频材料文案；
- 供应商及其联系人。

发生了什么事?

衡量促销效果主要有三个指标，它们分别对应促销兑奖、销售和财务。通常情况下，最简单的做法是将数据直接保持在文件夹中，不要花时间再存入另一个文件夹中。比如，如果您的业务处理公司给了您一份免费邮寄申请的分析报告，那只需附上这份报告即可。确保指标中包括：

● **营销量化**：成功标准是否设定准确，KPI是否制订合理，是否根据成功标准对KPI进行测量、评估和结果分析。最后得出结论，是达到、接近达到还是没有达到设定的成功标准。

● **促销兑奖率**：相关因素包括消费者对促销活动的接受程度、经销商参与度、任何市场研究或调查的结果，以及任何消费者、经销商或销售人员的评论。

● **销量**：促销前、促销期间和促销后的销售数字变化，对市场份额、分销渠道和渗透率的任何持续性调查的结果，以及竞争对手产品的相关数字。

● **财务**：促销活动所有材料制作费用、任何商品折扣、咨询费用和其他成本，以及促销活动利润贡献度。

在大多数情况下，销售和财务数据由公司其他部门提供。确保收到的相关信息有助于促销评估，不要什么信息都包括进去。

分析

促销有效果吗？如何回答这个问题，取决于公司的文化。如果听信一些品牌经理和代理机构的人的话，那每一次促销都能带来产品命运的改变。然而，要想让分析真正起到作用，就必须尽可能地诚实面对结论。首先，回溯促销目标、简报、设定的成功标准以及KPI。

其次，比对促销结果统计数据，包括参与率、销售额、渗透率和市场份额等量化目标。

最后，核对市场营销计划、预算和时间安排。此外，还应该包括评论，包括评价此次促销的经验教训，特别是下次会采取什么不同做法，以及活动给供应商、行业伙伴和内部部门带来的经验。有时，促销期间的库存没有及时更换，或者进货延迟。类似情况都会影响分析结果。

分析部分不仅仅是报告销售额增长了11%，而目标是10%。如果一个主要竞争对手在促销期间遭遇了突发生产事故，这同样需要记录下来。分析为什么一个促销活动会有这样的表现。

答案不一定容易找到，但诚实地反复分析会让整个过程变得容易一些。

需要注意什么？

完成促销活动后，使用文件夹保存促销基本信息和分析结果，这就基本完成了营销量化阶段。但在文件存档前，需要确保：

● 文件夹带有索引，方便查找。

● 中央数据库中保存的任何基本数据（响应级别）都可被获取。

● 举行汇报会，分享经验。

好的评估在于能在仔细审核和分析当前文件存档时，针对下一个工作提前召开吹风会、布置任务。

上述措施能提升大多数公司的评估质量。它甚至能让您找到从事促销的意义，说不定还能抱得促销协会大奖。

营销量化可以解决以下几类促销问题：

● 促销是否达到了目标？

● 为了达到目的，此次促销花费了多少钱？

● 促销是否物有所值？

● 与实现同一目标而采用的其他营销活动或促销活动相比，此次促销活动的性价比如何？

● 设定的 KPI 是否合适，产生效果了吗？

这些答案可以让下次促销规划变得更好。

市场研究

市场研究有助于促销决策，特别是促销活动的选择。重要的是，要从市场调查中得出有用的结论，而并非只收集一堆统计数据——市场研究是可行的。它是一种深入的分析，能够避免一些自以为是的营销人员对市场妄下定论。凭感觉来回答上述问题十分有害，您必须做市场研究。

对于促销活动的一般态度，市场研究能够解答的问题

- 中间商和潜在顾客等特殊群体对促销优惠的反响如何？
- 他们觉得什么样的促销优惠最吸引人？
- 如果是联合促销，根据您的产品和服务，他们会拿出什么相应的产品或服务？
- 他们对不同类型的慈善活动有什么反应？
- 在要求购买凭证数量时，哪种购买频次最好？
- 促销活动对品牌价值的影响？参与促销的顾客对此次促销的反响？没参与的人呢？

可以采用多种营销研究的方式：

- 亲自调查并掌握相关数据，这是对自身不同销售模式进行案头研究和评价的唯一方式。通常能采集到的数据往往有限，所以自己亲自调查得越多，研究的完成度越高。
- 聘请研究专员大多数市场研究机构都会进行促销研究，一些公司甚至开发了专门的方法论。
- 纳入促销机构简报，促销机构通常掌握市场研究方面的内部资源。如果

与相关促销机构建立了长期的合作关系，那么在给该促销机构的项目简报中，应该包括促销量化与研究内容。

促销研究在儿童和年轻人群体中应用价值最高，因为他们的时尚潮流变化多端，必须了解他们的想法。一家企业独自承担整个市场的大规模研究，显得有点心有余而力不足。其实，像吉百利、巴斯啤酒、金佰利和联合利华等企业完全有很大的合作空间，可以联合进行市场研究，共享数据。

实地调研（亲自询问相关人员或聘请市场研究专员来进行调查）和案头调研（查找和利用他人现成的调研成果）能够给出这些问题的答案。笔者在这里推荐一本相关书籍：帕科·安德希尔所著的《为什么要买：购物的科学》。

对于采用何种促销形式，市场研究能够解答的问题

以下内容直接影响到促销理念的选择：

● 特定门槛下，一种促销优惠的兑换水平。
● 改变促销活动中的某一特定环节，例如购买凭证的数量或赠品的类型，对兑奖率的影响。
● 促销主题和表达方式的信息传达度。
● 特定促销活动对产品或服务的形象和价值的影响。
● 自发的对不同促销概念的兴趣，也就是不同促销概念的吸引力。

最敏感的问题永远是兑奖率。对于免邮商品，兑奖率为 3% 到 15% 不等，甚至可能更多。包装袋优惠券兑奖率为 5%～25%。兑奖率的差异对预算有巨大影响，所以应该尽量缩小不确定区间。因此，最重要的是要从一系列促销理念中厘清，哪些问题对促销理念的选择有重大影响。在许多情况下，所有的理念都会对产品或服务的形象和价值产生类似的影响，再怎么研究这个问题都毫无意义。

回答这些问题最好的方式就是案头调研，分析以往促销活动的数据，或研究别人的数据。

评价性研究

评价性研究首先直接收集企业内部的现存数据，包括兑奖率、销售模式、消费者投诉和其他可测量数据；然后，用一套标准的操作范式来评价这些数据。本章"市场测试"部分将对此进行详细阐述。

所有的邮寄促销活动最后都能形成一份享受优惠人员名单。有了这份名单，就可以邮寄问卷调查给顾客。但是，要找到那些没有享受优惠的人，就需要多费一些周折。但无论如何，都需要对两者进行对比分析。如果想要更深入地了解顾客对促销的态度，就需要通过小组讨论。

案头研究

案头研究的主要优势是在自己的办公桌上就可以完成，成本很低，甚至不花一分钱。如果能通过案头研究就找到问题的答案，或者至少缩小不确定性，那么最好采用案头研究。

案头研究的数据有以下三大来源。数据随时间的推移不断扩充，为比较和评价不同促销理念提供了支撑材料。

● 自己以往的促销活动。自己以往的促销活动是最好、最详细的一手研究数据。每次促销活动结束后，都应该建立相应的信息评估体系（本章"保存评估信息"一节对此有详细阐述）。想要利用这些数据进行研究，就必须找出过去促销活动和本次促销理念之间的相似性和差异性，并从中进行理性判断。这些数据还可以用来确定能够实现的特定目标，和对特定目标群体有效的促销活动。

● 竞争对手的促销活动。从竞争对手的促销活动中，也可以获得相当数量的市场情报，比如它们促销的大概成本和收效。

● 行业通行的方法是参与主要竞争对手的促销活动，收集它们的促销宣传资料，从中可以看出优惠组合、参与要求和相关主题。

如果想估摸成本、兑奖率和促销效果，就需要更细致的调查工作：

● 对于有奖促销活动，只需计算奖品成本。对于赠品促销，首先需要计算赠品的成本，然后估计宣传资料和其他支撑材料的数量和成本，最后合计为大概的总成本。

● 查看自己的销售数据以及长期市场研究数据（如果订阅了这些数据），判断竞争对手的促销活动是否取得了任何明显的销售效果。对于品牌知名度、分销渠道等其他变量可以利用其他方法进行跟踪研究。

● 一些较难量化的指标，比如促销活动的传播清晰度，活动对品牌价值、知名度的影响等，进行主观评价。

当然，以上都不是科学、准确的数字，但这些信息有助于了解那些竞争对手认定有效的促销手段，并为自己的活动提供最好的借鉴。

更广泛的促销活动

从更广泛的意义上讲，促销有多种信息来源，其中包括：

● 行业杂志（主要为在线形式），参见各个专业杂志官网。

● 广告和市场营销周刊上定期刊登的促销专题报道，特别是《市场营销》《市场营销周刊》和《营销策划》这类周刊。

● 促销协会出版的在线刊物，其中重点推荐介绍促销协会年度获奖促销的手册；

● 由各种商业信息和研究机构不定期发布的研究报告，包括《互联网零售业》《移动市场营销者》和英敏特发布的研究报告；

● 通常在伦敦举行的关于促销问题研讨会。在会议上，头部从业人员会介绍和讨论他们所进行的促销活动以及行业的发展趋势。

少数企业会聘请专职的促销经理或者雇用专门的促销机构，并受益于它们长期的专业知识积累，这也是促销机构的特别优势。无论如何，在促销上投入重金的企业都应该关注和评估更广泛的促销活动，并从中学习。

实地调研

实地调研是指从目标市场抽取具有代表性的样本，并从中收集信息。促销实地调研主要有以下五种方法：

1. **街头采访**。用一组相对简单的问题进行定量回答。在超市外，对消费者立马进行采访，调查他们对促销的感受，这招特别管用。

2 **大厅测试**。邀请消费者进入附近的公共场所进行调研，这种方法也可以提供定量答案，但更有机会了解更多细节。这一方法还可以进行扩展，比如模拟一个购物场景，比较消费者的行为。

3. **小组讨论或焦点小组**。这一方法通常在定量测试之前使用，可提供关于消费者态度的大量定性信息。

4. **社交媒体分析**。在这五种方法中，这是最有可能获得来自个体和社交群体关于促销创意反馈的。

5. **邮政、互联网（电子邮件）和电话调查**。这一方法要比面对面访谈节省大量资金，但需要先看到促销优惠，所以只能用于营销策划和评价性研究阶段。

如何综合运用上述所有类型的实地调研，这本身就是一门学问，很有多书都进行了专门的研究。有观点认为，相较于其他类型的营销活动，在促销中实施实地调研需要更加谨慎。究其原因，与人们所说和所做之间存在差距有关。比如，众所周知，在吸烟和饮酒等社会不认同的活动上，消费者往往会低估自己的支出。同样，他们也会低估自己对促销优惠的热情。实地调研如果只关注人们所说的，而不关注人们的实际行动，往往会产生偏差。帕科·安德希尔的《为什么要买：购物的科学》一书之所以宝贵，就是因为它着眼于人们的行为。同时可参阅罗迪·穆林与科林·哈珀所著《购物者经济学》一书。

市场测试

市场测试克服了人们说一套做一套的毛病，因为它测量的是实际市场行为。

相较于其他大多数市场研究方法来说，这一方法非常昂贵，因为产品或服务是在不经济的情况下进行生产的，然后投放到市场上。但是，对于促销研究来说，可行性很高。一般情况下，可以在少量生产的产品上贴上特定的优惠，然后将其作为上门样品进行投放。对于服务类企业来说，做法就更简单了，只需制作一个简短的宣传单或其他宣传材料，并在某个特定市场上进行试行。

当然，真实的市场测试要考虑到后勤和计划安排方面的问题，其中最重要的是要考虑组织和评估测试所需的时间。有些促销商认为，好的想法有可能被竞争者看到并采用，因此无法进行测试。也有人认为，缺乏现场测试就不会有真正创新的点子冒出来，因为促销商不敢贸然行动。早在20世纪60年代，宝洁公司就定下规矩，必须对促销活动进行实地测试，并以此开发创新理念（见案例研究62）。先确定战略，再进行促销规划的一大好处就是，能留出适当的市场测试时间。

其他测量方法

大数据分析

如今有大量数据可用，并且可以基于这些数据形成大量研究报告。

营销人员可以从银行卡刷卡机的数据中发现消费者购买了什么产品、何时购买、哪些产品被促销等。商店联名信用卡通常包含了有关顾客的相关消费信息。另外，按照日期和时间针对消费大数据进行分析也可以得出开展促销活动的最佳时间点。

而基于品牌网站数据可以得出以下主要信息：

● 顾客参与率：与品牌业务或营销渠道进行互动的潜在客户数量；

● 销售线索率：转化为销售线索的潜在客户数量；

● 转化率：转化为实际销售的销售线索数量；

● 营业日结算：产生的总收入；

● 销售漏斗：在预测中完结的销售线索数量。

利用营销软件，还可以确定时下最流行或者最成功的沟通渠道和工具是什么。对于 B2B 企业来说，是不是已经多次下载特定的白皮书？最近发表的博客帖子收获了多少评论？

通过综观新客户在销售渠道中经过的整个流程，可以从中确定诸如销售转化点、媒体消费、互动频率以及销售"引爆点"等模式和趋势。通过了解这些数据，可以不断更新营销渠道以及传递给消费者的营销信息。

网站审核

市场营销量化的另一个方面是关注企业和品牌网站的运营情况，要充分利用网站内容来为营销造势。网站的页面内容仍然是提高品牌在互联网引擎中搜索排名的主要因素。因此，要对网站进行审核，充分动员所有可用的技术手段。

现在，要将注意力放在网站内容上。要审核并用基准问题测试现有网站内容，看看哪些内容模板和格式运行良好。对照之前设定的搜索引擎优化目标来审查网站的运行情况，并检查哪些方面需要改进（通过制作新内容和优化现有内容等方式）。

另外，必须花时间对有奖竞赛的内容进行基准问题测试。测试重点在于竞赛内容以及该活动是如何宣传的，同时还要将测试范围扩展到搜索引擎优化和社交媒体上，比如对它们有什么帮助？它们多久更新一次内容、宣传渠道以及社交网络？竞争对手的内容营销宣传与其产生的效果（例如，网站流量参数、社交流量参数和交易表现）相关联吗？

配送费用

一个主要因素是配送费用，《互联网零售业报告》预计 2014 年零售商因消费者考虑到配送费用过高放弃购买商品而损失的收入将达 60 亿英镑。由电子数字化研究机构（eDigitalResearch）和英国互动媒体零售集团共同进行的电子客户服务指数（eCustomerServiceIndex）调查询问了 2000 位在线购物者，发现有 77% 的人放弃了原先加进购物车准备支付的商品。当被问到为什么放弃时，约有 53% 的人表示商品的配送费用太高，而有 26% 的人在线上购物车加入商品只是为了查询预估配送费用有多少，还有 18% 的人因为预估送货时间过长而放弃购买。除此之外，44% 的人表示他们只是改变了购买意愿，而 39% 的人希望再考虑一下是否购买。约有 65% 的人因为觉得配送费用不合理而放弃支付，随后便继续在网上搜寻其他网站的同类商品。1/5 的消费者表示不在线上购物，而 8% 的人坚持去实体店购物。

如今，商家加大了对包裹运输追踪、定时配送服务以及其他创新方面的投入，在某种程度上提升了消费者对整体客户体验的满意度。但是以上调查结果也清楚地表明，配送问题仍然是大量在线购物成交的巨大障碍。相关调查结果显示，大多数消费者不希望为寄给他们的小型商品支付超过 5 英镑的配送费用，而大多数人则根本不愿支付任何配送费用。消费者放弃支付的原因还包括商品库存不足（21%），做出购买决定的参考信息有限（12%），安全问题、支付方式有限以及表意不明的退货政策（选择这三种原因的消费者占比均为 8%）。

对配送问题的评估方式还可扩展到对促销活动的评估中，以确定消费者放弃购买某项商品是否与商家提供促销活动相关。

案例研究

读者可以参考以下成功案例。

案例研究 20，实际回报比预期高 18 倍；案例研究 38 和 26，直接按投资回报率进行测量；以及案例研究 9、32、35、37 和 47 都有关于活动效果的相关论述。

总结

适当的营销量化，设定成功标准，制订 KPI，并进行衡量和评估，确保促销支出物有所值，钱花在刀刃上。不要找任何借口，每次促销都应该进行评估，都应该事先进行基本的案头研究。这些事项都应该规划到每一个促销活动中。

使用实地调研还是市场测试取决于预算，它们只能帮助减少不确定性。最后，在促销这样一个变幻莫测和快速发展的领域，研究结果只是参考，不能取代决定。但是，为了更好地规划未来，并向财务总监要预算，营销量化必不可少。营销不能再奢望光花钱，不谈收益了。

自学问题

1. 营销量化的流程是什么?

2. 为了进行有效的评估,您必须记录什么?

3. 在促销中,您可以采用的研究类型主要有哪些?

4. 您觉得为什么很少有对促销进行的研究?

补充资料

行业杂志

- *Marketing*,

- *Marketing Week*, www.marketing-week.co.uk

- *Catalyst*, magazine of the CIM,

- *Promotional Marketing* (online magazine), published by the Institute of *Promotional Marketing* . An up-to-date monthly magazine covering promo tional marketing and incentive strategy.

- *Digital Marketing* (online magazine),

- *Internet Retailing*,

- *Mobile Marketing Magazine*,

- *B2B Marketing*,

- *Campaign*

- *Mobile Marketer*,

- *Pragmatic Marketing*,

- *Marketing News*, www.ama.org/publications/MarketingNews. See also *Marketing Insight*.

- *Field Marketing and Brand Experience*,

补充阅读书目

Harper, C *Beyond Shopper Marketing*, Storecheck Marketing, Farnham Common, UK.

Kolah, A (2012) *Essential Law for Marketers*, Kogan Page, London.

Mullin, R and Harper, C (2014) *Shoppernomics*, Gower, Farnham.

Mullin, R (2001) *Value for Money Marketing,* Kogan Page, London.

Underhill, Paco (2003) *Why We Buy: The Science of Shopping, Thomson Texere:* London.

Williams, A and Mullin, R (2008) *The Handbook of Field Marketing*, Kogan Page, London.

图书在版编目（CIP）数据

促销 / （英）罗迪·穆林著；唐晓菲，李亚星译

. —北京：北京联合出版公司，2022.7（2023.3 重印）

ISBN 978-7-5596-6124-1

Ⅰ .①促… Ⅱ .①罗… ②唐… ③李… Ⅲ .①市场营
销学—通俗读物 Ⅳ .① F713.50-49

中国版本图书馆 CIP 数据核字 (2022) 第 056087 号

北京市版权局著作权合同登记 图字：01-2022-2164 号

促 销

著　　者：［英］罗迪·穆林

译　　者：唐晓菲 李亚星

出 品 人：赵红仕

责任编辑：孙志文

北京联合出版公司出版

（北京市西城区德外大街 83 号楼 9 层　100088）

河北鹏润印刷有限公司印刷　新华书店经销

字数：345 千字　700mm×980mm　1/32　印张：24.25

2022 年 7 月第 1 版　2023 年 3 月第 3 次印刷

ISBN 978-7-5596-6124-1

定价：69.80 元